U0944692

建设粮食产业强国

国家粮食和物资储备局 编

The Construction of
a Powerful Country in
Grain Industry

中国财富出版社

图书在版编目（CIP）数据

建设粮食产业强国 / 国家粮食和物资储备局编 . —北京：中国财富出版社，2020.9
ISBN 978-7-5047-7125-4

Ⅰ.①建…　Ⅱ.①国…　Ⅲ.①粮食行业—产业发展—研究—中国　Ⅳ.① F326.11

中国版本图书馆 CIP 数据核字（2020）第 016443 号

策划编辑 宋　宇　　**责任编辑** 齐惠民　刘静雯
责任印制 梁　凡　　**责任校对** 张营营　　**责任发行** 董　倩

出版发行 中国财富出版社
社　　址 北京市丰台区南四环西路 188 号 5 区 20 楼　　**邮政编码** 100070
电　　话 010-52227588 转 2098（发行部）　　010-52227588 转 321（总编室）
010-52227588 转 100（读者服务部）　　010-52227588 转 305（质检部）
网　　址 http：// www. cfpress. com. cn
经　　销 新华书店
印　　刷 北京顶佳世纪印刷有限公司
书　　号 ISBN 978-7-5047-7125-4 / F · 3209
开　　本 787mm × 1092mm　1 / 16　　**版　　次** 2020 年 9 月第 1 版
印　　张 21.5　　**印　　次** 2020 年 9 月第 1 次印刷
字　　数 309 千字　　**定　　价** 328.00 元

编委会

前　言

党中央、国务院高度重视粮食产业高质量发展。习近平总书记反复强调，要以“粮头食尾”和“农头工尾”为抓手，推动粮食精深加工，做强绿色食品加工业，并对深入推进优质粮食工程，延伸粮食产业链、提升价值链、打造供应链，做好粮食市场和流通文章，扛稳粮食安全重任等作出一系列重要指示。今年新冠肺炎疫情发生后，习近平总书记对做好粮油产品保供稳价、强化“米袋子”省长负责制考核、加强粮食市场价格监测和监管等提出明确要求，并深刻指出：“这次新冠肺炎疫情如此严重，但我国社会始终保持稳定，粮食和重要农副产品稳定供给功不可没。”李克强总理对推动一二三产业融合发展、提升粮食精深加工水平、加快建设粮食产业强国作出部署安排。2017 年 9 月，国务院办公厅出台实施《关于加快推进农业供给侧结构性改革大力发展粮食产业经济的意见》，这为粮食产业高质量发展指明了前进方向、提供了根本遵循。

为认真落实党中央、国务院决策部署，国家发展改革委党组围绕“加快发展粮油精深加工转化，增加绿色优质粮油产品供给，培育壮大骨干龙头企业，积极打造知名粮油品牌，促进粮食产业创新发展、转型升级、提质增效，进一步提高国家粮食安全保障水平”进行专题部署；国家粮食和物资储备局党组把“加快建设粮食产业强国”作为全系统的重中之重，摆上突出位置，统筹谋划、厘清思路，以“连抓三年、紧抓三年”的劲头和力度，持续推动粮食产业高质量发展。研究出台加快构建粮食“产购储加销”体系和现代化粮食产业体系的指导意见，制定深入实施“优质粮食工程”的意见，先后在山东省滨州市、黑龙江省五常市和河南省漯河市召开三次全国加快推进粮食产业经济发展现场经验交流会。在总结各地探索实践的好经验好做法的基础上，提炼形成了“一二三四五”总体发展思路，即：聚焦实现粮食产业高质量发展、建设粮食产业强国“一个目标”，围绕国家粮食安全战略和乡村振兴战略“两大战略”，突出产业链、价值链、供应链“三链协同”，建设优质粮食工程、示范市县、特色园区、骨干企业“四大载体”，实施产购储加销“五优联动”。

近年来，各地因地制宜、因势利导，积极探索、锐意创新，全面开创粮食产业高质量发展新局面。一是粮食产业高质量发展取得新实效。2019年年末，全国纳入粮食产业经济统计的企业2.3万户，实现工业总产值3.15万亿元，继续保持良好发展势头。二是一二三产业融合发展实现新突破。“产购储加销”各环节协同联动性明显提高，促进了产业深度融合，培育了农业发展新动能，形成了农村经济新的增长点。三是农民持续增收和企业提质增效开辟新路径。发挥流通对生产的反馈引导作用，鼓励龙头企业与农民专业合作组织、种粮大户等形成紧密联结的利益共同体，通过订单粮食和土地流转等方式，发展优质粮源基地，带动种粮农民增收。四是争创粮油知名品牌和培育龙头骨干企业开创新局面。“齐鲁粮油”“吉林大米”“广西香米”“山西小米”“荆楚大地”“天府菜油”等一大批区域公共品牌的美誉度和市场占有率不断提高。五是增加绿色优质粮油产品供给满足新需求。适应粮油消费升级趋势，创新提升供应链，调优产品结构，增加多元化、定制化、个性化产品供给，城乡居民由“吃得饱”转向“吃得好”“吃得健康”“吃得便捷”。

为进一步统一思想、深化认识、凝聚共识，我们摘编了近年来中央领导同志关于发展粮食产业的重要指示批示，汇编了国家有关部门推进粮食产业高质量发展的政策举措，梳理了相关省（区、市）政府、各级粮食部门和粮食企业实践中的做法经验和具体措施，供各地在工作中参考借鉴，努力营造推动粮食产业高质量发展的浓厚氛围，加快构建现代化粮食产业体系，为实现更高层次、更高质量、更有效率、更可持续的国家粮食安全提供重要产业支撑。

目 录

中央精神

高层观点

政策支撑

调研报告

亮点成效

媒体宣传

中央精神

建设粮食产业强国

建设粮食产业强国

习近平总书记
关于发展粮食产业的重要讲话、指示（摘编）

保障粮食安全是农业结构性改革的基本底线。要确保中国人的饭碗任何时候都牢牢端在自己手上，中国人的饭碗应该主要装中国粮，必须坚持以我为主、立足国内、确保产能、适度进口、科技支撑的国家粮食安全战略，实现藏粮于地、藏粮于技，确保谷物基本自给、口粮绝对安全。要发挥市场机制作用，加强政府支持保护，让农民种粮有利可图、让主产区抓粮有积极性。搞好粮食储备调节，善于用好两个市场、两种资源，适当增加进口和加快农业走出去步伐。耕地是粮食生产的命根子，必须坚守 18 亿亩耕地红线，实行最严格的耕地保护制度，像保护大熊猫一样保护耕地。要加快转变农业发展方式，加快农业技术创新步伐，走产出高效、产品安全、资源节约、环境友好的农业现代化道路。

——《习近平总书记系列重要讲话读本》（2016 年版）

黑龙江转方式调结构任务艰巨，要着力优化产业结构，改造升级“老字号”，深度开发“原字号”，培育壮大“新字号”，毫不动摇坚持公有制经济主体地位、国有经济主导作用，同时毫不动摇鼓励、支持、引导非公有制经济发展。要加强创新能力建设，强化创新链和产业链、创新链和服务链、创新链和资金链对接，把振兴发展的基点放在创新上。要加大人才培养和智力引进力度，完善人才激励机制，吸引更多人才为振兴发展服务。

黑龙江是农业大省和粮食主产区，要统筹抓好现代农业产业体系、生产体系、经营体系建设，因地制宜推进多种形式规模经营，用规模经营提升农业竞争力、增加农民收入。要深化国有农垦体制改革，建设现代农业大基地、大企业、大产业。要采取工程、农艺、生物等多种措施，调动农民积极性，共同把黑土地保护好、利用好。

——习近平总书记在黑龙江考察调研时的讲话（摘自《人民日报》，2016 年 5 月 26 日）

今年农业农村形势总体较好，明年“三农”工作要继续为全局作贡献。要坚持新发展理念，把推进农业供给侧结构性改革作为农业农村工作的主线，培育农业农村发展新动能，提高农业综合效益和竞争力。要始终重视“三农”工作，持续强化重农强农信号；要准确把握新形势下“三农”工作方向，深入推进农业供给侧结构性改革；要在确保国家粮食安全基础上，着力优化产业产品结构；要把发展农业适度规模经营同脱贫攻坚结合起来，与推进新型城镇化相适应，使强农惠农政策照顾到大多数普通农户；要协同发挥政府和市场“两只手”的作用，更好引导农业生产、优化供给结构；要尊重基层创造，营造改革良好氛围。

——习近平总书记主持召开中央政治局常委会会议，专门研究“三农”工作时的讲话（摘自《人民日报》，2016 年 12 月 21 日）

解决好十几亿人口的吃饭问题，始终是我们党治国理政的头等大事。要以构建现代农业产业体系、生产体系、经营体系为抓手，加强农田水利等农业基础设施建设，严格落实耕地保护制度，加强农业科技创新和推广，夯实粮食安全基础，延伸农业产业链，着力发展高附加值、高品质农产品，提高农业综合素质、效益、竞争力。要扶持新型农业经营主体，培养造就新型农民队伍，把现代特色农业这篇文章做好。

——习近平总书记在广西考察调研时的讲话（摘自央广网，2017 年 4 月 22 日）

要坚持把解决好农业、农村、农民问题作为全党工作重中之重。要以构建现代农业产业体系、生产体系、经营体系为抓手，加快推进农业现代化。要通过发展现代农业、提升农村经济、增强农民工务工技能、强化农业支持政策、拓展基本公共服务、提高农民进入市场的组织化程度，多途径增加农民收入。要深入推进社会主义新农村建设，推动公共服务向农村延伸，全面改善农村生产生活条件。要完善农村工作领导体制机制，建设一支懂农业、爱农村、爱农民的干部队伍，坚持工业农业一起抓、城市农村一起抓。

——习近平总书记在山西考察调研时的讲话（摘自《人民日报》，2017 年 6 月 24 日）

实施乡村振兴战略。农业农村农民问题是关系国计民生的根本性问题，必须始终把解决好“三农”问题作为全党工作重中之重。要坚持农业农村优先发展，按照产业兴旺、生态宜居、乡风文明、治理有效、生活富裕的总要求，建立健全城乡融合发展体制机制和政策体系，加快推进农业农村现代化。巩固和完善农村基本经营制度，深化农村土地制度改革，完善承包地“三权”分置制度。保持土地承包关系稳定并长久不变，第二轮土地承包到期后再延长三十年。深化农村集体产权制度改革，保障农民财产权益，壮大集体经济。确保国家粮食安全，把中国人的饭碗牢牢端在自己手中。构建现代农业产业体系、生产体系、经营体系，完善农业支持保护制度，发展多种形式适度规模经营，培育新型农业经营主体，健全农业社会化服务体系，实现小农户和现代农业发展有机衔接。促进农村一二三产业融合发展，支持和鼓励农民就业创业，拓宽增收渠道。加强农村基层基础工作，健全自治、法治、德治相结合的乡村治理体系。培养造就一支懂农业、爱农村、爱农民的“三农”工作队伍。

——习近平总书记在中国共产党第十九次全国代表大会上的报告（摘自《人民日报》，2017 年 10 月 28 日）

实施乡村振兴战略，是党的十九大作出的重大决策部署，是决胜全面建成小康社会、全面建设社会主义现代化国家的重大历史任务，是新时代做好“三农”工作的总抓手。农业强不强、农村美不美、农民富不富，决定着全面小康社会的成色和社会主义现代化的质量。要深刻认识实施乡村振兴战略的重要性和必要性，扎扎实实把乡村振兴战略实施好。

实施乡村振兴战略是一篇大文章，要统筹谋划，科学推进。要推动乡村产业振兴，紧紧围绕发展现代农业，围绕农村一二三产业融合发展，构建乡村产业体系，实现产业兴旺，把产业发展落到促进农民增收上来，全力以赴消除农村贫困，推动乡村生活富裕。要发展现代农业，确保国家粮食安全，调整优化农业结构，加快构建现代农业产业体系、生产体系、经营体系，推进农业由增产导向转向提质导向，提高农业创新力、竞争力、全要素生产率，提高农业质量、效益、整体素质。

——习近平总书记参加十三届全国人大一次会议山东代表团审议时的讲话（摘自中国青年网，2018 年 3 月 8 日）

十几亿人口要吃饭，这是我国最大的国情。良种在促进粮食增产方面具有十分关键的作用。要下决心把我国种业搞上去，抓紧培育具有自主知识产权的优良品种，从源头上保障国家粮食安全。海南热带农业资源十分丰富、十分宝贵。国家南繁科研育种基地是国家宝贵的农业科研平台，一定要建成集科研、生产、销售、科技交流、成果转化为一体的服务全国的“南繁硅谷”。

——习近平总书记在海南考察调研时的讲话（摘自新华网，2018 年 4 月 13 日）

推动高质量发展是做好经济工作的根本要求。高质量发展就是体现新发展理念的发展，是经济发展从“有没有”转向“好不好”。要推动供给侧结构性改革，在“破”和“立”上同时发力，加快传统产业改造升级，加快发展新兴产业，增强经济发展新动能。要提高供给体系质量，增强供给体系对需求的适应性，使中国质量同中国速度一样享誉世界。要注重创新驱动发展，紧紧扭住创新这个牛鼻子，强化创新体系和创新能力建设，推动科技创新和经济社会发展深度融合，塑造更多依靠创新驱动、更多发挥先发优势的引领型发展。

实施乡村振兴战略是新时代做好“三农”工作的总抓手。要聚焦产业兴旺、生态宜居、乡风文明、治理有效、生活富裕，着力推进乡村产业振兴、人才振兴、文化振兴、生态振兴、组织振兴，加快构建现代农业产业体系、生产体系、经营体系，把政府主导和农民主体有机统一起来，充分尊重农民意愿，激发农民内在活力，教育引导广大农民用自己的辛勤劳动实现乡村振兴。

——习近平总书记在湖北考察调研时的讲话（摘自新华网，2018 年 4 月 28 日）

推动高质量发展，关键是要按照新发展理念的要求，以供给侧结构性改革为主线，推动经济发展质量变革、效率变革、动力变革。要坚持腾笼换鸟、凤凰涅槃的思路，推动产业优化升级，推动创新驱动发展，推动基础设施提升，推动海洋强省建设，推动深化改革开放，推动高质量发展取得有效进展。

农业大省的责任首先是维护国家粮食安全。要把粮食生产抓紧抓好，把农业结构调活调优，把农民增收夯实夯牢，把脱贫攻坚战打好打赢，扎实实施乡村振兴战略，打造乡村振兴的齐鲁样板。

——习近平总书记在山东考察调研时的讲话（摘自新华网，2018 年 6 月 14 日）

人无远虑必有近忧，北大荒的土质要不断优化，不能退化；绿色发展要有可持续性，农业生产不能竭泽而渔。农垦改革要坚持国有农场的发展方向，要通过改革进一步调动农场工人的积极性、维护好他们的权益、提高他们的素质，要不断提高农业生产的组织化、机械化水平。

中国粮食，中国饭碗。

农业是基础性产业，中国现代化就离不开农业现代化。我们这么大的国家，农业是不可或缺的。农业要振兴，就要插上科技的翅膀，就要靠优秀的人才、先进的设备、与产业发展相适应的园区。

——习近平总书记在黑龙江考察调研时的讲话（摘自新华网，2018 年 9 月 26 日）

2018 年，农业农村发展取得了新成绩，粮食再获好收成，乡村振兴开局良好。2019 年是决胜全面建成小康社会第一个百年奋斗目标的关键之年，做好“三农”工作对有效应对各种风险挑战、确保经济持续健康发展和社会大局稳定具有重大意义。要全面贯彻新时代中国特色社会主义思想和党的十九大精神，加强党对“三农”工作的领导，坚持把解决“三农”问题作为全党工作的重中之重，坚持农业农村优先发展，牢牢把握稳中求进总基调，落实高质量发展要求，深入实施乡村振兴战略，对标全面建成小康社会必须完成的硬任务，适应国内外环境变化对我国农村改革发展提出的新要求，统一思想、坚定信心、落实工作，巩固发展农业农村好形势。要毫不放松粮食生产，深化农业供给侧结构性改革，聚力打赢脱贫攻坚战，抓好农村人居环境整治工作，推进新一轮农村改革，加快补齐农村基础设施和公共服务短板，扎实做好乡村规划建设和社会治理各项工作，强化五级书记抓乡村振兴，加强懂农业、爱农村、爱农民农村工作队伍建设，发挥好农民主体作用，提高广大农民获得感、幸福感、安全感，在实现农业农村现代化征程上迈出新的步伐。

——习近平总书记对做好“三农”工作作出的重要指示（摘自新华网，2018 年 12 月 29 日）

河南是农业大省，也是人口大省。做好“三农”工作，对河南具有重要意义。党的十九大作出了实施乡村振兴战略的重大决策部署，乡村振兴是包括产业振兴、人才振兴、文化振兴、生态振兴、组织振兴的全面振兴，实施乡村振兴战略的总目标是农业农村现代化，总方针是坚持农业农村优先发展，总要求是产业兴旺、生态宜居、乡风文明、治理有效、生活富裕，制度保障是建立健全城乡融合发展体制机制和政策体系。要扛稳粮食安全这个重任。确保重要农产品特别是粮食供给，是实施乡村振兴战略的首要任务。河南作为农业大省，农业特别是粮食生产对全国影响举足轻重。要发挥好粮食生产这个优势，立足打造全国重要的粮食生产核心区，推动藏粮于地、藏粮于技，稳步提升粮食产能，在确保国家粮食安全方面有新担当新作为。耕地是粮食生产的命根子。要强化地方政府主体责任，完善土地执法监管体制机制，坚决遏制土地违法行为，牢牢守住耕地保护红线。要推进农业供给侧结构性改革。发挥自身优势，抓住粮食这个核心竞争力，延伸粮食产业链、提升价值链、打造供应链，不断提高农业质量效益和竞争力，实现粮食安全和现代高效农业相统一。

——习近平总书记在参加十三届全国人大二次会议河南代表团审议时的讲话（摘自中新网，2019 年 3 月 8 日）

要推进农业农村现代化，夯实粮食生产基础，坚持质量兴农、绿色兴农，不断提高农业综合效益和竞争力。要构建新型城乡关系，建立健全城乡融合发展体制机制和政策体系，促进城乡协调发展、融合发展。

——习近平总书记在江西考察，主持召开推动中部地区崛起工作座谈会时的讲话（摘自新华网，2019 年 5 月 22 日）

我国人多地少矛盾十分突出，户均耕地规模仅相当于欧盟的四十分之一、美国的四百分之一。“人均一亩三分地、户均不过十亩田”，是我国许多地方农业的真实写照。这样的资源禀赋决定了我们不可能各地都像欧美那样搞大规模农业、大机械作业，多数地区要通过健全农业社会化服务体系，实现小规模农户和现代农业发展有机衔接。当前和今后一个时期，要突出抓好农民合作社和家庭农场两类农业经营主体发展，赋予双层经营体制新的内涵，不断提高农业经营效率。

——习近平总书记在十九届中央政治局第八次集体学习时的讲话（摘自新华网，2019 年 6 月 1 日）

新中国成立 70 年来，全国涉农高校牢记办学使命，精心培育英才，加强科研创新，为“三农”事业发展作出了积极贡献。

中国现代化离不开农业农村现代化，农业农村现代化关键在科技、在人才。新时代，农村是充满希望的田野，是干事创业的广阔舞台，我国高等农林教育大有可为。希望你们继续以立德树人为根本，以强农兴农为己任，拿出更多科技成果，培养更多知农爱农新型人才，为推进农业农村现代化、确保国家粮食安全、提高亿万农民生活水平和思想道德素质、促进山水林田湖草系统治理，为打赢脱贫攻坚战、推进乡村全面振兴不断作出新的更大的贡献。

——习近平总书记给全国涉农高校的书记校长和专家代表的回信（摘自新华网，2019 年 9 月 6 日）

要扎实实施乡村振兴战略，积极推进农业供给侧结构性改革，牢牢抓住粮食这个核心竞争力，不断调整优化农业结构，深入推进优质粮食工程，突出抓好耕地保护和地力提升，加快推进高标准农田建设，做好粮食市场和流通的文章，积极稳妥推进土地制度改革，加强同脱贫攻坚战略的有效对接，在乡村振兴中实现农业强省目标。

利用荒山推广油茶种植，既促进了群众就近就业，带动了群众脱贫致富，又改善了生态环境，一举多得。要把农民组织起来，面向市场，推广“公司＋农户”模式，建立利益联动机制，让各方共同受益。要坚持走绿色发展的路子，推广新技术，发展深加工，把油茶业做优做大，努力实现经济发展、农民增收、生态良好。

——习近平总书记在河南考察调研时的讲话（摘自新华网，2019年9月16日）

加强保障和改善民生工作。我国农业连年丰收，粮食储备充裕，完全有能力保证粮食和重要农产品供给。要抓好春季农业生产，加强粮食市场价格监测和监管，继续做好猪肉、果蔬等副食品生产流通组织，保障市场供应和价格基本稳定。要强化对困难群体基本生活保障，适当提高城乡低保、抚恤补助等保障标准，把因疫情和患病陷入困境的人员纳入救助范围，对受疫情影响严重地区发放临时生活补贴，相关价格补贴联动机制要及时启动。扩大失业保险覆盖范围，更好保障失业人员基本生活。

——习近平总书记在中共中央政治局常务委员会会议上的讲话（摘自新华网，2020年4月8日）

当前经济发展面临的挑战前所未有，必须充分估计困难、风险和不确定性，切实增强紧迫感，抓实经济社会发展各项工作。要以习近平新时代中国特色社会主义思想为指导，增强“四个意识”、坚定“四个自信”、做到“两个维护”，紧扣全面建成小康社会目标任务，统筹推进疫情防控和经济社会发展工作，在疫情防控常态化前提下，坚持稳中求进工作总基调，坚持新发展理念，坚持以供给侧结构性改革为主线，坚持以改革开放为动力推动高质量发展，坚决打好三大攻坚战，加大“六稳”工作力度，保居民就业、保基本民生、保市场主体、保粮食能源安全、保产业链供应链稳定、保基层运转，坚定实施扩大内需战略，维护经济发展和社会稳定大局，确保完成决战决胜脱贫攻坚目标任务，全面建成小康社会。

——习近平总书记在中共中央政治局会议上的讲话（摘自《人民日报》，2020 年 4 月 18 日）

做好“六稳”工作、落实“六保”任务至关重要。“六保”是我们应对各种风险挑战的重要保证。要全面强化稳就业举措，强化困难群众基本生活保障，帮扶中小微企业渡过难关，做到粮食生产稳字当头、煤电油气安全稳定供应，保产业链供应链稳定，保障基层公共服务。同时，要在“稳”和“保”的基础上积极进取。

对我们这样一个有着 14 亿人口的大国来说，农业基础地位任何时候都不能忽视和削弱，手中有粮、心中不慌在任何时候都是真理。这次新冠肺炎疫情如此严重，但我国社会始终保持稳定，粮食和重要农副产品稳定供给功不可没。总的来说，我国农业连年丰收，粮食储备充裕，完全有能力保障粮食和重要农产品供给。新形势下，要着力解决农业发展中存在的深层次矛盾和问题，重点从农产品结构、抗风险能力、农业现代化水平上发力。要保障粮食等主要农产品生产供给，强化“米袋子”省长负责制考核，加强粮食市场价格监测和监管，加快推动“藏粮于地、藏粮于技”战略落实落地。要稳住猪肉等农副产品价格，落实生猪生产省负总责要求，持续抓好非洲猪瘟等重大动物疫病防控，做好“菜篮子”产品稳产保供。

——习近平总书记在看望参加全国政协十三届三次会议的经济界委员时的讲话（摘自新华社，2020 年 5 月 23 日）

李克强总理
关于发展粮食产业的重要讲话、指示（摘编）

要做好“广积粮、积好粮、好积粮”三篇文章。广积粮，就是要着力稳定粮食产量和提高粮食综合生产能力；积好粮，就是要适应人民生活水平提高和消费升级，增加优质粮油的产量和储备；好积粮，就是要改善储运条件，减少产后损失，健全市场体系，做到随时可调，保证能及时调到需要的地方、调到困难群众手中。

——时任中共中央政治局常委、国务院副总理李克强同志考察国家粮食局科学研究院时的讲话（摘自新华网，2013 年 1 月 15 日）

大力发展农业产业化。新时期调整农业结构、发展农业产业化，要有新思路、新视野、新办法。由“生产导向”向“消费导向”转变。现在人们不仅要吃饱还要吃好，越来越关注“舌尖上的安全”“舌尖上的美味”。要引导农民瞄准市场需求，适应消费者选择，增加市场紧缺和适销对路产品生产，大力发展绿色农业、特色农业和品牌农业。

——《以改革创新为动力 加快推进农业现代化》（摘自《求是》，2015 年 2 月 16 日）

推进农业结构调整、发展农业产业化，要在“内外联动”上下功夫。要把产业链、价值链等现代产业发展理念和组织方式引入农业，延伸产业链、打造供应链、形成全产业链，完善利益联结机制，让农民从产业链增值中获取更多利益。重点抓好三件事。一是抓农产品转化加工。主产区往外调“原”字号农产品，不利于主产区农业增值增效，也加重运输负担。要支持主产区发展畜牧业、粮食加工业和农产品精深加工。主产区调出粮食是贡献，调出肉蛋奶、调出加工食品，同样也是贡献。二是抓农产品流通。农产品流通环节多、成本高、损耗大、效率低，导致农民“卖难”和居民“买贵”并存，一直是个老大难问题。解决这一问题，要创新流通方式和流通业态，推进电商与实体流通相结合，完善农产品流通骨干网络，推进各种形式的对接直销。三是抓农产品质量和食品安全监管。目前农产品质量安全形势总体稳定向好，但风险隐患犹存，违法违规问题仍然频发。要坚持不懈地抓好质量安全监管，决不能再出大的事件，否则就会打击人们对国产农产品和食品的消费信心，影响农业发展。要抓紧把基层农产品和食品安全监管机构健全起来，从源头抓起，推广农业标准化生产，严格市场执法监管，确保农产品和食品质量安全。

——《以改革创新为动力 加快推进农业现代化》（摘自《求是》，2015 年 2 月 16 日）

积极发展多种形式适度规模经营。发展农业适度规模经营，可以采取多种方式。很多地方在不流转土地的情况下，也实现了适度规模经营。比如，有的通过土地股份合作和联合或土地托管等方式，扩大了生产经营面积。有的通过龙头企业与农民或合作社签订单，按照标准和要求进行生产，实现了规模效益。有的通过发展农机大户、农机合作社、流通合作社等以及其他形式的农业社会化服务，实行供种供肥、农机作业、生产管理、产品销售等“几统一”，取得了区域规模经营效应。

——《以改革创新为动力 加快推进农业现代化》（摘自《求是》，2015 年 2 月 16 日）

加大农业政策支持和资金投入力度。加快建立各级财政农业投入稳定增长机制，加强资金统筹整合、提高使用效率，确保财力集中用于农业现代化的关键环节，重点支持农业基础设施建设、结构调整、可持续发展、产粮大县和农民增收等。农业补贴要稳定存量、增加总量、完善办法、逐步调整，新增补贴向粮食等重要农产品、新型经营主体、主产区倾斜。

——《以改革创新为动力 加快推进农业现代化》（摘自《求是》，2015 年 2 月 16 日）

完善农产品价格形成和调控机制。新疆棉花、东北和内蒙古大豆进行目标价格改革试点取得初步成效，要研究改进操作方式方法，尽量做到简便易行。继续执行粮食最低收购价和临时收储政策，开展粮食等农产品价格保险试点，探索防范价格风险、保障农民收入的新路子。完善中央储备粮管理体制和吞吐调节机制，加强市场调控，防止谷贱伤农。各地要落实地方粮食储备规模新增计划，特别是主销区在这个时候要多作些贡献。

——《以改革创新为动力 加快推进农业现代化》（摘自《求是》，2015 年 2 月 16 日）

要持续抓好“三农”工作，大力推进农业供给侧结构性改革，加快现代农业建设，积极调整农业结构，发展多种形式适度规模经营，深入开展农村“双创”，推动新型城镇化与农业现代化互促共进。深入推进脱贫攻坚，提高贫困地区和贫困群众自我发展能力。促进农业提质增效和农民持续增收，拓展农村发展空间。

——李克强总理对2017年中央农村工作会议的指示（摘自新华社，2016年12月20日）

促进农业稳定发展和农民持续增收。深入推进农业供给侧结构性改革，完善强农惠农政策，拓展农民就业增收渠道，保障国家粮食安全，推动农业现代化与新型城镇化互促共进，加快培育农业农村发展新动能。

推进农业结构调整。引导农民根据市场需求发展生产，增加优质绿色农产品供给，扩大优质水稻、小麦生产，适度调减玉米种植面积，粮改饲试点面积扩大到1000万亩以上。鼓励多渠道消化玉米库存。支持主产区发展农产品精深加工，发展观光农业、休闲农业，拓展产业链价值链，打造农村一二三产业融合发展新格局。

——李克强总理在十二届全国人大五次会议上作的政府工作报告（摘自新华社，2017年3月15日）

要守住管好“天下粮仓”、做好粮食产业经济发展这篇大文章。

——李克强总理在山东考察期间听取国家粮食局汇报时的指示（摘自人民网，2017年9月12日）

推进农业供给侧结构性改革。促进农林牧渔业和种业创新发展，加快建设现代农业产业园和特色农产品优势区。坚持提质导向，稳定和优化粮食生产。加快消化粮食库存。发展农产品加工业。新增高标准农田8000万亩以上、高效节水灌溉面积2000万亩。培育新型经营主体，提高农业科技水平，推进农业机械化全程全面发展，加强面向小农户的社会化服务。鼓励支持返乡农民工、大中专毕业生、科技人员、退役军人和工商企业等从事现代农业建设、发展农村新业态新模式。深入推进“互联网＋农业”，多渠道增加农民收入，促进农村一二三产业融合发展。

——李克强总理在十三届全国人大一次会议上作的政府工作报告（摘自新华网，2018 年 3 月 22 日）

今年是全面贯彻党的十九大精神的开局之年。各地区、各部门要以习近平新时代中国特色社会主义思想为指导，认真落实中央农村工作会议和政府工作报告部署，大力实施乡村振兴战略，坚持农业农村优先发展和质量兴农、绿色兴农，深入推进农业供给侧结构性改革，抓住当前春季农业生产关键时节，扎实开展春耕备耕，强化政策扶持，促进优化农业种植结构，统筹做好农资供应保障、动植物疫病防控等工作，推进农村一二三产业融合发展，依托“互联网 +”和“双创”推动转变农业生产经营模式，提高农业综合竞争力，拓宽农民增收渠道，打好精准脱贫攻坚战，为促进农业农村现代化作出新的贡献。

——李克强总理对全国春季农业生产工作会议作出重要批示（摘自中国政府网，2018 年 3 月 29 日）

深入实施乡村振兴战略，更大发挥市场作用，依托“互联网 +”发展各种专业化社会服务，促进农业生产管理更加精准高效，使亿万小农户与瞬息万变的大市场更好对接，对推动农业提质增效、拓宽农民新型就业和增收渠道意义重大。一要加快信息技术在农业生产中的广泛应用。围绕良种繁育、田间管理、病虫害防治、收储等环节，利用大数据、物联网等提高农业生产管理效能。扩大农业物联网区域试验范围、规模和内容，推进重要农产品全产业链大数据建设。二要实施“互联网 +”农产品出村工程，强化电商企业与小农户、家庭农场、农民合作社等产销对接，加强农村网络宽带、冷链物流等设施建设，推动解决农产品“卖难”问题，实现优质优价带动农民增收。强化网上销售农产品质量安全监管。三要鼓励社会力量运用互联网发展各种亲农惠农新业态、新模式，满足“三农”发展多样化需求，推动大众创业、万众创新在农村向深度发展，带动更多农民就近就业。探索政府购买服务等机制，建设涉农公益服务平台，加大对农户信息技术应用培训，使手机成为广大农民的“新农具”，使互联网成为助力农村一二三产业融合发展的重要设施。

——李克强总理主持召开国务院常务会议，听取对深入推进“互联网 + 农业”促进农村一二三产业融合发展情况汇报等（摘自中国政府网，2018 年 6 月 27 日）

加强农田水利基本建设，藏粮于地藏粮于技，是保障国家粮食安全、推动现代农业发展的重要举措。各地区各相关部门要以习近平新时代中国特色社会主义思想为指导，认真贯彻党中央、国务院决策部署，围绕实施乡村振兴战略，结合促进补短板领域有效投资，强化规划布局，突出提升防灾抗灾减灾能力，进一步推进农田水利和重大水利工程建设。要压实各级政府责任，深化相关改革，加快构建集中统一高效的农田建设管理新体制。要建立投入稳定增长机制，加强建设资金源头整合，大力吸引社会资金投入，千方百计调动广大农民参与农田水利基本建设和日常管护的积极性，为夯实我国农业生产能力基础、更好保障粮食安全和主要农产品有效供给、促进农民增收和农村现代化建设作出新贡献。

——李克强总理对全国冬春农田水利基本建设电视电话会议作的重要批示（摘自中国政府网，2018 年 11 月 14 日）

要坚持以习近平新时代中国特色社会主义思想为指导，认真贯彻党中央、国务院决策部署，落实中央经济工作会议精神，深入实施乡村振兴战略，全面深化农村改革，切实落实强农惠农富农各项政策，着力改善农村基础设施和公共服务，保护和调动亿万农民的积极性创造性，扎实推进农业农村现代化。要聚焦深度贫困地区和特殊贫困群体，落实脱贫攻坚重大举措，提高脱贫质量，巩固和扩大脱贫成果。要深化农业供给侧结构性改革，夯实粮食生产能力和农业基础，突出优质、特色、绿色等调整优化农业结构，推动农村各产业融合发展。要加快培育农村发展新动能，支持各类人才返乡下乡创业创新，拓展农村就业空间和农民增收渠道。巩固发展“三农”持续向好形势，为经济社会持续健康发展提供有力支撑。

——李克强总理对做好“三农”工作作的重要批示（摘自新华网，2018 年 12 月 29 日）

抓好农业特别是粮食生产。近 14 亿中国人的饭碗，必须牢牢端在自己手上。要稳定粮食产量，优化品种结构。加强农田水利建设，新增高标准农田 8000 万亩以上。稳定生猪等畜禽生产，做好非洲猪瘟等疫病防控。加快农业科技改革创新，大力发展现代种业，加强先进实用技术推广，实施地理标志农产品保护工程，推进农业全程机械化。培育家庭农场、农民合作社等新型经营主体，加强面向小农户的社会化服务，发展多种形式规模经营。扶持主产区发展农产品精深加工。支持返乡入乡创业创新，推动一二三产业融合发展，壮大县域经济。

全面深化农村改革。推广农村土地征收、集体经营性建设用地入市、宅基地制度改革试点成果。深化集体产权、集体林权、国有林区林场、农垦、供销社等改革。改革完善农业支持保护体系，健全粮食价格市场化形成机制，扩大政策性农业保险改革试点，创新和加强农村金融服务。持续深化农村改革，广袤乡村必将焕发新的生机活力。

——李克强总理在十三届全国人大第二次会议上作的政府工作报告（摘自中国政府网，2019 年 3 月 5 日）

实施乡村振兴战略，发展现代农业，保障粮食安全，促进一二三产业融合发展，拓宽农民增收渠道。

——李克强总理在十三届全国人大二次会议吉林代表团审议时的讲话（摘自中国广播网，2019 年 3 月 10 日）

坚持农业农村优先发展，深化农业供给侧结构性改革，促进农业转型升级和高质量发展。要毫不放松抓好春季田管和春耕备耕，稳定粮食播种面积，落实好粮食生产各项扶持政策。加快农业机械化和农机装备产业转型升级，大力推进高标准农田建设，着力提升粮食和农业综合生产能力，确保粮食生产稳定发展和重要农产品有效供给。深入实施“互联网＋农业”，支持返乡入乡创业创新，扎实做好农村改革、脱贫攻坚、农村人居环境整治等重点工作，为推进乡村振兴、决胜全面建成小康社会打下坚实基础。

——李克强总理对全国春季农业生产暨农业机械化转型升级工作会议作的重要批示（摘自中国政府网，2019 年 3 月 16 日）

着力抓好农业生产。稳定粮食播种面积和产量，提高复种指数，提高稻谷最低收购价，增加产粮大县奖励，大力防治重大病虫害。支持大豆等油料生产。惩处违法违规侵占耕地行为，新建高标准农田8000万亩。培育推广优良品种。完善农机补贴政策。深化农村改革。加强非洲猪瘟等疫病防控，恢复生猪生产，发展畜禽水产养殖。健全农产品流通体系。压实“米袋子”省长负责制和“菜篮子”市长负责制。14 亿中国人的饭碗，我们有能力也务必牢牢端在自己手中。

——李克强总理在十三届全国人大第三次会议上作的政府工作报告（摘自中国政府网，2020 年 5 月 22 日）

韩正副总理
关于发展粮食产业的重要讲话、指示（摘编）

食品安全关系到每一个人的健康，是百姓最关心的民生问题之一。当前食品领域风险因素复杂，食品安全形势依然严峻。要始终坚持问题导向，决不回避问题，善于发现问题、研究问题、解决问题。针对群众反映强烈的果蔬、粮食农药残留和重金属超标，食品掺假造假，餐饮后厨卫生等烦心事，要采取更有针对性、更管用、更务实的举措，在持续解决问题中推动食品安全工作，不断提高食品安全工作能力和水平。

一定要贯彻落实好习近平总书记对食品安全工作提出的“四个最严”的要求。要高度重视标准工作，标准是食品安全的基础支撑和关键因素，要建立健全标准体系，修改完善现有标准，尽快实现我国食品安全标准与国际标准的对接。要切实强化全过程监管，把好食品从农田到餐桌的每一道关口，健全和完善覆盖食品生产、流通、消费全过程全链条的监管制度，堵住监管“缝隙”。要动员社会各方力量参与监管，完善投诉举报制度，加大有奖举报力度，保护好举报人。要第一时间权威发布相关信息，并支持鼓励媒体开展监督。要采取有力措施，真正解决好执法成本高、违法成本低的问题。对昧着良心制假售假、突破道德底线的行为，一定要实施终身行业禁入，并处罚到企业法人。要切实落实党政同责、地方负总责要求，推动食品安全工作落细落地。

——韩正副总理在国务院食品安全委员会第一次全体会议上的讲话（摘自新华社，2018年9月8日）

粮食安全始终是关系经济发展、社会稳定和国家安全的全局性、战略性问题，任何时候都不能放松。开展全国政策性粮食库存数量和质量大清查，是党中央、国务院作出的重大决策部署。各地区、各部门一定要高度重视，扎实做好大清查工作，切实摸清粮食库存家底，始终守住管好天下粮仓，向党和国家交一本实实在在的“明白账”，为确保国家粮食安全作出贡献。

在充分肯定粮食工作取得成绩的同时，也要清醒看到，政策性粮食库存管理还存在一些问题和薄弱环节。这次大清查工作必须坚持问题导向、结果导向，既要查清粮食库存数量和质量，也要排查问题隐患。要运用大清查结果，建立具体到承储库点的数据库，推动实行在线实时监管，提高库存管理水平。要加快推动粮食安全保障立法修规，改革完善政府粮食储备管理体制。

这次大清查工作时间紧、任务重、要求高。各地区、各部门要从实际出发，创新方式方法，把工作做得细而又细、实而又实，确保大清查各项任务落实到位。要强化统筹协调，部际协调机制要充分发挥“总调度”作用，地方各级大清查协调机制也要加强协同联动，促进横向互通、上下联动，形成强大工作合力。要压实工作责任，强化对中央储备粮管理和中央事权粮食政策执行情况的考核监督，把本次大清查纳入国务院粮食安全省长责任制考核内容，逐级落实地方政府和政策执行主体责任。要完善保障措施，选调讲政治、懂业务、有担当的同志参加大清查，加强经费保障和装备保障。

——韩正副总理在全国政策性粮食库存数量和质量大清查动员电视电话会议上的讲话（摘自新华社，2019年2月27日）

胡春华副总理
关于发展粮食产业的重要讲话、指示（摘编）

要全面贯彻中央经济工作会议精神，认真落实《政府工作报告》部署，切实扛稳粮食安全重任，深入推进农业供给侧结构性改革，不断提高农业质量效益和竞争力。

要把确保粮食和重要农产品供给作为农业农村工作的首要任务，切实稳定粮食播种面积和产量，调整优化生产结构，加强高标准农田建设，强化农业科技支撑，稳步提升粮食产能。要因地制宜扩大草食畜牧业生产，积极推进标准化规模化养殖，加强非洲猪瘟等疫病防控，加快优化生产布局，全面提升畜牧业发展水平。要大力振兴乡村产业，积极发展以农业农村资源为依托的高质量二三产业，切实加强与市场需求的有效对接。要积极创新农业经营方式，发展农业社会化服务，加快推进农业机械化转型升级，加强农业防灾减灾，保障农业生产稳定发展。

——胡春华副总理在全国春季农业生产暨农业机械化转型升级工作会议上的讲话（摘自新华网，2019 年 3 月 16 日）

确保重要农产品特别是粮食有效供给，是农业农村工作的首要任务。要全面落实“藏粮于地、藏粮于技”战略，积极推行保护性耕作等绿色生产方式，夯实农业基础。要加快实施质量兴农战略，积极推行标准化生产，推动农业由增产导向转向提质导向。要以“粮头食尾”、“农头工尾”为抓手，大力发展农产品加工流通，延伸农业产业链、提升价值链、打造供应链，提高农业全产业链收益，拓展农民增收渠道。要突出抓好家庭农场和农民合作社发展，健全农业社会化服务体系，把小农生产引入现代农业发展轨道。

——胡春华副总理在吉林调研农业农村工作时的讲话（摘自新华网，2019 年 7 月 4 日）

高层观点

建设粮食产业强国

建设粮食产业强国

积极应对疫情影响 扛稳国家粮食安全重任

中共国家粮食和物资储备局党组

民为国基，谷为民命；悠悠万事，吃饭为大。粮食安全是关系国运民生的压舱石，是维护国家安全的重要基础。对于中国这样一个有 14 亿人口的发展中大国，粮食安全更是治国理政的头等大事，保障国家粮食安全这根弦任何时候都不能松。新冠肺炎疫情突如其来，对粮食加工、物流中转、终端配送等造成一定影响。同时，受个别国家限制粮食出口等因素影响，引发国内对粮食安全的关注和担忧，也给我国粮食安全带来多年未有的压力和考验。

“越是面对风险挑战，越要稳住农业，越要确保粮食和重要副食品安全。”习近平总书记针对疫情影响多次强调粮食安全的极端重要性，深刻指出：“这次新冠肺炎疫情如此严重，但我国社会始终保持稳定，粮食和重要农副产品稳定供给功不可没。”4 月 17 日召开的中共中央政治局会议，提出了包括“保粮食能源安全”在内的“六保”要求，作为确保完成决战决胜脱贫攻坚目标任务、全面建成小康社会的重要举措。5 月 23 日，习近平总书记在看望参加政协会议的经济界委员时特别强调，“手中有粮、心中不慌在任何时候都是真理”，并对强化“米袋子”省长负责制考核，加强粮食市场价格监测和监管等提出明确要求。这些重要指示和部署，统揽粮食安全保障各环节，具有很强的针对性和指导性，为做好当前及今后的粮食安全保障工作提供了根本遵循。

国家粮食和物资储备局召开应对疫情做好粮油保供稳价工作视频会议

一、疫情发生以来我国粮食供应保障有力

新冠肺炎疫情发生以来，根据党中央、国务院决策部署，按照国务院联防联控机制生活物资保障组要求，国家粮食和物资储备局会同各地各有关部门抓紧抓实粮油保供稳价，助力打赢疫情防控人民战争、总体战、阻击战。

共下“一盘棋”，加强统筹，协同联动。粮食和物资储备部门迅速行动，强化央地协同、区域协同、产销协同、企业协同，建立健全四项制度机制，全力保供应和稳市场。建立湖北与湖南、河南、安徽、江西等周边五省粮油供应联动保障机制，全力支援保障湖北省和武汉市等疫情严重地区粮油供应。坚持全国粮油市场日监测日报告机制，常态化调度运行情况，及时监测、分析和预警。建立重点粮油市场快速调度机制，对市场异常波动情况即知即报，确保快速应对、妥善处置。健全重点加工企业保供协作机制，将全国 540 多家重点粮油加工企业纳入机制，随时调度企业生产、销售和库存等情况，发现问题及时协调解决，确保粮油加工、流通、供应有力有序。

打好“主动仗”，抓住关键，精准发力。突出重点地区。专门制定湖北省和武汉市粮油供应工作方案，协同当地粮食部门加强市场监测和粮源组织，确保粮油供应不断档、不脱销。自2月初至4月底，湖北、北京及周边省份150多家重点企业累计销售大米180多万吨、面粉630多万吨、食用油170多万吨，有力保障了市场供应。突出重点举措。各地积极增加粮油供应，组织扩大原粮加工，快速补充成品粮油库存，36个大中城市及价格易波动地区的成品粮油库存能满足20天以上供应量，武汉达到30天以上；合理安排政策性玉米公开拍卖和小麦、稻谷竞价销售，增加投放储存在湖北省的最低收购价中晚稻，有效发挥了政策性粮食的“调节器”作用。突出重点企业。各地粮食应急保障企业主动担当作为，自觉服从统一调度安排，中粮集团等大型粮油企业积极响应号召，迅速开足马力生产，增加粮油产品供应，以实际行动履行社会责任。

聚焦“关键点”，稳定预期，强化服务。疫情发生以来，为消除广大人民群众关于粮食供应的疑虑，采取新闻发布、答记者问、专家访谈等方式，加强宣传报道，主动回应社会关切，引导群众理性采购，取得了良好效果。为解决好东北地区农民因封村封路等防控措施导致的卖粮慢问题，将东北地区中晚稻最低收购价预案执行期延长1个月至3月底，精心组织政策性收购和市场化收购，确保“种粮卖得出”。秋粮旺季收购圆满完成，主产区各类粮食企业累计收购秋粮近1.8亿吨，没有发生大范围“卖粮难”。为帮助粮油企业破解复工复产过程中的实际困难，各地区各部门认真落实支持政策，协助解决防疫物资、岗位用工、物流运输、港口通关等实际问题，积极协调满足原料、辅料、包装等需求，加强粮油企业信贷和贴息资金支持，保障企业合理资金需求。截至4月底，全国粮食应急加工企业开工4800多家，占比达到90%。

当前，我国粮食市场供应充足，总体保持平稳态势。在积极应对疫情影响中，我国没有动用过中央储备粮，除个别市县，绝大部分地区也没有动用过地方储备粮。在疫情防控的大战大考中，我国粮食加工流通和调控保供能力经受住了考验。这充分证明，以习近平同志为核心的党中央确定的保供稳价政策举措是科学有效的，关于实施国家粮食安全战略的决策部

张务锋局长在应对疫情做好粮油保供稳价工作视频会议上讲话

署是完全正确的，是我国制度优势在粮食安全领域的生动体现。

二、客观准确认识我国粮食安全形势

目前，新冠肺炎疫情仍在全球肆虐，加之沙漠蝗、东南亚旱灾等因素影响，不可避免地冲击国际粮食供应链，影响全球粮食供需平衡，加大国际粮价波动幅度。面对日益复杂的国际粮食贸易环境，解决好中国人的吃饭问题，我们的信心和底气从哪里来？

从供需总量看，我国粮食综合生产能力不断增强，取得历史性的“十六连丰”，连续5年总产量稳定在6.5亿吨以上，确保谷物基本自给、口粮绝对安全的基础更加稳固。2019年，全国稻谷和小麦产量共计3.4亿吨，按14亿人口计算，平均每人每天0.67公斤，比当年人均实际食用消费量高出0.12公斤。目前，我国人均粮食占有量超过470公斤，远高于人均400公斤的国际粮食安全标准线。粮食安全基础在生产，根本在耕地，命脉在水利，出路在科技。近年来，我国深入实施“藏粮于地、藏粮于技”战略，实行最严格的耕地保护制度，建立粮食生产功能区和重要农产品生产保护区，建设旱涝保收的高标准农田，推动良种、良机、良法、良田深度融合，增添了保持粮食供需总量平衡的后劲。

从库存家底看，我国粮食仓储设施规模不断增加、功能显著提升、仓储能力明显增强，总体达到了世界较先进水平。粮食库存总量持续高位运行，粮食库存消费比远高于联合国粮农组织提出的安全警戒线水平，稻谷、小麦均能满足 1 年以上消费需求。政府储备是守底线、稳预期、保安全的压舱石。近年来，中央储备规模保持稳定，地方储备严格执行“产区保持三个月、销区保持六个月、产销平衡区保持四个半月”要求。政策性库存是国家实行最低收购价、临时收储等政策形成的库存，包括稻谷、小麦、玉米等品种，这部分库存数量也相当可观。2019 年，国家扎实开展全国政策性粮食库存数量和质量大清查，摸清了粮食“家底”，强化了粮食管理，确保粮食库存充实。

从市场流通看，我国以“粮头食尾”和“农头工尾”为抓手，延伸粮食产业链，提升价值链，打造供应链，加快推动粮食产业高质量发展，积极构建现代化粮食产业体系和粮食“产购储加销”体系，成效明显。目前，全国小麦、稻谷、玉米、大豆年加工处理能力分别达到 2.2 亿吨、3.9 亿吨、3.2 亿吨、1.2 亿吨；全国粮食商流、物流市场达到 500 多家，粮食期货交易品种涵盖小麦、玉米、稻谷和大豆等主要粮食品种；建成一大批综合性粮食物流园区，搭建了规范统一的国家粮食电子交易平台；连续两年成功举办中国粮食交易大会，一些区域性粮食展洽活动特色鲜明，产销合作组织化程度和粮食流通效率不断提高。

从应急能力看，针对突发公共事件、自然灾害等引起粮食市场异常波动的风险，我国已建立起了符合国情的粮食应急保障体系。目前，全国有粮食应急加工企业 5388 家，成品粮日加工能力在百万吨以上；粮食应急供应网点 44601 家，应急配送中心 3170 个，应急储运企业 3454 家，依托健全的粮油配送供应网络，能够迅速将米面油投放到终端消费市场；国家级粮食市场信息直报点 1072 个，地方粮食市场信息监测点 9206 个，基本覆盖了重点地区、重点品种，能够密切跟踪粮食供求变化和价格动态。全国 31 个省（区、市）制定了省级粮食应急预案，587 个市（地）、

2440 个县建立了区域性粮食应急预案。同时，充分发挥粮食安全省长责任制、中央储备粮管理和中央事权粮食政策执行情况两项考核“指挥棒”作用，逐级压实各级政府和储备承储企业粮食应急责任，做到对粮食安全各负其责、守土尽责。

“手中有粮，心中不慌”。我国坚持以我为主、立足国内、确保产能、适度进口、科技支撑的国家粮食安全战略，坚守“中国粮食、中国饭碗”，主粮品种的自给率高，为应对全球粮食市场波动提供了坚实基础。近年来，我国口粮即稻谷和小麦的产量均大于消费量，进口量仅占国内消费量的 2% 左右，主要用于品种余缺调剂，口粮供应并不依赖国际市场，饭碗仍然牢牢端在自己的手上。以大米为例，2019 年我国进口 255 万吨，同比下降 53 万吨，进口仅占我国大米消费量的 1.8%，且出口量大于进口量，国内大米市场供给充足。从价格波动情况看，与近年国际市场粮价数次大幅波动相比，我国粮价总体保持平稳。比如，2018 年上半年国际市场小麦价格大幅上涨，2019 年上半年国际市场玉米价格大幅上涨，但国内小麦价格和玉米价格在此期间表现稳定，均在合理区间内小幅波动。新冠肺炎疫情发生以来，国际大米价格上涨至近 7 年来高位，国内口粮价格仍总体保持稳定。从大豆进口看，我国大豆对外依存度较高，进口大豆主要用于生产豆油和豆粕。目前，全球大豆供应充裕，库存处于历史较高水平，疫情对国内大豆的供应和价格影响有限。

总体来看，我国作为人口大国和粮食消费大国，粮食生产、储备、流通能力持续增强，库存充实、储备充足、供给充裕，端好中国人饭碗的物质基础坚实，粮食安全形势持续向好。2019 年，在庆祝新中国成立 70 周年和第 39 个世界粮食日到来之际，国务院新闻办公室发表《中国的粮食安全》白皮书，集中展现了我国保障粮食安全的伟大成就，系统宣示了我国粮食安全的政府立场和政策主张，在国内外产生了良好反响。同时必须清醒看到，我国粮食中长期供求仍呈紧平衡状态，当前结构性矛盾仍较突出，影响粮食安全的潜在风险隐患也在增多。保障国家粮食安全是一个永恒课题，任何时候都要绷紧这根弦，坚持底线思维，精准研判、清醒审慎，积极应对、主动作为，守好国家粮食安全底线。

三、切实增强粮食安全保障能力

粮食安天下安、粮价稳百价稳，粮食问题无小事。新冠肺炎疫情对粮食安全的现实考验，再次彰显了保障粮食安全的重要性，也给我们上了一堂深刻的“警示课”。在粮食安全问题上，要从战略上看，看得深一点、远一点，不能只算经济账，还要算好政治账和安全账。作为 14 亿人口的发展中大国，依靠进口保吃饭是不现实的，饭碗里必须主要装我们自己生产的粮食。我们要牢记习近平总书记的重要指示批示精神，认真贯彻落实党中央关于“六稳”和“六保”的要求，坚持问题导向和目标导向，抓重点、补短板、强弱项，着力防范化解粮食领域风险挑战，全力保障国家粮食安全。

充分发挥储备调节作用，创新完善粮食宏观调控。在现代粮食宏观调控中，政府储备是必要的物质基础。实行政府储备规模动态调整，优化储备粮品种结构和区域布局，引导有条件的地方根据需要增加小包装成品粮油储备。结合粮食市场供需余缺、价格波动和预期情况，合理把

国家粮食和物资储备局召开视频会议进一步部署做好北京市应对疫情粮油市场保供稳价工作

握储备吞吐节奏和力度，加强中央储备和地方储备协同运作，充分发挥调控市场、稳定粮价的作用。围绕稳定粮食供给，突出稳政策、稳面积、稳产量导向，落实落细粮食安全责任制。严格执行稻谷、小麦最低收购价政策，统筹抓好政策性收购和市场化收购，鼓励支持大中型粮食贸易、加工企业直接入市，协调做好信贷、运力、库容等保障，推动形成主体多元、渠道多样、优粮优价的市场化收购新格局，确保不发生“卖粮难”，保护和调动农民种粮积极性。深入推进优质粮食工程，加强粮食产后服务、质量安全检验监测能力建设，开展“中国好粮油”行动，不断增加粮油产品有效供给。聚焦增强调控实效，健全完善粮食监测预警体系，运用大数据等手段，及时发现苗头性、倾向性、潜在性问题。深入实施粮食安全保障调控和应急设施专项管理，创新调控手段，加强精准调控，保障区域平衡和季节平衡，保持粮食市场平稳运行。

搞好搞活粮食市场流通，着力增强粮食供应链韧性。我国粮食生产向优势区域集中，对跨区域粮食流通提出了新要求。随着粮食收储制度改革深入推进，各类市场主体、多种经营业态蓬勃发展，粮食流通领域正在发生深刻变化。要因势利导，加快推进粮食流通现代化，着力建设链条优化、衔接顺畅、运转高效、保障有力的粮食“产购储加销”体系，增强粮食系统抗击各类风险冲击的能力。以国家粮食电子交易平台为龙头、区域性粮食交易平台为骨干，发展大宗粮食现货交易，打通供应主动脉。统筹推进成品粮批发市场和零售终端建设，发展“网上粮店”等新业态，促进线上线下融合，畅通供应微循环。大力实施粮食现代物流工程，对接国家重大战略和规划，以精准补齐设施短板、优化设施资源配置、服务产销衔接为重点，谋划建设一批集仓储、中转、加工、配送、应急于一体的粮食物流重大项目，推动多式联运无缝衔接。创新完善粮食产销合作，鼓励产区、销区、平衡区签订政府间合作协议，在粮源基地、订单采购、仓储物流、加工转化、销售网络等方面深化合作，积极构建“1+N”产销平台模式。加快培育我国的国际大粮商，加强与“一带一路”沿线国家粮食安全合作，统筹用好“两个市场、两种资源”，积极防范输入性、传导性风险。

健全完善供应服务网络，进一步提高粮食应急保障能力。认真总结疫情防控期间粮食应急保供稳价行之有效的做法，进一步强化组织领导、监测预警和应急保障。指导各地制修订区域粮食应急预案，完善涵盖中央、省、市、县的四级粮食应急预案。以现有成品粮油批发市场、骨干应急加工企业、粮食购销企业等为依托，统筹建设一批区域粮食应急保障中心，改造建设一批原粮成品粮加工、主食加工储运配送等功能齐全的省、市、县级粮食应急保障中心，提高区域粮食应急保障能力。择优选定一批在疫情防控保供稳价中发挥重要作用的大型粮油企业，统一授牌、重点扶持，不断提高粮油应急保障效能。夯实地方政府粮食应急主体责任，分类管理、分级负责、属地保障，形成逐级保障、层级响应、小灾省域内自救、大灾区域救助的粮食应急保障机制。加快建设统一的粮食和物资储备应急指挥中心，加强与有关方面的对接协同联动，发挥好应急值守、监测防控、应急处置等功能作用。

创新强化粮食执法监管，鼓励支持企业依法经营。加快推动粮食安全保障立法修规进程，支持各地出台粮食安全保障地方性法规和规章，为加强常态监管和应对突发事件提供法律支撑。建立健全与中央储备垂直管理相适应的监管体制，加强粮食监管执法力量。推行“双随机一公开”抽查，采取“四不两直”方式，组织跨区域交叉执法检查和专项检查。大力推进以信用监管为基础的新型监管，建立粮食企业信用监管平台，对失信行为实施联合惩戒。强化信息技术手段应用，建设中央储备粮库存动态监管系统，实行在线监控、远程监管。拓展社会监督渠道，进一步办好 12325 全国粮食流通监管热线，对群众反映的涉粮问题和案件，一经查实则严肃处理。加强粮食市场化收购监管和政策性粮食销售出库监管，依法查处违法行为，切实维护粮食市场秩序，保护广大农民和消费者合法权益。

（发表于《求是》杂志，2020 年第 12 期）

解决好吃饭问题始终是治国理政的头等大事

国家粮食和物资储备局

粮食安全是国家安全的重要基础。我国是个人口众多的大国，解决好吃饭问题始终是治国理政的头等大事。在新中国成立 70 周年之际，国务院新闻办发布《中国的粮食安全》白皮书（以下简称白皮书），全面介绍中国粮食安全现状，系统宣示我国粮食安全政府立场和政策主张，具有重要的现实意义。

2019 年世界粮食日和全国粮食安全宣传周主会场

与新中国成立之初相比，我国在粮食安全领域取得了举世瞩目的巨大成就，与1996年首部中国的粮食问题白皮书发布时相比也有许多新的进展成效。立足新时代新起点，要在习近平新时代中国特色社会主义思想指引下，牢固树立总体国家安全观，认真实施国家粮食安全战略，加快构建更高层次、更高质量、更有效率、更可持续的国家粮食安全保障体系。

深刻认识保障国家粮食安全的极端重要性

新中国成立后特别是改革开放以来，中国人民经过艰苦卓绝的努力，用全球9%的耕地、6%的淡水资源生产的粮食，养活了近20%的人口，实现了从温饱不足到全面小康的历史性跨越。当前，国际环境正在发生深刻而复杂的变化，我国改革发展稳定任务繁重，保障粮食安全面临许多新情况新问题新挑战。要从世情国情粮情出发，准确把握“头等大事”，增强政治自觉、思想自觉和行动自觉。

第一，在构建人类命运共同体的进程中，粮食安全是世界性的重大课题。粮食是人类生存和发展最基本的物质条件，粮食安全是世界和平与发展的重要保障，关系人类永续发展和前途命运。联合国粮农组织发布的《世界粮食安全和营养状况》报告显示，全球饥饿人数连续3年增长，2018年达到8.2亿人。国际粮食贸易面临着保护主义和单边主义的干扰，不稳定因素增加。虽然近年来全球粮食供应总体宽松，但粮食安全形势依然严峻，实现全球2030年“零饥饿”可持续发展目标面临严峻挑战。

第二，回顾总结历史发展的经验，粮食安全是国之大计、强国之基。“悠悠万事、吃饭为大”，“民为国基、谷为民命”。自古以来，粮食就被看作“政之本务”，粮食储备被认为是“天下之大命”。粮食安全保障有力，发展大局就有了坚实基础，从“富起来”走向“强起来”就更有底气。我们是人口大国，对粮食问题，要从战略上看，看得深一点、远一点。什么时候都不能轻言粮食过关了。要居安思危，牢牢掌握粮食安全主动权。

第三，面对复杂多变的国际环境，粮食安全是维护国家安全的重要支撑。粮食安全与能源安全、金融安全并称为三大经济安全。袁隆平院士说："一粒粮食能救一个国家，也可以绊倒一个国家，这就是粮食的重要性。"一个国家只有实现粮食基本自给，才有能力掌控和维护好经济社会发展大局。当今世界风云变幻，做到"手中有粮"，方可"心中不慌"，才能有"乱云飞渡仍从容"的战略定力。

深入实施国家粮食安全战略

党的十八大以来，习近平总书记就国家粮食安全发表了一系列重要论述，引领推动了粮食安全理论创新、制度创新和实践创新，是新时代保障国家粮食安全的根本遵循和行动指南，也是贯穿白皮书全篇的主题主线。要结合当前形势，学深悟透、弄通做实，深入实施"以我为主、立足国内、确保产能、适度进口、科技支撑"的国家粮食安全战略。

粮食尽管连年丰收、储备充足，但不能高枕无忧，粮食安全这根弦一刻也不能放松。我国粮食年总产量连上新台阶，连续多年稳定在6.5亿吨以上，人均占有量高于世界平均水平；纳入粮食产业经济统计企业达到2.3万户，年实现工业总产值突破3万亿元；粮食市场供给充足、市场平稳，进入粮食安全形势最好、保障能力最强的历史时期。同时也要看到，随着经济社会发展，粮食消费总量刚性增长，稳定发展粮食生产压力较大，我国粮食产需中长期仍将维持紧平衡态势。要增强忧患意识，准确把握"多"与"少"、"质"与"量"、生产与流通、当前与长远、政府与市场、国内与国外"六对关系"，切实加强粮食安全保障能力建设。

在资源约束趋紧背景下，保障好近14亿人吃饭，要统筹兼顾、突出重点、精准施策。就整体而言，坚持立足国内，把中国人的饭碗牢牢端在自己手中，而且要更多装自己生产的粮食。从品种来看，集中力量先把最基本最重要的稻谷、小麦等口粮保住，切实做到谷物基本自给、口粮绝对安全。就质量而言，坚持数量质量并重，在保障数量供给的同时，更加注重粮食产品质量安全。就价格而言，完善粮食价格形成机制，提高市场配置资源效率，在更高层次上实现粮食供需动态平衡，着力保证粮食供应和价格基本稳定。

作为发展中的人口大国，新时代实现粮食产业高质量发展，必须走好中国特色粮食安全之路。对此，白皮书从七个方面作了概括。主要是：在稳步提升粮食生产能力方面，严守耕地保护红线，提升耕地质量，保护生态环境，建立粮食生产功能区和重要农产品生产保护区，提高水资源利用效率。在保护和调动粮食种植积极性方面，保障种粮农民收益，完善生产经营方式。巩固农村基本经营制度，着力培育新型农业经营主体和社会化服务组织。在创新完善粮食市场体系方面，积极构建多元市场主体格局，健全完善粮食交易体系，稳步提升粮食市场服务水平。在健全完善国家宏观调控方面，注重规划引领，深化粮食收储制度和价格形成机制改革，发挥粮食储备重要作用。在大力发展粮食产业经济方面，加快推动粮食产业转型升级，积极发展粮食精深加工转化，深入实施优质粮食工程。在全面建立粮食科技创新体系方面，强化粮食生产科技支撑，推广应用农业科技，提升粮食储运科技水平。在着力强化依法管理合规经营方面，完善粮食安全保障法律法规，落实粮食安全省长责任制，深化粮食“放管服”改革。

切实守住管好“天下粮仓”

各级粮食和物资储备部门，要坚持围绕中心、服务大局，会同有关方面，全力抓改革、促转型，着重补短板、强监管，坚决扛稳粮食安全这个重任。

一是积极推动立法修规，加快实现粮食安全治理的法治化。2018 年和 2019 年连续两年中央一号文件，都明确提出加快粮食安全保障立法进程。十三届全国人大常委会将《粮食安全保障法》列入立法规划一类项目，在立法宗旨上进一步向保障国家粮食安全聚焦。要加快修订出台《粮食流通管理条例》，组织起草《粮食储备管理条例》；同时，支持各地制定相关地方性法规，建立健全粮食安全保障法律法规体系，为依法管粮

国家粮食和物资储备局局长张务锋、副局长黄炜在陕西省富平县就起草《粮食安全保障法》（草稿）听取基层意见

提供强力支撑。

二是改革完善体制机制，加强粮食储备安全管理。要以服务宏观调控、调节稳定市场、应对突发事件和提升国家安全能力为目标，科学确定粮食储备功能和规模，改革完善粮食储备管理体制，健全粮食储备运行机制，确保粮食库存数量真实、质量良好、储存安全。

三是扎实开展粮食库存大清查，创新强化粮食执法监管督查。认真扎实开展全国政策性粮食库存数量和质量大清查，完善长效机制，坚决堵塞漏洞。

四是认真实施粮食安全省长责任制考核和中央事权粮食政策执行情况考核。“两项考核”互为补充，共同构成责任考核体系，在实施国家粮食安全战略中发挥着重要的“指挥棒”作用。

五是推动粮食流通现代化，做好市场和流通的文章。坚持市场化改革取向和保护农民利益并重，巩固放大玉米收储制度改革成效，改革完善稻谷和小麦最低收购价政策。

六是强化问题导向和目标导向，构建粮食安全“产购储加销”体系。强化粮食产购储加销协同机制，完善粮食产销合作机制，健全粮食安全决策咨询机制；创新完善全链条粮食调控；着力推动军民融合军粮供应、粮食应急保障、粮食物流现代化建设。

七是坚持质量第一、效益优先，加快建设粮食产业强国。要聚焦实现高质量发展、建设粮食产业强国“一个目标”，服务国家粮食安全和乡村振兴“两大战略”，坚持产业链、价值链、供应链“三链协同”，建设优质粮食工程、示范市县、特色园区、骨干企业“四大载体”，实施优粮优产、优购、优储、优加、优销“五优联动”，推动全国粮食产业创新发展、转型升级、提质增效。

（发表于《人民日报》，2019 年 10 月 16 日）

实施国家粮食安全战略
守住管好“天下粮仓”

国家粮食和物资储备局

习近平总书记强调，越是面对风险挑战，越要稳住农业，越要确保粮食和重要副食品安全。近期，新冠肺炎疫情在全球蔓延，引发各方对世界粮食安全问题的担忧和高度关注。我国粮食连年丰收、库存充实、储备充足、供应充裕，市场运行和价格总体平稳。我们对端牢中国人的饭碗有充分信心，对支撑打赢疫情防控阻击战有充足底气。实践充分证明，党中央关于实施国家粮食安全战略的决策部署是完全正确的，保障国家粮食安全这根弦任何时候都不能放松。

一、解决好吃饭问题始终是治国理政的头等大事

悠悠万事、吃饭为大。当前，国际环境错综复杂，新冠肺炎疫情全球蔓延，多边主义和单边主义交锋碰撞，国内改革进入深水区，保障粮食安全面临许多新挑战。要从世情国情粮情出发，切实增强办好“头等大事”的思想自觉、政治自觉和行动自觉。

（一）粮食安全是维护国家安全的重要基石。粮食安全与能源安全、金融安全是经济安全的重要方面，是国家安全的重要基础。世界上真正强大、没有软肋的国家都有能力解决自己的吃饭问题。我们是拥有 14 亿多人口的大国，如果粮食方面出了问题，一切都无从谈起。对粮食问题

要从战略上看，看得深一点、远一点。只有确保谷物基本自给、口粮绝对安全，把饭碗牢牢端在自己手中，才能保持社会大局稳定。

（二）粮食安全是增进民生福祉的重要保障。粮食是人民群众最基本的生活资料。粮食充足，则市场稳定、人心安定。高水平、可持续的粮食安全保障体系，不仅可以“为食者造福”，让城乡居民“吃得安全”“吃得健康”；也可以“为耕者谋利”，增加种粮农民收入；还可以“为业者护航”，促进粮食产业创新发展、转型升级、提质增效，不断增强人民群众的获得感、幸福感、安全感。

（三）粮食安全是应对风险挑战的重要支撑。粮安天下。受疫情、干旱和草地贪夜蛾、沙漠蝗虫等病虫害影响，近期国际粮食市场大幅波动。我国粮食连年丰收，稻谷、小麦连续多年产大于需，口粮库存能满足1年以上的市场需求；日应急加工能力约19亿斤，按每人每天1斤粮计算，仅粮食应急加工企业的日加工能力就够全国人民吃1天多。充足的储备和库存、强大的应急加工能力，确保了我国粮食市场供应量足价稳，为应对各种风险挑战赢得了主动。

国家粮食和物资储备局在陕西省召开粮食安全保障立法座谈会

二、全面实施国家粮食安全战略

近年来全国各级各部门共同努力，深入实施“以我为主、立足国内、确保产能、适度进口、科技支撑”的国家粮食安全战略，粮食安全形势持续向好。

（一）坚持以我为主，牢牢掌握国家粮食安全主动权。保障粮食安全，必须坚持以我为主，立足国内，确保中国人的饭碗牢牢端在自己手上，碗里主要装中国粮，这是由基本国情决定的。我国是人口大国，依靠国际市场解决吃饭问题，既不现实也不可能。一个国家只有实现粮食基本自给，才能掌握粮食安全主动权，进而才能掌控经济社会发展大局。面对世界百年未有之大变局，应对新冠肺炎疫情等重大公共突发事件，只有做到手中有粮，才能确保心中不慌。

（二）深入实施“藏粮于地、藏粮于技”战略，夯实国家粮食安全基础。粮食生产根本在耕地，命脉在水利，出路在科技。党中央、国务院高度重视耕地保护，严守耕地红线，划定9亿亩粮食生产功能区，持续增强高标准农田、水利工程等建设力度。2016年至2018年，每年新增高标准农田8000万亩以上、高效节水灌溉面积2000万亩以上。2019年，农业科技进步贡献率达到59.2%，主要粮食作物耕种收综合机械化率超过80%。粮食生产取得历史性的“十六连丰”，粮食产量连续5年稳定在6.5亿吨以上，人均粮食占有量达到470公斤左右，远高于世界平均水平。

（三）大力发展粮食产业经济，建设粮食产业强国。“产业强，粮食安”。要以“粮头食尾”和“农头工尾”为抓手，推动粮食精深加工，做强绿色食品加工业。自2017年实施优质粮食工程以来，中央财政累计投入资金近200亿元，带动地方和社会资本投入550多亿元，以粮食产后服务体系、粮食质量安全检验监测体系建设、“中国好粮油”行动计划为抓手，在产后减损促增收、源头把控保安全、品质引领好粮油方面取得了显著成效，树立起从增产向提质转变的鲜明导向。全国纳入粮食产业经济统计的企业达到2.3万户，年工业总产值超过3.1万亿元，产值超千亿元省份 11 个，其中山东省超过 4000 亿元。

（四）加强粮食安全制度建设，走好中国特色粮食安全之路。制度是关系粮食安全保障的根本性、稳定性、长期性问题。党中央、国务院高度重视粮食安全制度建设，不断深化粮食收储制度改革，健全完善农业支持保护制度和粮食主产区利益补偿机制，切实调动地方抓粮、农民种粮积极性。强化粮食安全省长责任制考核、中央事权粮食政策执行和中央储备粮管理情况考核，强力推动了粮食安全责任落实。建立了与我国经济社会发展相适应的现代粮食储备制度，中央储备、地方储备协同配合的政府储备体系逐步健全。英国经济学人智库发布的 2019 年全球粮食安全指数报告中，我国排名较前年大幅上升。

张务锋局长、卢景波副局长赴北京市通州万达永辉超市调研国庆粮油市场供应情况

（五）统筹利用“两个市场、两种资源”，积极参与全球粮食安全治理。在立足国内保吃饭的前提下，适当进出口，有利于调剂部分国内粮油产品余缺，有利于深化国际粮食合作。近年来我国粮食贸易和对外合作不断加强，2019 年粮食进口总量 1.06 亿吨，其中大豆 8851 万吨；积极支

持有条件的企业“走出去”，在有需要的国家和地区开展农业投资，推广粮食生产、加工、仓储、物流等技术和经验。积极参与全球粮食安全治理，力所能及地提供紧急粮食援助，坚定维护多边贸易体系，落实联合国 2030 年可持续发展议程，更好地维护世界粮食安全，展示负责任大国的形象。

三、切实守住管好“天下粮仓”

站在新的历史起点上，全国粮食和物资储备部门要坚持底线思维，增强忧患意识，守住管好“天下粮仓”，筑牢国家粮食安全防线。

第一，压实粮食安全责任，提高粮食安全保障能力。把加大耕地保护力度、稳定粮食播种面积和产量、完善地方粮食储备安全管理、提高粮食应急保障能力等方面，作为 2020 年度落实粮食安全省长责任制的重中之重，严格执行考核标准和程序；认真实施中央事权粮食政策执行和中央储备粮管理年度考核，优化考核方案、注重增强实效，坚决担起国家粮食安全重任。

第二，深化收储制度改革，搞活粮食市场和流通。认真落实稻谷、小麦最低收购价政策，释放鲜明有力信号，充分调动农民种粮积极性。同时，以确保口粮绝对安全、防止“谷贱伤农”为底线，统筹谋划推动粮食收储制度改革，完善价格形成机制，让价格更好反映市场供求。积极培育多元市场购销主体，协调做好信贷、运力、库容等保障，畅通粮食销售渠道。创新办好中国粮食交易大会，充实拓展国家粮食交易平台功能，促进产销合作和跨区域流通。

第三，加强储备安全管理，增强抵御粮食市场风险能力。优化储备粮规模结构，提高小包装成品粮油储备比例，引导有条件地方根据需要扩大成品粮油储备覆盖范围或扩大储备量。优化储备区域布局，中央储备主要布局在战略要地、粮食主产区、交通要道和有特殊需要的地区，地方储备主要布局在大中城市、市场易波动地区、灾害频发地区和缺粮地区。加强中央储备和地方储备协同运作，做到关键时刻调得出、用得上。

第四，优化保供稳价机制，创新完善粮食“产购储加销”体系。着力推进优质粮食工程、现代物流工程、智能化管理提升行动等重大支撑项目，构建各环节协同联动的机制，促进优粮优产、优购、优储、优加、优销“五优联动”，实现“产购储加销”有机融合、有效链接，积极防范应对粮食领域的各种风险挑战。加强市场监测预测，及时研判、发布预警，用专业权威声音有效引导舆情、稳定社会预期。

第五，着力强化规划引领，加快粮食仓储物流设施和应急能力建设。认真组织编制“十四五”时期粮食物流基础设施建设规划，统筹布局一批大型粮食物流枢纽，增强分拨集散能力。加快建设高标准“绿色粮仓”，实施绿色智能仓储功能提升行动。逐步完善分类管理、分级负责、属地保障的粮食应急管理体制，综合考虑地区间生产消费、仓储物流等因素，建立完善省际或市域间粮油对口支援机制，形成布局合理、运转高效的粮油应急保供网络。

第六，加快推动立法修规，加快实现国家粮食安全治理现代化。积极争取有关方面重视支持，着力推进《粮食安全保障法》立法进程，修订出台《粮食流通管理条例》，制定粮食储备安全管理条例，以法律法规形式明确粮食安全责任；完善粮食标准体系，加快制修订急需重要标准，出台粮食储备操作规程和技术规范，做到有法可依，有标可循。

（发表于《人民日报》，2020 年 4 月 27 日）

在首届中国粮食交易大会上的致辞

王文涛

在这金风送爽、硕果累累的初秋时节，来自全国各地的嘉宾相约哈尔滨，隆重出席首届中国粮食交易大会，这既是推进我国粮食产业向高

黑龙江省委书记张庆伟、省长王文涛，国家粮食和物资储备局局长张务锋共同启动首届中国粮食交易大会

质量发展的重要举措，也是黑龙江农业发展进程中的一件大事。在此，我谨代表黑龙江省委、省政府对大会的召开表示热烈的祝贺！对莅临会议的各位领导、企业家、专家学者表示诚挚的欢迎！对国家粮食和物资储备局多年来给予的大力支持表示衷心的感谢！

本届大会以“新时代、新理念、新平台、新业态——推动产销合作新平台建设，助力粮食产业高质量发展”为主题，开展一系列活动，这必将对推进农业供给侧结构性改革，提高粮食购销市场化程度，增强粮食产业竞争力，实现粮食产业高质量发展产生重大促进作用。我们将竭诚做好服务保障工作，真诚希望大家通过交流新信息、展示新产品、推广新技术、开展新合作等，在收获的季节获得丰硕的成果。

当前，黑龙江认真贯彻党的十九大和习近平总书记对我省重要讲话精神，把保障国家粮食安全作为重大政治责任，以发展现代农业为统领，不断提升粮食综合生产能力，粮食总产量、商品量、调出量保持全国第一，粮食生产和流通在全国占有重要战略地位，成为维护国家粮食安全的一块“压舱石”。近年来，我们深入推进粮食收储制度改革，推动农业由注重数量增长向优质高效转变，由注重传统农业向绿色有机品牌农业转变，为全面推动市场化粮食购销、促进农民顺畅卖粮持续增收探索积累了经验。与此同时，注重提升粮食价值链延长产业链，抓好“粮头食尾”“农头工尾”，努力将食品和农副产品加工业打造成第一支柱产业，由此形成了巨大的粮食加工、储运、销售等市场机会，希望企业家关注黑龙江粮食产业转型发展带来的商机。

最后，预祝本届大会取得圆满成功！祝各位嘉宾和朋友们身体健康、工作顺利、万事如意！

（摘自黑龙江省委副书记、省长王文涛同志在首届中国粮食交易大会上的致辞，2018 年 8 月 18 日）

在第二届中国粮食交易大会上的致辞

陈润儿

在这万物争荣、生机盎然的盛夏时节，第二届中国粮食交易大会在郑州隆重举办。在此，我谨代表中共河南省委、河南省人民政府，向莅临粮食交易大会的各位嘉宾表示诚挚的欢迎！向关心支持河南发展的各界朋友表示衷心的感谢！

河南省委书记王国生、省长陈润儿、国家粮食和物资储备局局长张务锋共同启动第二届中国粮食交易大会

河南是中华民族和中华文明的重要发祥地，是全国重要的粮食大省。近年来，在以习近平同志为核心的党中央坚强领导下，我们全面贯彻落实党的十九大精神和习近平总书记视察指导河南时的重要讲话，统筹推进“四个着力”，持续打好“四张牌”，全省经济社会发展保持了“稳、进、好”态势。2018 年，全省生产总值达到 4.8 万亿元，比上年增长 7.6%，稳居全国第五位。2019 年 1—5 月，经济保持平稳较快增长，主要经济指标好于预期。我们始终把扛牢粮食安全责任与调整农业结构、增加农民收入统一起来，正确处理产出与产能、数量与质量、生产与生态、增产与增收的关系，坚持绿色化、优质化、特色化、品牌化发展，大力实施“四优四化”，加快发展绿色食品业，深入推进农业供给侧结构性改革，确保粮食安全、农业增效、农民增收。近年来，河南省粮食种植面积稳定在 1.6 亿亩，小麦种植面积 8600 万亩以上，其中优质小麦种植面积发展到 1204 万亩，粮食产量连续两年超过 1300 亿斤，以占全国 1/16 的耕地，生产了全国 1/10 的粮食，其中小麦产量超过全国的 1/4，每年外调原粮及制成品超过 400 亿斤。河南还是全国花生第一大省，年种植面积 1800 万亩以上，产量超过 110 亿斤，分别占全国的 1/4 和 1/3。河南农产品加工业也已成为全省第一大支柱产业，全省规模以上农产品加工企业达到 7250 家，涌现出“三全”“思念”“双汇”等一批知名品牌。不仅为保障国家粮食安全作出了积极贡献，而且正在实现从“中原粮仓”到“国人厨房”，再到“世人餐桌”的转型发展。

中国粮食交易大会作为推动全国性粮食产销衔接的重要平台，是全国粮食和物资储备行业的一大盛会，具有展示成就、引领产业、促进贸易、扩大消费的重要功能。本届粮交会以“新机遇、大融合、聚优势、谋共赢”为主题，以推动粮食产业高质量发展为主线，全面展示新中国成立七十年来粮食和物资储备系统发展成就，宣传优质粮油品牌，推广新技术新设备，开展粮油政策形势分析和粮食产业发展经验交流，必将为广大客商深入对接、合作共赢搭建更广平台，创造更多机遇。

民以食为天，国以粮为安。我们将以这次粮食交易大会为契机，认真贯彻落实习近平总书记关于“三农”工作的重要论述和参加十三届全国人大二次会议河南代表团审议时的重要讲话精神，扛牢粮食安全政治责任，发挥粮油生产大省优势，坚持以“粮头食尾”“农头工尾”为抓手，延伸产业链、提升价值链、打造供应链，加快粮油产业高质量发展。落实好李克强总理批示要求，优化粮食种植结构，提升精深加工水平，为建设粮食产业强国、保障国家粮食安全作出新贡献！同时，河南将进一步扩大开放，加强与国内外粮油组织、知名企业、科研院校的合作交流，热忱欢迎有识之士抢抓机遇，投资河南、深耕中原，共谋合作大计，共享发展成果，共创美好未来！

最后，预祝第二届中国粮食交易大会圆满成功！

祝各位嘉宾身体健康、事业发达！

谢谢大家！

（摘自时任河南省委副书记、省长陈润儿同志在第二届中国粮食交易大会上的致辞，2019 年 6 月 21 日）

建设粮食产业强国与国家粮食安全

陈锡文

粮食产业强国建设学术报告会在我国粮食生产第一大省黑龙江召开，具有非常重要的意义。最近这几年全球和我国的粮食供求形势都发生了深刻的变化，从我国实际情况看，我们确实处于必须对粮食生产和粮食产业进行提档升级的一个很关键的时刻，所以国家粮食和物资储备局在对黑龙江粮食产业问题做了深入调查研究之后，在这里召开这个会议更加具有现实意义。今天，我想围绕“建设粮食产业强国与国家粮食安全”

粮食产业强国建设学术报告会

谈两点意见，供大家参考。

一、要准确把握我国粮食供求格局变化的大趋势

改革开放 40 年来，我国粮食生产取得了飞速发展，城乡居民的膳食结构发生了深刻的变化。从这个角度看，粮食安全是有保障的，但是也要看到粮食安全的保障还不够稳固。

第一，要清楚当前我国面临的粮食安全总体形势。2018 年是我国改革开放 40 周年，前 39 年我国的粮食产量翻了一番还多，1978 年我国粮食总产量为 6095 亿斤，2017 年粮食总产量达 12358 亿斤，比 1978 年增长了 103%，而且最近这五年，粮食总产量连续五年保持在 6 亿吨以上，其中谷物连续五年保持在 5.5 亿吨以上，按人均算，1978 年人均粮食产量约是 630 斤，2017 年约是 900 斤，比 1978 年增长了约 43%。从这个角度看，我国的粮食安全确实是基本有保障，而且应该看到这个保障水平和 40 年前是大不一样的，以前是一个总量的保障，而现在不仅要保证人民吃饱，而且要保证人民吃得好、吃得营养、吃得健康、吃得安全，所以说它是在人民生活水平不断提高背景下的一种有力保障，这是一个基本事实，但是大家也都感觉得到，这个保障还不够稳固。

为什么这么讲？因为随着经济社会的发展和人民生活水平的提高，人民对粮食的需求出现了深刻的变化，而我们的粮食供给还不能适应这种需求的变化，其中最为突出的问题有三个：**一是总量有缺口**。尽管我国粮食产量有了大幅增长，特别是最近十几年来一直稳定地保持增产和丰收，但是总量还是有缺口，年年还得进口，这是一个基本状态。**二是品种有余缺**。从主要粮食品种供给和需求方面对比来看，部分粮食品种是有一点供过于求，而有一些品种是长期供不应求。**三是品质不适应**。随着人民生活水平的不断提高，人民对粮食的品质提出了越来越高的要求，现在粮食供给方面还是很不适应。从这个角度看，当前我国面临的基本形势是：一方面，我国的粮食安全是基本有保障；另一方面，这种保障是不够稳固的。我国粮食总量的不断增长能够满足人民的基本生活

需要，人均粮食900斤的拥有量高于世界平均水平，从这个角度讲，我国粮食总量是够的；但是每年又必须进口粮食，大家都在分析和研究出现的这种情况和后面复杂的情况。正是面对这样的局面，提出建设粮食产业强国是非常有针对性，也是非常必要的，而且恰逢其时。

第二，要准确抓住我国当前粮食供求中的突出矛盾。当前我国粮食供求中的突出矛盾是什么呢？从总量来看，好像还有缺口，因此有一段时间，我们确实把追求总量的提高当作解决突出矛盾的主要途径。但现在看，总量是必须追求的，但是我们最突出的矛盾还不在总量上，习近平总书记在论述农业供给侧结构性改革时，特别强调我国的农业问题不在农产品的总量上，而在结构上。从总量角度来看，连续五年国内粮食的总供给量在6.1亿~6.2亿吨，但是与总需求相比还存在一定的缺口。需求到底有多大，各方面的判断是不同的，但是总体来看在6.5亿吨左右，那就是说还有3000万~4000万吨的缺口，600亿~800亿斤的缺口，这是一个基本的现实。

正是由于这个基本的现实决定了我国每年不得不进口一定数量的粮食，不仅仅是品种调剂，还是为了弥补总量的缺口。但是现实问题是粮食总量缺口是3000万~4000万吨，却进口了1亿多吨，进口的粮食数量差不多等于国内粮食缺口的3倍，为什么会出现这个矛盾？从国内情况来看，主要有两大原因：**一是我国的粮食价格在国际市场上没有竞争力**。国外的粮食更便宜，他们想尽一切办法要进来，国内的企业也想同等质量条件下用更低的价格去进口国外粮食。**二是国内粮食供求之间的品种结构非常不平衡**。我国进口的粮食中大豆是大头，2017年我国进口大豆9553万吨，仅大豆的进口量就是国内粮食总缺口的2倍以上，大豆进口满足了需求之后，就意味着我们在其他粮食品种上已经出现了供过于求的局面，因为缺口就是三四千万吨，光一个大豆就进口了9500多万吨。从数量和品种结合起来看，我国的粮食问题主要不在谷物上，更不在口粮上，主要是在油脂和饲料上。因为进口的大豆主要是转化为油脂和饲料，而这部分国内的供给明显不足，才造成这样的局面。

众所周知，我国是大豆的故乡，在很长一段时间内，我国的大豆产量位居世界第一，出口量也居世界第一。现在我国大豆产量明显下降，比不过巴西，比不过美国，大豆进口量反而成了世界第一。这一方面说明国内的消费需求在不断升级，对食用植物油、对动物类的食品需求越来越大，国内的供给满足不了需求，所以不得不去进口；另一方面也说明我国资源不足、生产效率不高、价格比较效益低、成本较高。我国大豆平均亩产不到 250 斤，只有 2002 年是 252 斤，其他的年份都没有达到 250 斤。而全球平均亩产是 370~380 斤的水平，我国比全球平均亩产低了 1/3。从这个角度看，我们在国际市场上就很难打得赢人家。所以，这个局面一定要看清楚，我国的粮食不仅存在着供不应求的情况，也存在着供过于求的情况。在这样的背景下要看到调整我国粮食生产结构，做强粮食产业，主要应该抓什么矛盾，当然所有产品和生产都有一个提高综合效益、提高国际竞争力的问题，但是突出的矛盾是我们将长期面对国内的食用植物油供给不足，国内饲料中植物蛋白供给不足，这是我们面临的突出矛盾。当然并不是说谷物就没有问题，谷物也有谷物的问题，但是从大的结构来看，这是我们当前面临的突出问题。

第三，要认真贯彻党的十八大以来提出的“关于确保国家粮食安全的新方针和新战略”。对于确保国家粮食安全，如果说到量化指标，大家都比较熟悉的是 1996 年时任国务院总理的李鹏同志在罗马“世界粮食首脑会议”上提出的粮食自给率要保持在 95% 以上。这个量化指标一直沿用至今。我们也一直在努力追求这个目标，因为当时我们的粮食总量都不够。

但是，2013 年年底中央财经工作领导小组召开专门会议听取国家粮食安全问题汇报时，财经领导小组对这个问题进行了认真的研判，提出了新的国家粮食安全的方针和战略，这体现在 2014 年的中共中央一号文件中。新的国家粮食安全的方针和战略着重讲了三个方面的内容：第一，新的粮食安全方针和战略的基本要求是什么。针对当时面临的突出矛盾，结合实际情况提出了新的粮食安全的方针政策，即“以我为主、立足国内、确保产能、适度进口、科技支撑”的国家粮食安全战略，而且明确提出“要确保谷物基本自给、口粮绝对安全”，这是一个基本的方针和要求。在满足和实现这个基本方针和要求背景下提出了第二个重大的带有战略性调整的方针，就是要更加积极地利用国际农产品市场和农业资源，有效地调剂和补充国内的粮食供给。第三，在重视粮食数量的同时更加注重粮食的品质和质量安全，在保障当期供给的同时更加注重农业的可持续发展。这三层意思是一个整体，我们还需要进一步去深入理解中央提出的新的粮食安全的方针、政策以及战略目标。

结合最近这几年的粮食形势分析，我们应该得出这么一个结论，当前我国粮食的突出矛盾在于油脂和饲料，重点突出的表现就是大豆，大豆的供求缺口太大，主要的问题不是在谷物和口粮上，当然谷物和口粮也是有问题的。那么很现实的问题就是，能不能努力增加我国的大豆生产来弥补国内大豆方面的供求缺口？这个事还是需要实事求是地去分析。比如，2017 年我国进口大豆 9553 万吨，如果我们自己来种，替代进口，按照我国现在的生产水平，即亩产 250 斤，8 亩地才可以生产 1 吨大豆，9500 多万吨大豆就需要拿出 7 亿 6 千多万亩地种大豆，显然是不存在这种可能性的。从这个角度讲，推进种植结构调整，引导农民努力再增加一些国产大豆的生产，这是很必要的，当然想完全替代也是做不到的，至少在相当长的时间内做不到，所以这就需要认真考虑我们的粮食安全政策里，就像 2014 年一号文件中讲到的，怎么去更有效地利用国际农产品市场和农业资源来调剂和补充国内的粮食供给，这个问题也很重要。如果把这种供给看作是与国际市场连在一起的，就有必要认真地去研究国内的农业资源到底怎么利用，到底怎么确保我国最重要的产品。所以，大豆缺口问题是解决我国当前和今后相当长一段时期内，整个粮食、各个品种都可以保持供求平衡的一个非常大的问题。至于谷物，由于产能在不断提高，再加上前一段时期的支持和保护政策有利于农民通过生产谷物来增加收入，所以现在的粮食保障水平相对还是比较高的。

从最近几年的情况来看，我国的粮食库存即使不包括中央储备粮，也不包括一次性储备粮在内，三大谷物的库存水平都是相当高的。夏粮上市以前，从 2018 年 6 月底的数字来看，我国的粮食库存（不包括中央储备和一次性储备），主要是政策性库存，就是最低价收购和临储价收购的这部分库存还有多少呢？现有的政策性粮食库存中，稻谷大概是占到现有 2017 年粮食总产量的 61%，玉米大概占 69%，小麦占 57%。从这个角度看，我国粮食储备还是很充裕的。而粮食进口从 2018 年上半年的情况看，虽然谷物还在增加，但总体讲，尤其是像玉米等进口量都是逐步趋缓的，再加上中美贸易冲突引起了这样一些问题之后，确实还存在着很大的不确定性，所以除了大豆进口之外，谷物的进口不可避免，其中一部分是由于品种调剂，但是还有更多的问题，如我国的生产成本高，价格比国际市场贵，同时我国是 WTO（世界贸易组织）成员，又承担着对国际粮食市场开放的义务，当然开放的义务是有限的，我们有关税配额。从 2017 年的情况看，大米进口了 399 万吨，我们承诺的关税配额是 532 万吨，还没有达到；玉米进口了 200 多万吨，我们承诺的玉米关税配额是 720 万吨；小麦进口了 430 万吨，而我们承诺的关税配额是 963.6 万吨，所以从关税配额使用情况来看，我们都没有用完，大概是用了一半，而且其中还有很多是出于政治上、外交上的考虑。从国内的情况看，要抓住当前这个有利的局面，从谷物和口粮的供给量来看，并不短缺，而且还有比较充裕的储备。要抓住这个机会，解决粮食供给侧方面的结构性矛盾，这是一个非常重要的事情。

在目前这种局面下，怎么看待我国当前的粮食形势，就这三句话：**第一，**粮食安全是基本有保障的，但是它并不稳固。**第二，**突出的矛盾在大豆上，而大豆上的主要问题就是植物油脂和饲料的植物蛋白供给不足。**第三，**认真贯彻落实中央提出的新时期粮食安全战略方针和政策。下一步把我国建设成粮食产业强国，实际要从国内、国际两个视角去看，要打好国内、国际这两张牌。这是我想谈的第一点。

二、构建现代农业三大体系，加快建设粮食产业强国

关于怎么建设粮食产业强国，习近平总书记已经讲过很多次，就是要加快推进我国粮食供给侧结构性改革，加快建设现代农业的三个体系。但问题是怎么把它具体化，怎么把它有针对性地贯彻落实到实际工作中去。前面讲到总书记曾经指出农业问题主要不在总量，而在于结构性矛盾。这个结构性矛盾，突出表现在三个方面：**第一，**总量虽有缺口但不大，主要问题是品种结构不对路，生产提供的品种并不是市场需求的，市场需求的供给上不来，而市场饱和的品种产量却在不断增加，这是一个大的矛盾，所以必须根据市场需求调整生产结构；**第二，**整体上来讲，我国的粮食生产效益，尤其是在农业生产方面效益不高；**第三，**我国的粮食产品在国际上的竞争力不强。所以，推进我国粮食供给侧结构性改革，主要应该抓好三个方面：**一是**不仅总量上追求平衡，主要品种也要追求平衡；**二是**要着力提高农业生产效益，提高粮食生产方面的效益，让农民有利可图；**三是**在全球化背景下，只有切实提高我国粮食的国际

全国人大农业与农村委员会主任委员陈锡文谈粮食产业强国建设

竞争力，才能真正建设好粮食产业强国。

从目前的情况来看，总书记已经提出了，他在吉林讲过，2016 年到黑龙江视察时也讲过，“加快建设现代农业的三个体系”，一个是产业体系，一个是生产体系，还有一个是经营体系。

第一，要建设现代农业的产业体系。产业体系是一个国家或地区依据自身的资源状况，发挥资源优势，同时考虑所处的区位特点，延长产品生产的产业链和价值链。概括起来三个方面：一是依托资源优势来发展自身有竞争力的产品；二是资源优势中也要考虑区位特点，有资源优势的未必都具有区位特点；三是通过延长产业链和价值链的方式，把资源优势和区域之间所处的区位劣势协调起来，处理好。例如，从黑龙江耕地面积、光、温、水、热、气等实际情况来看，大家公认黑龙江是生产粮食的一个宝地，从这个角度讲，黑龙江的资源条件的确是非常适合粮食生产的，所以国家要求在黑龙江发展现代化的大农业，建设国家大粮仓，把黑龙江作为确保国家粮食安全的“压舱石”，针对黑龙江的资源情况做出这个判断是非常正确的。但是黑龙江也有劣势，它处在祖国的东北边陲，从区位上来讲不具有优势，离中心市场比较远，运费比较高。

马克思做农业分析的时候曾经讲过一个非常重要的原理，农产品的价格是由劣等地的生产决定的，为什么呢？因为当农产品供求平衡时，劣等地的生产成本就会显得高了。马克思所讲的劣等地主要包含两个方面，一是土壤肥力，二是区位和运距。当农产品供求平衡的时候，价格处在一个稳定的点上，一些肥力不够的土地，一些运距很远的土地就得退出生产；而当需求上来了，仅仅靠优质土地的供给不够了，劣等地才会投入生产，才有利可图。从这个角度讲，在黑龙江发挥它的资源优势，发展现代化大农业，建设现代化的大粮仓，这是它独特的优势。但是从运距角度来讲，由于黑龙江远离中心市场，经常处在一种被动的状态。当整个粮食需求上来、粮价高涨的时候，黑龙江粮食往关内运很顺畅，买的人很多；当总供给达到平衡时，粮价开始稳定或者开始下跌的时候，黑龙江的粮食往往就没有人光顾了。这是一个很现实的问题，几十年来都摆脱不了这种局面，怎么解决呢？就是按照总书记讲的，推进现代农业的产业体系建设。产业体系不仅仅是怎么种出来、怎么收起来、怎么存起来的问题，更重要的是要让生产出来的粮食能够进入产业链条，延长产业链，提升价值链，这个趋势正在出现，并由多方面原因决定。比如，过去北方的粮食很多都是从南方运过来的，后来在改革开放的过程中出现了变化，过去的南粮北运变成了北粮南运，这是一个大的变化。

最近这几年，我国养殖业出现了一个新的变化趋势，养殖业正在由南方向北方转移，什么原因呢？因为养殖业对南方来讲，远离饲料产地，而且南方人口密集，水网密集，搞养殖业环境污染很厉害，所以要转移。这几年，黑龙江、内蒙古、吉林都已经感受到养殖业向北方转移了。那么养殖业往北方转移，对当地来讲，比如现在黑龙江强调的“两牛一猪”，即奶牛、肉牛和生猪生产，如果转到黑龙江，饲料原来要北粮南运，现在在当地消化饲料，那么过去的区位劣势就变成区位优势了。如果说养殖业往北方、往黑龙江转移，转移过来之后，除了在籽粒饲料运输上把劣势变成优势，更重要的是在整个国家的养殖业中青贮饲料的比重非常大，只有把养殖业挪到饲料的生产地，才可能大规模地发展青贮饲料，这样就把过去远离市场的区位劣势，通过过腹转化变成优势了。如果把生产的大量粮食、谷物运到外面去加工，一个是量大，一个是价值低，所以往往就运不出去，越到运输紧张的时候就越排不上队。那么能不能更多地让它就地加工，就地加工最重要的就是在某种程度上能实现减量提价值，运出去的数量减少了，但是运出去的价值大大提高了，而且很多副产品通过延长产业链之后，可以生产出很多过去很难生产的产品。

所以从发展农业产业链、粮食产业链来看，要处理好这三件事：**一是资源优势；二是地理区位处在什么样的条件；三是通过转化加工，延长产业链和价值链，促进整个产业提升**。这是第一点关于产业体系建设要讲的，也就是“结构问题”，农业的生产结构依据什么去调，依据资源、区位、市场需求的新产品去调，这样才能使我们的整个农业生产和市场更紧密地连接在一起。

第二，要建立现代农业的生产体系。从生产体系角度讲，重头是大田生产，粮食生产。我国农业总体上可以概括为“大国小农”，国家很大，农民数量也很大，每个农户经营的面积非常有限。在大国小农的背景下，推进现代农业的生产体系建设就特别重要，突出表现在：**一要促进农业科技进步**。尽管是小农，但要想办法让他用最好的品种、最好的技术，因此推进农业技术进步是非常重要的方面。**二要提高农民的组织化程度**。分散的小农不懂市场，而市场也很难去顾及数量庞大的小农。所以，推进农业科技进步和提高农民的组织化程度，是下一步建设现代农业生产体系中非常重要的问题。

但是，如果我们把农业的产业链延长，往畜牧业方面延长，往加工业方面延长，那么生产体系的建设就不仅仅停留在农业生产环节的技术进步和组织化建设上了。比如，农民为了适应市场的变化、适应市场价格的变化主动地调结构。在调结构过程中面临最突出的问题就是：生产什么产品好？生产什么产品才能在市场上获得更加优势的地位？同一个产品中哪一个品种是最好的，一般农民是不大掌握的。而引进一个新的优良品种，它的栽培技术一般农民也是很难掌握的。如果引进的优良品种生产出来了，它又是鲜活产品，就需要尽快把它销售出去，这是一个大的制约。而选择优良品种、掌握先进技术、快速营销，这三个环节都是一般农户缺乏的，是农业生产中的稀缺资源，这就需要想办法向农业输入这些稀缺资源。这主要有两个路径：一是让农民中的能人掌握这些东西，通过发展农民合作的办法，发展农民联合的办法让农民去掌握这些技术。二是产业化经营，让龙头企业介入去帮助农民掌握这些稀缺的东西，那么效益就会更大。因为龙头企业更能了解市场，更能把握科技的进步，通过向农民提供优良品种、先进技术、快速高效的营销手段来把农民联合起来，这是最重要的。

从黑龙江的农业生产情况来看，应该讲中央提出的建设现代化大农业，黑龙江是没有辜负希望的。我年轻的时候在黑龙江种了十年地，是在黑河地区的兵团，已经过去 50 年了，但是现在来看，确实能感觉到当年我所在的农场在技术方面的进步也是令人叹为观止的。当年，一个连队负责一万多亩地，配套的机械水平当时就很高了，洛阳生产的东方红54马力链轨拖拉机，后面跟着全部农具，犁、耙、播种机、镇压器，一直到中耕机、联合收割机，一个台套可以种3000~3500亩，一个连队配4~5个台套，一个台套五六个人，二三十个人就可以种一万多亩地，在那时候来说生产力水平和技术水平是很高的；但是现在再来看，550马力那要拉多少东西？所以现在黑龙江农业的装备水平和技术水平是相当高的。据有关材料显示，黑龙江省的农业机械化是96%，农垦的大概是99%以上，这个水平是很高的。

当然黑龙江是有它的特殊性，正是在这种具备先进的大规模、高效率的农业机械装备的条件下，才能够吸引农民。吸引农民的路径有两个：**一是农民愿意流转土地**。通过股份合作也好，通过流转也好，通过企业带动也好，给小规模分散的土地提供现代化的机械装备服务，让其发展壮大。**二是购买服务**。通过这两种办法使农业的生产效率大大提高，但是要抓住一条，提高效率生产出来的产品品类、品质要求跟下游的加工企业、饲料企业、养殖场能够完全吻合。现在很大的问题是生产出来的东西，产量上去了，但是生产出来的东西的品质要求可能跟下游的加工企业、饲料企业需求有差距，这需要想办法将生产和需求结合起来，这是非常重要的。

在推进现代化农业过程中，各地都有很多探索，其中有一个问题非常值得研究，我们历来比较注重耕地经营权的流转，发展规模经营，这句话对不对呢？当然是对的。黑龙江的规模经营水平比较高，相关材料显示，按照承包地的合同面积，流转面积达到了46%~47%，在全国都是比较高的，这跟机械化生产是结合在一起的。土地流转，规模经营，一户人家要把十户人家的地流转过来也是不容易的，十户人家的地都流转过来就是一二百亩地，种一二百亩地和种一二十亩地在装备上有多大的区别？如果说过去黑龙江都是用小四轮，一家一户种一二十亩地是小事，要是一家种一二百亩地小四轮也可以了，这样的规模经营跟国外的规模经营是没有办法比的，虽然我们的种植面积扩大了，但是最先进的装备用不了，效率就上不去。黑龙江是真正用了最先进的设备，主要通过两种方式：**一是通过土地股份合作的方式**。黑龙江发展了一批以农机带头的土地股份合作社，比如黑龙江齐齐哈尔市克山县李凤玉的仁发现代农机专业合作社，他的规模是五六万亩地，与国外相比，规模也不比国外的农场小，因此可以用最先进的设备。**二是用最先进的设备为小规模经营农户提供服务**。农户自主经营，但是耕种收都由先进的机械设备提供服务，这样就可以大大地降低成本，降低劳动强度，也能解放出劳动力。

但是这里面很重要的一点是，产业链下游的加工企业、饲料企业、养殖场能不能在生产过程中就介入前端的粮食生产过程，向粮食生产者提出生产需求，按需生产，能不能有这么一个过程是非常重要的。尽管世界 ABCD 四大粮商掌握了国际粮油市场很大的份额，但是没有一家粮商是租地、买地、种地的，都是在世界大的粮食产区建立物流中心和服务中心，不仅向农民收购粮食，更重要的是提供服务，如金融服务、生产资料的服务、农业机械的服务等，这样就能把农民的生产提前纳入企业经营体系，引导农民生产什么、生产多少、怎么生产。我们要深入研究如何将农民的生产纳入产业链下游的企业经营体系，现在的企业还是各管一半，没有介入粮食生产过程中。所以说发展现代农业的生产体系，不仅仅是一个技术问题、装备问题，技术装备怎么用、怎么发挥效力要和当前的市场需求结合，也就是要和加工企业、转化企业结合好，这样才能让生产体系更加吻合市场的需求。

第三，要加快建设现代农业的经营体系。经营体系实际上是把农业生产中的各种要素通过现代化的方式实现优化、重组，从而提高效益。比如，发展各种各样的合作与联合，发展龙头企业带动基地、带动农户，以及发展农业社会化服务，这是一种资源要素的组合。更重要的是，怎么让处在整个产业链中越是下游、越是末端、越是靠近市场的企业，在引导农业生产中越能够真正地发挥作用，这是非常重要的。举个例子，我们一天到晚讲提高粮食品质，生产哪个品种？质量又怎么去提高？现在看来，黑龙江省好一点，大机械化作业；但是其他地方无论是小麦、稻谷，还是玉米，往往一个县种七八个、十来个，甚至二三十个品种，这么多品种收的时候怎么办？怎么区分？最后进了仓库都堆在一起，尤其是国家定价无法区别好坏，符合基本要求国家就收了，根本没有办法区别。粮库收的粮，早籼稻就是早籼稻，中晚籼稻就是中晚籼稻，粳稻就是粳稻，就是这么一点区别，但是一个县、一个地区范围内种了多少品种，每一个品种之间有多大的差别，这些是分不开的。从这个意义上讲，主要是由于产业链的后端对前端没有提出适合的要求，只有产业链的后端对前端提出适合的要求，那么生产出来的东西才更接近市场需求。农民生产出来的产品先是进仓库，再进加工转化企业，因此加工转化企业就有责任向农业生产者提出要求。所以，经营体系的建设，还不是简单的农业上采取什么经营方式更好，或者说龙头企业采取什么经营方式更好，而是怎么样才能够将生产端和需求端有机地结合起来，这是非常重要的。

那么如果我们做到每一个地区在一个品种上，比如玉米、小麦或稻谷，一个省、一个地区、一个县，能够有自身特色的主打产品，这一两个产品是当地质量最好的，慢慢就把品种往这方面归拢，当然也要考虑怎么避免自然灾害、怎么避免洪涝、怎么避免早霜等，这些问题都要综合考虑，但是总的来说像我们国家现在这样，种子公司这么多，每一个产品品种这么多，要想真正做到让农民生产符合市场需求的优质产品，这是很难做到的。正是从这个角度看，我们国家粮食和物资储备局，除了管理物资之外，非常重要的就是要了解市场、监管市场、引导市场，市场需求什么，就向生产者提供信息生产什么样的产品。举个例子，我曾经到云南省玉溪市通海县调查过，玉溪市在滇中，处在云南腹地，云南腹地周围都是山，玉溪市有个县起个名叫通海，其实连湖都看不见，为什么叫通海？因为当地老百姓说一辈子的夙愿就是“通海达江”。但是这个地方蔬菜种得非常好，好到什么程度呢？泰国曼谷菜市场的价格是由通海定的。通海生产的大量蔬菜都销往东南亚国家，怎么做到这一点的？农民怎么了解这些国家市场需要什么品种呢？每个品种怎么种的呢？就是通过一批走出去的外贸公司，把前方的需求信息反馈回来，接到信息之后，通海设立的各种各样的种苗公司引导农民种，种出来的产品直接运输出去。从这个角度看，我们一定要想尽一切办法，将市场的信息尽快地传到农民那里，而这个工作单靠种地的农民是做不到的，最直接获得市场信息的当然是销售企业，比如从当地加工厂、屠宰场进口过去的产品，他们为什么进口这些产品，这些都反映了市场信息。从这个角度讲，加工企业、转化企业对市场的了解要比农民敏感得多，怎么把这些信息反馈到农民那里去，这是我们当前面临的突出问题。

总体来看，我国经济社会的发展已经进入了新时代，对我国来讲，因为人多地少，就算是 20 亿亩耕地，全球耕地大概是 220 亿亩，我国只占全球耕地的 9%，但是我国 2017 年总人口达 13.9 亿人，占全球 73 亿人口的 19% 多，而人均耕地只相当于世界平均水平的 40% 左右，从这个角度来看，不可能要求什么农产品都做到自给。因为我们资源状况就是这样，我们又想过得比人家好，吃得比人家好，就这么点资源，所以要把握住我国当前粮食供求格局变化中的这种趋势。在我看来，全保是不可能的，因此我们要审时度势，分析国内市场和国际市场的变化，研究确定我国有限的宝贵农业资源应当用在什么地方，什么产品是必保的，中央提出谷物基本自给、口粮绝对安全，这条必须要做到，其他一些通过国际市场和资源去调剂和补充，这是我们当前面临的一个大的局面。第二个大的局面就是，人民生活水平不断提高之后，要求也越来越高，如果供给总是停留在这个水平上，是适应不了的。饭不够吃的时候，那总量就是最重要的，且那个总量不管大米、面粉、玉米都是好的，甚至薯类、瓜菜类也可以，只要吃饱就可以，没有人讲品种。但是主粮吃饱以后就要讲品种了，各种各样的品种只能靠市场，靠政府是调节不了的。品种满足后一定会有营养的问题、健康的问题、安全的问题，实际上就是要想办法让供给逐步地满足市场不断提出的新需求，也就是人民对幸福生活向往提出的新要求，那么怎么去实现这个新要求呢？就是按照习总书记讲的，在农业的方方面面，包括粮食生产，要加快建立现代粮食生产的产业体系、生产体系和经营体系，这样才能满足不断升级和不断变化的新的市场需求，为人民生活的改善做出应有的贡献。

（摘自全国人大农业与农村委员会主任委员陈锡文同志在粮食产业强国建设学术报告会上的讲话，2018 年 8 月 18 日）

构建现代化粮食流通体系

张晓强

现代粮食流通体系建设是农业供给侧结构性改革的重要组成部分，是乡村振兴战略的重要抓手，是实现高质量发展的保障。构建现代化粮食流通体系，对保护粮食生产者积极性，维护粮食经营者、消费者合法权益，保障国家粮食安全，具有重要战略意义。

国家粮食安全专家咨询委员会主任委员张晓强作粮食产业强国建设学术报告

一、建设现代化粮食流通体系的基本要求

粮食流通体系是粮食从生产者转移到消费者过程中所体现的全部关系总和，包括粮食收购、储存、运输、加工、销售，以及政府调控、监管和服务等方面。现代化粮食流通体系就是指这些关系总和由传统、落后向先进转变的过程以及转变后的先进状态。当前，我国经济已由高速增长阶段转向高质量发展阶段，正处在转变发展方式、优化经济结构、转换增长动力的攻关期。构建现代化粮食流通体系需要不断发展以适应新时代要求，既考虑当前条件，又体现高质量发展的要求。具体来说，应满足如下六个方面的基本要求。

（一）粮食流通制度环境现代化

根本标志是市场机制在粮食流通领域资源配置中发挥决定性作用。通过其内在的供求机制、价格机制、竞争机制作用，让粮食流通中收购、储存、运输、加工、销售等多个环节活力迸发，实现粮食市场诸要素在公开、公平、公正的条件下高效、自由地流通。2014 年，国家取消了棉花、大豆的临时收储制度，开始实施“价补分离”的目标价格补贴试点。随后，玉米、油菜籽等品种取消临时收储政策，转而实施更为市场化的粮食流通政策，取得了较好效果，这标志着我国粮食流通体制向市场化又迈进了一步。

（二）粮食流通市场体系现代化

粮食流通市场体系现代化是指市场结构完善、运行规范，各市场衔接高效、互为补充，其具体表现为市场类型齐全、交易方式完备和市场功能有效发挥。从市场类型看，包括现货市场和期货市场，现货市场又分为即期市场和中远期市场。这些市场类型作用各有不同，但相互补充。从交易方式看，粮食交易方式现代化主要是通过拍卖交易、电子商务交易、农超对接和连锁经营等多种现代化交易方式替代传统交易，提高流通效率。从市场功能发挥看，随着粮食产业国际合作深度和广度不断扩大，体现在主要粮食价格是否能够成为一国或一个地区的价格形成中心。

国内外粮食市场加速融合，掌握大宗粮食的主动权非常重要。

（三）粮食流通主体现代化

对不同的粮食流通主体应有不同的现代化要求。**第一类是个体农户**。有些农户兼有生产者和经营者双重身份，有些农户已经从生产中脱离出来成为个体收购者、个体运输户等，专门从事粮食的收购或运输。这些农户都属于生产服务兼业型或者农业服务专业型的新型职业农民，对这些主体的现代化要求应该是有文化、懂技术、善经营。**第二类是合作社、家庭农场等新型经营主体**，现代化的标志是经营规模化、集约化以及具有比较强的市场竞争力。**第三类就是粮食流通企业**。分为两个层次实现现代化，第一个层次是“大型”，包括大型农业龙头企业、批发商、运销商、终端大型零售商等，应对标 ABCD 等国际大型农业企业，不断做强做大，提升自身影响力和辐射带动能力，打造核心竞争力；第二个层次是“中小型”，对标国内特色化、专业化经营的优势中小流通企业，使一大批中小粮食企业健康发展，繁荣粮食流通，完善市场主体结构。不管“大型”还是“中小型”，国有粮食企业转型升级都是重要内容，新时期必须加快改革，发挥资源、技术等优势，发挥主渠道作用。

为了满足日益增长的消费需求，现代化粮食流通主体应相互结合、取长补短。企业可与种粮大户等新型粮食生产经营主体对接，开展订单收购、预约收购、代收代储、代加工等服务，并为他们提供资金、技术、咨询等服务；也可与贸易商、批发商、零售商等形成产业链联合体。农户可与批发商、超市等直接对接等。这些模式已经有了一定的实践，但在利益分配、连接机制等方面还需要继续探索。

（四）粮食流通设施现代化

粮食收购、中转、仓储、运输、装卸、信息和检测等流通基础设施的转型升级是实现粮食流通现代化的物质基础。现代化粮食流通设施要与粮食收储规模和供应保障要求相匹配，要科学合理地确定粮食储备规模，以此确定储备设施的能力和数量。粮食储备的布局、品种结构等要动态调整。粮食流通设施现代化应与交通运输设施（公路、铁路、水运）

等高效协调。要充分考虑不同地区的粮食资源优势、地缘优势、经济优势，把粮食仓储、运输、装卸、信息和检测等基础设施建设与提高粮食流通能力相结合。

（五）粮食流通技术现代化

一方面是分拣、包装、仓储、配送等环节的机械化、自动化，以及减少粮食流通环节损耗的相关技术。例如，粮食运输“四散化”（即散装、散卸、散运、散存）是国际粮食物流现代化的发展方向，实现了由麻袋包装、人工搬运向现代储存运输方式的转变。**另一方面是粮食流通的信息化**。基于物联网的粮食流通系统，高效运转的粮食交易电子结算系统和粮食品种、产量、品质、原产地、价格的信息查询与处理的信息系统等。当前，新一轮科技革命和产业变革蓄势待发，云计算、大数据、移动互联网等新一代信息技术广泛应用，为粮食流通技术现代化创造了有利条件。

（六）粮食流通监管现代化

现代化粮食流通体系必须有高效的监管做保障。应坚决把那些政府不该管、管不好、管不了的事项，还权于市场和社会，做到政府“不越位、不缺位”，弥补市场失灵，既不过度调控，也要有所作为。粮食行政管理部门应将工作重心转到建章立制、应急调节、监管和行业指导服务上，形成规则健全、统一开放、监管有力、协调高效的监管体系；密切关注粮食重点产区、骨干粮食仓储企业、粮食批发市场、粮食加工龙头企业、主要粮食零售网络、粮食进出口贸易等方面，必要时及时干预调控；应发挥粮食批发市场和期货市场对储备粮吞吐轮换的积极作用，完善粮食流通业风险预警机制，规范外资粮食企业进入及经营行为。

二、当前粮食流通体系存在的问题

（一）粮食收储制度改革尚未到位

2004 年，我国全面放开粮食收购市场，推动粮食购销市场化和市场主体多元化。为稳定市场、保护农民利益和促进粮食生产，国家出台了粮食最低收购价政策。2008 年，国际粮价剧烈波动，国内粮价低于国际市场粮价，为保障农民收益，国家又出台了“临时收储”政策。后来，收储品种涵盖了稻谷、小麦、大豆、玉米、油菜籽等大宗农产品，其中玉米是重点。十几年间最低收购价政策和临时收储政策主导了我国粮食市场的走势。2012 年后，国内粮价高于国际市场粮价，粮食及其替代品大规模进口冲击国内市场，库存不断积累，财政负担不断加重，加工流通企业经营困难。2014 年在东北三省一区实施大豆目标价格改革，2017 年将大豆收储政策调整为“市场化收购 + 生产者补贴”。2016 年玉米实施“市场定价、价补分离”。小麦和稻谷最低收购价政策也在逐步调整之中。

（二）市场体系运行效率不高，市场之间联动效应较弱

第一，我国现有的粮食市场多为初级交易市场，规模较小，有些仅是稍具规模的集贸市场，主体发育不充分，抗风险能力弱，且绝大多数以现货交易为主。粮食批发市场的分布密度和发展水平偏低，缺乏一批大规模、综合竞争力强的粮食批发市场。**第二，**我国期货市场起步晚，小麦和稻谷期货因政策影响交易不活跃，国有企业和金融机构等的参与度不高，投资以个体投资者为主，投机气氛较重。**第三，**各层次粮食市场之间定位不明确，相互间缺乏联系和互动。

（三）产业发展大而不强，加工企业竞争力弱，收储企业转型不到位

2017 年，全国粮食加工业总产值达到 2.9 万亿元，比 2012 年增长 27.3%；粮食加工处理能力达 11.9 亿吨，实际加工粮食 5.3 亿吨，加工转化率达 86.3%。但是，粮食加工企业多而不强。粮食流通经营链条短，产品质量不稳定，精细化程度低，一些附加值高的优质粮食产品市场供给有限。2017 年黑龙江全省开工的粮食加工企业 1745 家，年加工能力 30 万吨以上仅 100 家，占企业数量的 6.1%。大豆的深加工率只有 15%，深度不够。一些粮食加工企业品牌小、杂、乱，存在无序竞争。国有粮食企业经营市场化转型不到位，目标市场定位不清，“收原粮、卖原粮、靠政策、吃补贴”的经营方式和依赖思想仍较为突出。

（四）流通设施硬件水平不高，地区分布不平衡，流通效率较低

我国粮食生产重心进一步从南向北转移，粮食消费重心向东南沿海地区和京津沪等大城市集中，主销区粮食产量占全国比例持续下降。能够净调出粮食的只有黑龙江、吉林、内蒙古、河南和安徽等，黑龙江最多，占全国净调出粮食总量的35%。粮食产销区仓容设施分布不平衡，一些主产区政策性粮食露天或罩棚暂时存放。在粮食调运过程中，原粮“四散化”运输比例仅为1/3左右，而且不能实现“一站式”流通，存在散粮火车和沿海港口衔接不畅，公路、铁路、水路联运搬倒、集并粮食损失大等问题。

（五）科技创新不强，成果转化和信息化水平低

2017年粮食企业研发投入158亿元，获取专利3128项，取得明显进步。但整体看，研发投入不足，产品创新力不强，安全绿色储粮技术、质量安全、节粮减损、加工转化、现代物流、“智慧粮食”等领域研究成果对粮食流通支撑作用不足，粮食科技贡献率低。“信息孤岛”仍存在，数据通道不统一，资源整合、互联互通成效不显著。粮食安全量化分析和辅助决策的功能仍显不足，相关预警预测功能较少。粮食质量监管的核心信息技术还有待突破，质量检验、清仓查库等核心业务缺乏新型信息技术手段，相关数据时效性、准确性还有很大提升空间。云计算、大数据、移动互联网等新一代信息技术在粮食流通行业中的应用水平低。

（六）粮食产业国际化水平不高，国际竞争力有待提高

2007年，我国正式提出农业“走出去”战略。目前，我国开展对外粮油类投资的企业多为中小型企业，难以形成规模经济。而且，一提到农业“走出去”，一些企业就想到去欧洲买葡萄酒庄，去新西兰买牧场，缺乏布局全产业链的意识或能力。根据农业农村部数据，截至2016年年底，在“走出去”的115家农业龙头企业中，全产业链企业仅有16家，多数企业处于产业链的种植、初加工等环节。部分粮食企业缺乏风险意识，对投资国的全面调查不充分，一些项目上马后因盈利能力差或资金链断裂而处于暂停经营状态；农业投资面临着自然灾害、国际政治变化

等多方面风险，一些企业因缺乏应对手段而遭受严重损失。

（七）粮食监管手段不足，质量标准体系建设有待加强，法律法规体系不健全

相关法律法规不健全，管理政出多门、职责不清。市场运行不规范，管理制度不健全、交易规则不完善、交易过程中有违法、违约等问题。一些市场的粮油质量、卫生安全检测检验制度不完善，在食品安全过程控制中发挥的作用不够。粮食安全法律法规和标准亟待完善。

三、推进粮食流通体系现代化建设的思路

以提升流通质量和效率为中心，以市场化、高质量发展和创新驱动为原则，推动粮食流通的市场体系、市场主体、粮食产业、技术应用、流通设施以及监管体系等软环境和硬条件全面升级。即实施在“三大原则”指导下的“六大现代化升级战略”，提升粮食流通体系在国家发展和国家粮食安全中的保障作用，为全面建成小康社会和实现社会主义现代化做出重要贡献。

（一）三大原则

一是市场化原则。充分发挥市场在资源配置中的决定性作用，注重发挥政府作用，处理好市场价格、支持价格、目标价格之间的关系，引导粮食价格回归市场均衡水平。比如，完善稻谷、小麦最低收购价，以及玉米、大豆的“市场定价、价补分离”政策等。增强粮食补贴的精准性和指向性，推动完善保险市场体系，利用农产品期货期权丰富支持政策工具。

二是高质量发展原则。推动经营方式、管理手段的现代化，促进粮食流通经营方式从粗放型向集约型转变，减少流通环节，除低流通成本，提高流通效率和调控效率，将单纯以促增产为目标的产业政策体系转变为促增产、促增收、促流通产业现代化。

三是创新驱动原则。坚持制度创新、管理创新、科技创新，构建产学研相结合，以企业为主体、市场为导向、体制创新为动力、科技创新

为引领的现代化粮食流通体系，重点推进粮食流通的科技创新和渠道创新。

（二）六大现代化升级战略

1. 市场体系现代化升级战略

（1）进一步健全粮食市场体系，全面提升各类市场功能。加强现有资源整合，优化粮食批发市场规模和布局。结合推动骨干粮食企业转型发展，支持建设一批设施完备、功能齐全、具有一定规模的公益性全国和区域性粮食批发市场，提升省级粮食交易中心和区域性、专业性批发市场的粮食集散功能。构建多种经营业态统筹推进、融合发展的粮食零售市场网络体系，确保粮食供应数量足、质量好。推进集贸市场、超市、便民连锁店、主食厨房等多种形式粮食零售市场加快发展，扩大覆盖范围，提高诚信经营服务水平。

（2）加快粮食电子交易市场和交易平台建设。发展电子商务，实现政策性粮食拍卖、商品粮网上交易、信息服务、精品粮油展销四大功能；着力打造设施完善、功能齐全、特色鲜明的粮食电子商务基地。推动粮食市场线上线下融合发展，有条件的地区发展“网上粮店”，推广“网订店取”“网订店送”等新型粮食零售业态；构建粮食交易中心和现货粮食批发零售市场电子商务信息一体化平台。依托粮食竞价交易平台引入粮食仓储、物流配送和互联网金融等服务业态，为买卖双方提供一站式、多方位的服务。

（3）积极引导粮食市场主体利用期货市场。总结“公司＋合作社＋农户、订单＋期货”“延期点价”等期货订单模式试点经验，探索种粮大户、农业专业化合作组织、家庭农场等利用期货市场的业务模式，提升期货市场对现代粮食市场体系的服务功能，完善相关制度，增强现货市场与期货市场的价格信息联动性，健全粮食市场形成价格机制，充分发挥期货市场发现价格、引导生产、规避风险的积极作用。

（4）完善各级储备粮吞吐调节机制，充分发挥储备粮在市场调控中的重要作用。积极稳妥推动储备粮管理体制改革，逐步实现政策性职能和经营性职能分离，政府行政管理和企业经营管理分开；明确界定中央和地方粮食储备功能定位，完善储备粮管理制度，规范管理行为，提高管理水平，完善价差等利费补贴政策，确保储备粮数量真实、质量良好、储存安全；探索建立政府储备和社会储备相结合的梯级粮食储备新机制，鼓励符合条件的多元市场主体参与地方粮食储备相关工作。

2. 市场主体现代化升级战略

（1）大力培育“两个新型”。新型职业农民和新型农业经营主体是粮食流通市场体系的重要组成部分。应引导优秀企业家、经营主体群体成长壮大，支持涉农龙头企业、农业高校和科研单位共同培育新型职业农民，制定一系列相配套的保障政策，鼓励农业类大中专院校毕业生返乡创业等。

（2）深化国有收储企业改革，加大龙头企业培育。推动国有粮食流通企业改革，有序发展混合所有制经济，实现股权多元化，完善企业治理结构，建立现代企业制度。鼓励优势企业通过兼并、重组、收购、控股、参股等方式，跨地区、跨行业整合资源，培育一批有竞争力的大型流通企业集团。积极建设产能集聚、技术领先、功能合理、协同发展、产业关联度高的粮食产业集群和产业园区。引导粮食企业加强与种粮大户、家庭农场、农民合作社等新型粮食生产经营主体合作，提高粮食市场主体组织化程度。

（3）鼓励和支持粮食企业“走出去”。一是鼓励有条件的粮食流通企业建设境外营销、售后服务和仓储物流网络，推动国内流通渠道向境外延伸，构建全球布局的流通网络。解决企业国际化环节在装备技术、人员和产品等方面便捷顺畅流动的主要瓶颈问题。鼓励和引导粮食企业组建产业联盟，“抱团出海”；加大对粮食企业“走出去”的金融支持力度。二是加大国际化人才培养力度。三是支持流通企业以参股、换股、并购等形式与国际品牌企业合作，提升品牌国际化运营能力。四是加强粮食流通领域的国际合作，进一步发挥我国在联合国粮农组织（FAO）、亚太经济合作组织（APEC）等国际组织和机构中的作用，积极参与国际贸易规则制定，加强双边政府间合作，共同应对全球粮食安全新挑战。

3. 粮食产业现代化升级战略

（1）推动粮食产业强国建设。一是组织推动粮食加工业规模化、集团化发展。完善销售网络，拓宽销售空间和渠道。二是产业产品创新。积极推进米、面、玉米、杂粮等主食制品的工业化生产、社会化供应；保护并挖掘传统主食产品，增加花色品种，大力发展方便食品、速冻食品、早餐食品；加强主食产品与其他食品的融合创新，鼓励和支持开发个性化功能性主食产品。开展主食产业化示范工程建设，推广"生产基地 + 中央厨房 + 餐饮门店""生产基地 + 加工企业 + 商超销售"等新发展模式。三是紧紧围绕"粮头食尾""农头工尾"，着力开发粮食精深加工产品，延长产业链。增加专用米、专用粉、专用油、功能性淀粉糖、功能性蛋白等食品以及保健、化工、医药等方面产品的有效供给。

（2）坚持绿色发展。鼓励生态友好型、资源节约型粮食流通。综合利用粮食原料，大力开发米糠、碎米、谷壳、麦麸、麦胚、玉米芯、饼粕等副产物，增加产品附加值。加大粮食加工过程中废弃物的循环利用力度，努力实现节能减排、提质增效。发展绿色优质粮油新产品，引导绿色生产、绿色消费的健康发展。

4. 流通设施现代化升级战略

（1）构建全国现代粮食仓储物流骨干网络。加强东北、黄淮海、长江中下游、华东沿海、华南沿海、西南和西北等粮食物流通道建设，发展一批多功能粮食物流园区，构建现代物流网络。支持产地集配中心、综合性加工配送中心等跨区域粮食流通基础设施建设，完善预选分级、加工配送、包装仓储、追溯服务等粮食供应链。推动形成布局合理、流转顺畅、安全高效的全国流通骨干网络。

（2）完善粮食储备设施。在用好政府投资的同时，充分调动社会力量，鼓励家庭农场、专业合作社等新型经营主体自建储粮设施，依托大型粮食批发市场、龙头加工企业、粮食储备库等，科学规划建设一批成品粮储备设施，减轻国储的压力和提高储备的灵活性。

5. 流通技术现代化升级战略

（1）**提升粮食物流装备技术**。重点开展库区搬运技术装备的研发、区域内粮食物流装卸技术研发、跨省粮食物流运输装卸技术研发、成品粮物流技术体系开发与集成研发等，加快粮食流通产业技术创新平台建设。

（2）**推动粮食流通信息化建设**。支持粮食流通企业加强信息化改造，推动移动互联、云计算、大数据、物联网、人工智能和区块链等技术在流通领域的创新和应用；创建智慧化仓储管理系统，发展自动化物流仓储中心，建立智慧化物流分拨调配系统；加强人员、货源、车源和物流服务信息有效匹配，促进智慧物流发展。推进线下粮店数字化改造，增强功能，构建线上线下融合发展的智慧商圈。

6. 监管体系现代化升级战略

（1）**加强立法，简政放权**。加快推进《粮食安全保障法》立法进程，修订《粮食流通管理条例》《中央储备粮管理条例》。进一步完善粮食质量安全法规和标准体系，形成与国情、粮情相适应的粮食法律法规和制度规范体系。转变政府职能，推进简政放权，放管结合，优化服务，加强事中、事后监管，完善退出机制。

（2）**建立覆盖全产业链的监测预警体系**。打破农业、粮食、食药和卫生部门监测体系各自为战的壁垒，建立国家级粮油质量安全监测预警中心，开展原粮收储流通动态监测、成品粮监测摸底，确保监测预警工作的全面性、时效性、准确性，为政府决策提供支撑，为消费者、企业等提供信息推送和预警等服务。通过构建基于全产业链的一体化监测预警体系，增强相关监管部门的信息共享、业务联动。

（摘自国家粮食安全专家咨询委员会主任委员张晓强同志在粮食产业强国建设学术报告会上的讲话，2018 年 8 月 18 日）

坚定走好中国特色的粮食安全之路

张务锋

习近平总书记在吉林考察时指出，要把保障粮食安全放在突出位置，毫不放松抓好粮食生产，加快转变农业发展方式，在探索现代农业发展道路上创造更多经验。党的十八大以来，以习近平同志为核心的党中央将粮食安全纳入国家安全大局，确立了“谷物基本自给，口粮绝对安全”新的国家粮食安全观，提出了“以我为主、立足国内、确保产能、适度进口、科技支撑”的国家粮食安全战略，引领推动了我国粮食安全理论创新、制度创新和实践创新。我们要增强“四个意识”、坚定“四个自信”、做到“两个维护”，深入领会贯彻习近平总书记关于国家粮食安全的重要论述，切实走好中国特色的粮食安全之路。

立足中华民族伟大复兴战略全局和世界百年未有之大变局，必须正确看待把握国家粮食安全

习近平总书记指出，“悠悠万事，吃饭为大”“民为国基，谷为民命”“洪范八政，食为政首”“十几亿人口要吃饭，这是我国最大的国情”。我们要统筹“两个大局”，从世情国情粮情出发，结合历史经验和现实挑战，准确把握“头等大事”，增强政治自觉、思想自觉和行动自觉。

粮食安全是世界性的重大课题。在构建人类命运共同体格局中，粮

食安全举世关注。联合国世界粮食计划署预计，受新冠肺炎疫情等因素影响，今年全球面临严重粮食不安全的人口数量可能由 1.35 亿增至 2.65 亿。这些都表明，虽然近年来全球主要粮食品种市场供应总体宽松，但粮食安全形势依然严峻。

粮食安全是国家安全的重要基石。粮食安全与能源安全、金融安全并称为三大经济安全，事关国家长治久安。倘若粮食受制于人，必然被别人牵着鼻子走。靠别人解决吃饭问题，是靠不住的。

粮食安全是治国安邦的头等大事。新中国成立后特别是改革开放以来，中国人民经过艰苦卓绝的努力，用全球不到 10% 的耕地、6% 的淡水资源生产的粮食，养活了近 20% 的人口，实现了由“吃不饱”到“吃得饱”进而“吃得好”的历史性转变。当然，我们也要清醒看到，保障粮食安全是一个永恒课题，什么时候都不能轻言粮食过关了。要从战略上看，看得深一点、远一点，切实增强保障能力，牢牢掌握粮食安全主动权。

复杂严峻形势和历史经验教训警示我们，粮食关乎国运民生，粮食安全是实现经济发展、社会稳定、国家安全的重要基础，要坚决扛稳国家粮食安全重任；面对世界百年未有之大变局，只有做到“手中有粮”，

国家粮食安全省长责任制考核工作组第五次联席会议在北京召开

才能确保“心中不慌”，应对各种风险挑战才有“乱云飞渡仍从容”的战略定力。

端牢十四亿中国人的饭碗，必须深入领会贯彻习近平总书记关于国家粮食安全的重要论述

习近平总书记关于国家粮食安全的重要论述，高瞻远瞩，内涵丰富，思想深邃，是我国粮食安全保障取得显著成就的根本保证，是应对粮食领域风险挑战的思想武器，是新时代保障国家粮食安全的行动指南。

粮食安全面临多重压力。虽然我国粮食生产连年丰收，但这就是一个“紧平衡”，而且“紧平衡”很可能是我国粮食安全的长期态势。“紧平衡”面临多重压力，主要表现在：需求增长的压力、资源约束的压力、结构性矛盾的压力以及应对风险的压力。

保障国家粮食安全。就整体而言，中国人的饭碗，我们有能力也务必要牢牢端在自己手中。今年以来，我国粮食市场总体平稳，从根本上说，得益于粮食安全保障能力不断增强，主粮品种自给率高，口粮不依赖国际市场，为应对全球粮食市场波动提供了坚实基础。分品种来看，要突出重点，确保“谷物基本自给、口粮绝对安全”。面对人多地少的客观条件，必须合理配置资源，集中力量先把最基本最重要的保住。从质量分析，要实现“既要保数量、更要重质量”“从源头上确保农产品质量安全”的目标。

高质量发展粮食产业。**一是坚持“藏粮于地、藏粮于技”**。严守18亿亩耕地红线，设立粮食生产功能区和重要农产品生产保护区，建设旱涝保收的高标准农田，推动良种、良机、良法、良田深度融合，增添保持粮食供需总量平衡的后劲。**二是加快粮食增产向提质导向的转变**。要坚持市场化改革取向与保护农民利益并重，完善粮食价格形成机制，发挥流通对生产的反馈激励作用，在更高层次上实现粮食供需动态平衡。**三是深入实施优质粮食工程**。适应粮食生产经营方式深刻变革和粮食消费需求加速升级的需要，加强粮食产后服务、粮食质量安全检验监测能

力建设，开展“中国好粮油”行动，带动形成农民增收、企业增效、消费者得实惠的良好局面。**四是切实用好“两种资源、两个市场”**。在立足国内保吃饭的前提下，适度进口，调剂品种余缺，为耕地、水资源等休养生息腾出空间。

发展现实和实践案例启示我们，我国粮食安全的长期态势是“紧平衡”，粮食安全这根弦任何时候都不能放松；我们要坚持直面问题和强化底线思维，着眼点和立足点是中国人的饭碗必须牢牢端在自己手中，而且要更多装自己生产的粮食；粮食安全涉及多领域、各方面，我们要强化辩证思维，把握好多与少、质与量、生产与流通、政府与市场、当前与长远、国内与国外“六对关系”，切实增强国家粮食安全保障能力。

实现粮食安全治理体系和治理能力现代化，必须坚定走好中国特色粮食安全之路

加快构建更高层次、更高质量、更有效率、更可持续的国家粮食安全保障体系，要善于运用改革办法和法治思维，创新完善体制机制，做好粮食市场和流通的文章，切实守住管好“天下粮仓”。

张务锋局长赴山东烟台调研粮食流通重点工作

积极推动粮食安全保障立法修规。从加强国家安全法治保障出发，在立法宗旨上向保障国家粮食安全聚焦，围绕粮食数量、质量、产业安全的核心目标，重点确定粮食生产、储备、流通能力保障制度，健全粮食产业安全保障、粮食应急保障、粮食质量安全保障等方面规范。要从速推进《粮食安全保障法》立法和《粮食流通管理条例》修订进程，研究起草《粮食储备安全管理条例》；积极支持各省份出台粮食安全保障地方性法规和规章，尽快形成完善的法律法规体系，真正实现国家粮食安全的依法治理。

改革完善粮食储备安全管理体制机制。粮食储备是保障国家粮食安全的重要物质基础，历来在稳市、备荒、恤农方面具有重要作用。中央全面深化改革委员会第八次会议审议通过的《关于改革完善体制机制加强粮食储备安全管理的若干意见》，直面突出问题加以解决，具有创新突破性。要坚持政策性职能和经营性职能彻底分开，强化政府储备公共产品属性，厘清承储主体职能定位，压实承储企业主体责任和政府部门监管责任，建立政府储备规模动态调整和联动机制，完善储备收储轮换，确保国家储备粮数量实、质量好、调得快、用得好。

创新完善粮食“产购储加销”安全保障体系。保障国家粮食安全，涉及生产、收购、储存、加工、销售等多个环节。要针对发展不平衡不充分不协同等问题，创新完善粮食“产购储加销”体系，全链条保障国家粮食安全。重点是健全粮食产购储加销协同、粮食产销合作、粮食安全决策咨询等“三个机制”，实施优质粮食工程、粮食应急保障工程、粮食现代物流工程和智能化管理提升行动、粮机装备提升行动等“六大重点项目”。认真总结推广疫情防控期间粮食保供稳价行之有效的做法，修订完善《国家粮食应急预案》，提升安全保障效能。

着力提高粮食流通现代化水平。要以国家粮食电子交易平台为龙头、区域性粮食交易平台为骨干，发展大宗粮食现货交易，打通供应主动脉；统筹推进成品粮批发市场和零售终端建设，促进线上线下融合，畅通供应微循环。要加快粮食现代仓储物流工程建设，以精准补齐设施短板、优化设施资源配置、服务产销衔接为重点，谋划建设一批集仓储、中转、加工、配送、应急于一体的重大项目，推动多式联运无缝衔接。要创新完善粮食产销合作，鼓励产区、销区、平衡区签订合作协议，在粮源基地、订单采购、仓储物流、加工转化、销售网络等方面深化合作；发挥中国粮食交易大会载体引领作用，支持办好区域性洽谈会，促进区域平衡和季节平衡。积极服务国家战略，支持京津冀、长三角等地区对接、协同联动，构建分工合理、各具特色、融合一体的区域粮食安全新局面。

创新强化粮食执法监管督查。按照党中央、国务院决策部署，现已开展了全国政策性粮食库存数量和质量大清查，全面摸清库存家底，首次建立了分区域、分性质、分品种、分库点、分货位数据库。要充分运用大清查成果，坚持问题导向、目标导向和结果导向相统一，进一步完善制度，加强执法监管。建立健全与中央储备垂直管理相适应的监管体制，充实执法监管力量；推行“双随机一公开”抽查，组织跨区域交叉执法检查和专项检查；大力推动以信用监管为基础，通过信息技术手段实施动态监管，着力办好 12325 粮食监管热线；依法查处违法行为，切实维护粮食市场秩序，保护广大农民和消费者合法权益。

加快建设粮食产业强国。深入贯彻习近平总书记关于“粮头食尾、农头工尾”和“延伸粮食产业链、提升价值链、打造供应链”的重要指示，着力推动粮食产业创新发展、转型升级、提质增效。要聚焦实现高质量发展、建设粮食产业强国“一个目标”，围绕服务国家粮食安全战略和乡村振兴战略“两大战略”，突出产业链、价值链、供应链“三链协同”，建设优质粮食工程、示范市县、特色园区、骨干企业“四大载体”，推进产购储加销“五优联动”，使粮食产业发展成为兴粮之策、惠农之道、利民之举。

充分发挥“两项考核”激励约束和导向作用。粮食安全省长责任制考核、中央储备粮管理和中央事权粮食政策执行情况考核，各有侧重、互为补充，是保障国家粮食安全的重要制度安排。经过连续三个年度的考核，省级政府履行粮食安全责任意识普遍增强，政策支持和财政投入力度加大，对压实“米袋子”省长责任制发挥了至关重要的作用。首次开展的中央储备粮管理和中央事权粮食政策执行情况考核，对中储粮系统进行“业务体检”，督促落实主体责任，强化内控管理，补齐短板、消除隐患、堵塞漏洞。要坚持“突出重点、优化指标、强化导向、注重实效”的原则，创新完善“两项考核”，充分调动各级政府和承储企业积极性，推动形成各级各方面保障国家粮食安全的强大合力。

（摘自国家发展和改革委员会党组成员，国家粮食和物资储备局党组书记、局长张务锋同志发表于《学习时报》的署名文章，2020年7月27日）

加快建设粮食产业强国

张务锋

习近平总书记在东北三省考察时，强调中国人的饭碗任何时候都要牢牢端在自己的手上；在今年两会期间参加河南代表团审议时指出，“要扛稳粮食安全这个重任”“抓住粮食这个核心竞争力，延伸粮食产业链、提升价值链、打造供应链，不断提高农业质量效益和竞争力”；在河南省考察时强调，“深入推进优质粮食工程”“做好粮食市场和流通的文章”。认真学习贯彻习近平总书记一系列重要论述精神，深入实施国家粮食安全战略，必须以供给侧结构性改革为主线，以高质量发展为目标，加快建设粮食产业强国。

构建国家粮食安全保障体系的必然要求

今年5月，中央全面深化改革委员会第八次会议强调，“加快构建更高层次、更高质量、更有效率、更可持续的粮食安全保障体系”。粮食产业一头连着生产、一头连着消费，基础性强、涉及面广，实现由“大”到“强”转变，对于构建国家粮食安全保障体系具有重要意义。

其一，加快建设粮食产业强国，是应对世界百年未有之大变局、办好头等大事、端牢中国饭碗的客观需要。作为有近十四亿人口的大国，解决好吃饭问题始终是治国理政的头等大事。新中国成立70年来，实现

全国加快推进粮食产业经济发展现场经验交流会

了从温饱不足到全面小康的历史性跨越。这是一个了不起的成就，对世界也是一个巨大贡献。还要看到，中国人吃饱饭是改革开放以来特别是近些年的事，什么时候都不能轻言粮食过关了。粮食产业经济涵盖原粮到成品、产区到销区、田间到餐桌的全过程，对粮食生产具有反哺激励和反馈引导作用，对粮食消费具有支撑培育和带动引领作用，是粮食供需的“蓄水池”和“调节器”。在建设社会主义现代化强国征程上，要持续做强粮食产业，提高其整体性、系统性、协调性，筑牢保障国家粮食安全基础。

其二，加快建设粮食产业强国，是实现一二三产业融合发展、更好促进“农业强、农村美、农民富”的现实选择。乡村振兴，产业兴旺是重点；确保重要农产品特别是粮食供给，是实施乡村振兴战略的首要任务。将粮食产业发展融入构建现代农业产业体系、生产体系、经营体系之中，有利于提高农民组织化程度，促进小农户和现代农业发展有机衔接；有利于提高农业生产效益和增加对地方发展的贡献，充分调动农民种粮和地方政府重农抓粮“两个积极性”，形成粮食兴、产业旺、经济强的良性循环；有利于培育农村经济新的增长点，拓宽增收渠道，助力脱贫致富奔小康。

其三，加快建设粮食产业强国，是推进农业供给侧结构性改革和粮食收储制度改革、做好做活粮食这篇大文章的有效途径。当前，粮食供求的结构性矛盾突出，部分品种阶段性过剩和个别品种产不足需并存。在农业供给侧结构性改革中，粮食是篇大文章；粮食收储制度的改革完善，为加快粮食产业发展创造了有利条件。近年来，随着玉米价格形成机制的理顺，市场流通更趋顺畅，玉米加工业全面激活，达到了“一招活、满盘皆活”的效果。要紧扣我国社会主要矛盾变化，加快改善供给结构，做到全程优质、全链提升，为城乡居民提供质量可靠、品种多样的粮油产品，增加广大人民群众的获得感和满意度。

现代粮食产业集群

坚持以高质量发展为目标

遵照党中央、国务院领导同志的重要指示和重要批示精神，按照国务院办公厅《关于加快推进农业供给侧结构性改革大力发展粮食产业经济的意见》部署要求，在国家发展改革委的高度重视和大力支持下，各级粮食和物资储备部门“连抓三年、紧抓三年”，各地结合实际、积极探索，创造了许多好的经验做法。概括起来，就是聚焦“一个目标”、服务“两大战略”、坚持“三链协同”、建设“四大载体”、实施“五优联动”。

聚焦“一个目标”。坚持“粮头食尾”和“农头工尾”，以实现高质量发展为目标，加快构建现代化粮食产业体系。全国纳入粮食产业经济统计的企业达到2.3万户，2018年工业总产值突破3万亿元；产值超千亿元省份达到11个，其中超过2000亿元的有6个；全国各类涉粮企业实际加工转化粮食5.5亿吨，粮食加工转化率达到83%；一批骨干企业做强做优做大，一批新技术释放新动能，一批特色园区实现集聚集约，一批区域品牌的知名度和美誉度大幅提高。

服务“两大战略”。一方面，服务国家粮食安全战略，推动粮食供求平衡向更高水平跃升，着力防范化解粮食领域重大风险，为构建粮食安全保障体系提供强力支撑；另一方面，服务乡村振兴战略，推动粮食精深加工转化，加速产业链条向两端延伸，形成新的经济增长点。粮食生产第一大省黑龙江省，坚持质量兴农调优“头”、接二连三壮大“尾”、勇闯市场做强“销”、千方百计促农“富”，加快建设绿色优质安全粮食产业基地。“中国好粮油行动示范市”五常市抓源头保品质、抓营销强品牌、抓产业增效益，实现农民增收、企业增效、税源增加、消费增信、品牌增值。

坚持“三链协同”。推进产业链、价值链、供应链协同发展，增创粮食产业发展新优势。一是延伸粮食产业链，因地制宜实施“建链、补链、强链”，推广产后服务带动、精深加工主导、商贸物流引领等模式。二是提升粮食价值链，引导企业以市场需求为导向，增品种、提品质、创品牌，提高产品附加值。三是打造粮食供应链，“点线面”统筹布局，抓住关键节点，补齐薄弱环节，构建高效便捷的粮油供应网络。“全国粮食产业经济发展示范市”山东省滨州市，突出高点定位、龙头带动，产业链延伸拉长实现“全”、价值链融合提升实现“增”、供应链优化升级实现“新”、产业集群集约集聚实现“强”、种植结构调整实现“优”，粮食产业年产值突破 1000 亿元，加工转化量达到本地粮食产量的 4 倍。

建设“四大载体”。抓好优质粮食工程、示范市县、特色园区、骨干企业建设，形成多点支撑、整体发力格局。一是深入实施优质粮食工程。中央财政三年累计安排专项资金近 200 亿元，带动地方财政和社会投资 450 多亿元，建设粮食产后服务体系和粮食质检体系，为消费者提供更多“中国好粮油”。二是支持一批示范市县，突出特色、彰显优势，创造先进经验，发挥样板作用。三是依托粮食主产区、特色粮油产区、粮食重点销区、关键物流节点，建设一批粮食产业示范园区。四是培育一批具有核心竞争力、行业带动力的骨干企业和成长性好、特色鲜明的中小企业。河南省布局六大粮食产业示范园区，大力发展主食产业化，“中原粮仓”转变成为“国人厨房”，加快迈向“世人餐桌”。“全国主食产业化工程示范市”漯河市，实施重点企业五年倍增工程，聚焦主业、招大育强，特中求优、优中求强，食品工业对工业增长的贡献率达到 69%。

实施“五优联动”。着眼“优粮优产”，引导支持粮食种植结构优化、适度规模经营，促进绿色化、优质化、特色化、品牌化发展；着眼“优粮优购”，通过信息引导、产销对接、信贷协调等服务，实现“好粮卖好价，丰产又增收”；着眼“优粮优储”，推广绿色储粮技术，在更高水平上实现“广积粮、积好粮、好积粮”；着眼“优粮优加”，优化产能结构，发展循环经济，推广粮油产品适度加工；着眼“优粮优销”，办好“中国粮食交易大会”，推广“互联网 + 粮食”和“放心粮店 + 主食厨房”等模式，畅通优质粮油消费服务的“最后一公里”。

加快向粮食产业强国迈进

坚持市场主导、政府引导，质量第一、效益优先，资源节约、绿色循环，全面把握并及时回应人民群众在粮油消费领域对美好生活的新期待和新需要，加快推动粮食产业创新发展、转型升级、提质增效，切实做到“四个更加注重”。

第一，更加注重产业深度融合，进一步优化粮食产业强国建设的结

构布局。坚持一二三产业融合发展，“加减乘除”并用，调整存量、做优增量，统筹推动粮食精深加工与初加工、综合利用加工协调发展。鼓励有条件的企业实施全产业链发展等模式，放大产业融合的乘数效应。支持主产区依托县域培育粮食产业集群，把产业链留在县域。加强关键粮油机械制造自主创新，推动粮油装备自动化、精准化、智能化、绿色化。积极培育国际大粮商，深化与“一带一路”沿线国家的粮食经贸合作，更好利用“两个市场、两种资源”。

第二，更加注重实施优质粮食工程，进一步强化粮食产业强国建设的关键支撑。优质粮食工程列入国家乡村振兴战略规划中质量兴农重大工程，是推动粮食产业高质量发展、建设粮食产业强国的重要抓手。山东省依托龙头企业每年订单收购优质粮食 200 万吨，依托粮食产后服务中心减损 200 万吨，带动农民增收 30 多亿元。下一步，要坚持目标导向，到 2020 年，力争实现全国产粮大县粮食产后服务体系全覆盖，粮食质量安全检验监测覆盖面提升 60%，产粮大县粮油优质品率提高 30%。强化示范带动，培育百个典型示范县、千个先进示范企业合作社、万个样板店和一大批知名品牌。做到好事办好，引导形成“种粮农民种好粮、收储企业收好粮、加工企业产好粮、消费者吃好粮”的局面，把优质粮食工程建成质量一流、群众满意的精品工程。

第三，更加注重“两个体系”建设，进一步释放粮食产业强国建设的协同效应。构建现代化粮食产业体系，健全完善适应高质量发展要求的长效体制机制，提高粮食产业综合素质、效益和竞争力，塑造“大粮食、大产业、大市场、大流通”格局，逐步形成世界先进的创新引领能力和产业竞争优势。建设粮食“产购储加销”体系，，实施粮食应急保障、粮食现代物流、绿色仓储提升、粮机装备提升等支撑项目，增强防范化解粮食领域重大风险能力。

第四，更加注重优化营商环境，进一步激发粮食产业强国建设的动力活力。加快推动《粮食安全保障法》立法进程，修订《粮食流通管理条例》，作出相关制度安排。严格落实粮食安全省长责任制，充分发挥考核“指挥棒”作用。积极稳妥推进粮食收储制度和价格形成机制改革，充分发挥市场配置粮食资源的决定性作用，更好发挥政府作用。实施粮食储备安全管理改革，落实各级政府储备和社会责任储备，有效稳定预期，切实当好“压舱石”。创新强化粮食执法监管，维护良好市场秩序。统筹用好优惠政策，“为耕者谋利、为食者造福、为业者护航”，使发展粮食产业成为兴粮之策、惠农之道、利民之举。

（摘自国家发展和改革委员会党组成员，国家粮食和物资储备局党组书记、局长张务锋同志发表于《经济日报》的署名文章，2019 年 11 月 25 日）

提高站位　担当作为　努力开创粮食产业高质量发展新局面

卢景波

全国加快推进粮食产业经济发展第三次现场经验交流会认真传达学习了习近平总书记在参加河南代表团审议时的重要讲话精神和李克强总理对本次会议的重要批示，这对我们大力发展粮食产业经济、加快建设粮食产业强国具有十分重大的指导意义，大家要认真学习领会，用心抓

全国加快推进粮食产业经济发展第三次现场经验交流会现场

好落实。

河南省漯河市、河南省粮食和物资储备局、山东省滨州市、黑龙江省五常市、山西省粮食和物资储备局、湖北省粮食局、湖南省南县、中粮集团有限公司、陕西粮农集团有限责任公司和深圳市深粮控股股份有限公司10家单位作了很好的发言，有思路、有成效，有经验、有亮点，听后很受启发，希望各地加强沟通交流，相互学习借鉴，共同推动粮食产业发展。

国家发改委党组成员，国家粮食和物资储备局党组书记、局长张务锋同志作了重要讲话，站位高、立意深，方向明、措施实。讲话从扛稳粮食安全重任、用好“粮头食尾、农头工尾”抓手、做好做活粮食这篇大文章三个方面，深入阐释了习近平总书记关于发展粮食产业、保障国家粮食安全的重要论述精神和李克强总理关于加快建设粮食产业强国的重要批示要求，概括提炼了“聚焦‘一个目标’、围绕‘两大战略’、突出‘三链协同’、建设‘四大载体’、实施‘五优联动’”的思路举措，充分肯定了各地近年来推动粮食产业发展的典型经验和突出成效；特别是围绕落实习近平总书记重要讲话精神和李克强总理重要批示要求，就把握好“四个更加注重”，持续发力、加快建设粮食产业强国进行了安排部署，为下一步工作提供了目标导向、靶向定位、创新动力和强力支撑。下面，就贯彻落实好本次大会精神和张务锋同志重要讲话部署安排，提三点要求：

（一）抢抓机遇，乘势而上。党中央、国务院高度重视粮食产业发展，习近平总书记和李克强总理等中央领导同志多次强调并作出重要指示。2019年全国两会期间，习近平总书记在参加河南代表团审议时发表重要讲话，再次作出重要部署；李克强总理对这次会议又专门作出重要批示，对加快建设粮食产业强国、保障国家粮食安全提出明确要求，为我们鼓劲加压明向。国务院办公厅78号文件进一步全面落实，30个省级人民政府的实施意见也都在落地见效，粮食产业发展迎来了新的战略机遇期。正如张务锋同志讲话中指出的“产业强、粮食安”，大家要进一步提高政治站位，充分认识到发展粮食产业的重大意义，抓住当前有利时机，超前谋划，主动作为，以更加坚定的信心、更加务实的作风、更加有力的举措，推进粮食产业发展迈上新台阶，推动粮食产业强国建设取得新进展。

（二）对表对标，担当作为。要对照中央要求，学深悟透习近平总书记、李克强总理等中央领导同志关于发展粮食产业的重要指示批示精神，武装头脑、指导实践、推动工作。要对照张务锋同志“四个更加注重”的部署安排，认真剖析自检，查找短板弱项，确定任务书、时间表、路线图，挂图作战、逐项攻坚。要对照滨州、漯河和五常等先进典型，认真学习借鉴、取长补短，在全系统形成“比学赶超、争创一流”的良好氛围。要夯实工作责任，强化监督考核，层层传导压力，推动形成一级抓一级、层层抓落实的良好局面。

（三）因地制宜，协同联动。张务锋同志的讲话，对下一步推动粮食产业发展作了全面部署。各地在贯彻过程中，既要把握精神实质和总体要求，又要与本地实际相结合，创造性地加以实施。要因地制宜，把情况搞准搞透，立足本地粮食产业发展的现状，抓住主要矛盾，把握自身优势，有的放矢，精准发力。要解放思想，大胆实践，打开思路，勇于突破，走出适合当地的粮食产业发展之路。需要强调的是，发展粮食产业离不开党委政府的高度重视，离不开兄弟部门的配合支持。会后，大家要积极向省委、省政府专题汇报，加强与发改、财政、农业农村、银行等部门单位会商协调，争取最大支持和政策倾斜，有力有序推动各项工作。

最后，再强调两件事情。

一是修改完善两个文件。刚才，张务锋同志在讲话中，就国家局组织起草加快建设现代化粮食产业体系和“产购储加销”体系两个征求意见稿的主要背景和总体考虑作了详细解读。请大家认真研提意见，并及时反馈会务组；需要进一步深入研究的，请于会后一周内反馈国家局粮食储备司。

二是持续抓好夏粮收购。抓好粮食收购是粮食部门的重要职责和中心工作，涉及面广、敏感性强，再加上2019年又是新中国成立70周年，党中央、国务院高度重视，社会各界和新闻媒体高度关注。各地和有关企业一定要提高政治站位，进一步加大工作力度，确保收购工作平稳有序，做到多添彩、不添乱。当前正值夏粮收购高峰期，安徽、江苏两省已启动了小麦最低收购价执行预案。此前，国家局已经召开了全国夏季粮油收购工作会议，并下发了做好夏季粮油收购的通知。大家要按照会议要求，严格执行国家收购政策，密切跟踪监测收购形势，及时解决工作中出现的新矛盾新问题，牢牢守住不发生大面积农民“卖粮难”的底线。

（摘自国家粮食和物资储备局党组成员、副局长卢景波同志在全国加快推进粮食产业经济发展第三次现场经验交流会上的讲话，2019年6月20日）

政策支撑

建设粮食产业强国

建设粮食产业强国

国务院办公厅关于加快推进农业供给侧结构性改革大力发展粮食产业经济的意见

国办发〔2017〕78号

各省、自治区、直辖市人民政府，国务院各部委、各直属机构：

近年来，我国粮食连年丰收，为保障国家粮食安全、促进经济社会发展奠定了坚实基础。当前，粮食供给由总量不足转为结构性矛盾，库存高企、销售不畅、优质粮食供给不足、深加工转化滞后等问题突出。为加快推进农业供给侧结构性改革，大力发展粮食产业经济，促进农业提质增效、农民就业增收和经济社会发展，经国务院同意，现提出以下意见。

一、总体要求

（一）指导思想。全面贯彻党的十八大和十八届三中、四中、五中、六中全会精神，深入贯彻习近平总书记系列重要讲话精神和治国理政新理念新思想新战略，认真落实党中央、国务院决策部署，统筹推进“五位一体”总体布局和协调推进“四个全面”战略布局，牢固树立创新、协调、绿色、开放、共享的发展理念，全面落实国家粮食安全战略，以加快推进农业供给侧结构性改革为主线，以增加绿色优质粮食产品供给、有效解决市场化形势下农民卖粮问题、促进农民持续增收和保障粮食质量安全为重点，大力实施优质粮食工程，推动粮食产业创新发展、转型升级和提质增效，为构建更高层次、更高质量、更有效率、更可持续的粮食安全保障体系夯实产业基础。

（二）基本原则。

坚持市场主导，政府引导。以市场需求为导向，突出市场主体地位，激发市场活力和企业创新动力，发挥市场在资源配置中的决定性作用。针对粮食产业发展的薄弱环节和制约瓶颈，强化政府规划引导、政策扶持、监管服务等作用，着力营造产业发展良好环境。

坚持产业融合，协调发展。树立“大粮食”“大产业”“大市场”“大流通”理念，充分发挥粮食加工转化的引擎作用，推动仓储、物流、加工等粮食流通各环节有机衔接，以相关利益联结机制为纽带，培育全产业链经营模式，促进一二三产业融合发展。

坚持创新驱动，提质增效。围绕市场需求，发挥科技创新的支撑引领作用，深入推进大众创业、万众创新，加快体制机制、经营方式和商业模式创新，积极培育新产业、新业态等新动能，提升粮食产业发展质量和效益。

坚持因地制宜，分类指导。结合不同区域、不同领域、不同主体的实际情况，选择适合自身特点的粮食产业发展模式。加强统筹协调和政策引导，推进产业发展方式转变，及时总结推广典型经验，注重整体效能和可持续性。

（三）主要目标。到2020年，初步建成适应我国国情和粮情的现代粮食产业体系，产业发展的质量和效益明显提升，更好地保障国家粮食安全和带动农民增收。绿色优质粮食产品有效供给稳定增加，全国粮食优质品率提高10个百分点左右；粮食产业增加值年均增长7%左右，粮食加工转化率达到88%，主食品工业化率提高到25%以上；主营业务收入过百亿的粮食企业数量达到50个以上，大型粮食产业化龙头企业和粮食产业集群辐射带动能力持续增强；粮食科技创新能力和粮食质量安全保障能力进一步提升。

二、培育壮大粮食产业主体

（四）增强粮食企业发展活力。适应粮食收储制度改革需要，深化国有粮食企业改革，发展混合所有制经济，加快转换经营机制，增强市场化经营能力和产业经济发展活力。以资本为纽带，构建跨区域、跨行业“产购储加销”协作机制，提高国有资本运行效率，延长产业链条，主动适应和引领粮食产业转型升级，做强做优做大一批具有竞争力、影响力、控制力的骨干国有粮食企业，有效发挥稳市场、保供应、促发展、保安全的重要载体作用。鼓励国有粮食企业依托现有收储网点，主动与新型农业经营主体等开展合作。培育、发展和壮大从事粮食收购和经营活动的多元粮食市场主体，建立健全统一、开放、竞争、有序的粮食市场体系。（国家粮食局、国务院国资委等负责）

（五）培育壮大粮食产业化龙头企业。在农业产业化国家重点龙头企业认定工作中，认定和扶持一批具有核心竞争力和行业带动力的粮食产业化重点龙头企业，引导支持龙头企业与新型农业经营主体和农户构建稳固的利益联结机制，引导优质粮食品种种植，带动农民增收致富。支持符合条件的龙头企业参与承担政策性粮食收储业务；在确保区域粮食安全的前提下，探索创新龙头企业参与地方粮食储备机制。（国家发展改革委、国家粮食局、农业部、财政部、商务部、工商总局、质检总局、中储粮总公司等负责）

（六）支持多元主体协同发展。发挥骨干企业的示范带动作用，鼓励多元主体开展多种形式的合作与融合，大力培育和发展粮食产业化联合体。支持符合条件的多元主体积极参与粮食仓储物流设施建设、产后服务体系建设等。鼓励龙头企业与产业链上下游各类市场主体成立粮食产业联盟，共同制订标准、创建品牌、开发市场、攻关技术、扩大融资等，实现优势互补。鼓励通过产权置换、股权转让、品牌整合、兼并重组等方式，实现粮食产业资源优化配置。（国家发展改革委、国家粮食局、工业和信息化部、财政部、农业部、工商总局等负责）

三、创新粮食产业发展方式

（七）促进全产业链发展。粮食企业要积极参与粮食生产功能区建设，发展“产购储加销”一体化模式，构建从田间到餐桌的全产业链。推动粮食企业向上游与新型农业经营主体开展产销对接和协作，通过定向投入、专项服务、良种培育、订单收购、代储加工等方式，建设加工原料基地，探索开展绿色优质特色粮油种植、收购、储存、专用化加工试点；向下游延伸建设物流营销和服务网络，实现粮源基地化、加工规模化、产品优质化、服务多样化，着力打造绿色、有机的优质粮食供应链。开展粮食全产业链信息监测和分析预警，加大供需信息发布力度，引导粮食产销平衡。（国家发展改革委、国家粮食局、农业部、质检总局、国家认监委等负责）

（八）推动产业集聚发展。深入贯彻区域发展总体战略和“一带一路”建设、京津冀协同发展、长江经济带发展三大战略，发挥区域和资源优势，推动粮油产业集聚发展。依托粮食主产区、特色粮油产区和关键粮食物流节点，推进产业向优势产区集中布局，完善进口粮食临港深加工产业链。发展粮油食品产业集聚区，打造一批优势粮食产业集群，以全产业链为纽带，整合现有粮食生产、加工、物流、仓储、销售以及科技等资源，支持建设国家现代粮食产业发展示范园区（基地），支持主销区企业到主产区投资建设粮源基地和仓储物流设施，鼓励主产区企业到主销区建立营销网络，加强产销区产业合作。（国家发展改革委、国家粮食局、工业和信息化部、财政部、商务部、中国铁路总公司等负责）

（九）发展粮食循环经济。鼓励支持粮食企业探索多途径实现粮油副产物循环、全值和梯次利用，提高粮食综合利用率和产品附加值。以绿色粮源、绿色仓储、绿色工厂、绿色园区为重点，构建绿色粮食产业体系。鼓励粮食企业建立绿色、低碳、环保的循环经济系统，降低单位产品能耗和物耗水平。推广“仓顶阳光工程”、稻壳发电等新能源项目，大力开展米糠、碎米、麦麸、麦胚、玉米芯、饼粕等副产物综合利用示范，

促进产业节能减排、提质增效。（国家发展改革委、国家粮食局、工业和信息化部、农业部、国家能源局等负责）

（十）积极发展新业态。推进“互联网＋粮食”行动，积极发展粮食电子商务，推广“网上粮店”等新型粮食零售业态，促进线上线下融合。完善国家粮食电子交易平台体系，拓展物流运输、金融服务等功能，发挥其服务种粮农民、购粮企业的重要作用。加大粮食文化资源的保护和开发利用力度，支持爱粮节粮宣传教育基地和粮食文化展示基地建设，鼓励发展粮食产业观光、体验式消费等新业态。（国家粮食局、国家发展改革委、工业和信息化部、财政部、农业部、商务部、国家旅游局等负责）

（十一）发挥品牌引领作用。加强粮食品牌建设顶层设计，通过质量提升、自主创新、品牌创建、特色产品认定等，培育一批具有自主知识产权和较强市场竞争力的全国性粮食名牌产品。鼓励企业推行更高质量标准，建立粮食产业企业标准领跑者激励机制，提高品牌产品质量水平，大力发展“三品一标”粮食产品，培育发展自主品牌。加强绿色优质粮食品牌宣传、发布、人员培训、市场营销、评价标准体系建设、展示展销信息平台建设，开展丰富多彩的品牌创建和产销对接推介活动、品牌产品交易会等，挖掘区域性粮食文化元素，联合打造区域品牌，促进品牌整合，提升品牌美誉度和社会影响力。鼓励企业获得有机、良好农业规范等通行认证，推动出口粮食质量安全示范区建设。加大粮食产品的专利权、商标权等知识产权保护力度，严厉打击制售假冒伪劣产品行为。加强行业信用体系建设，规范市场秩序。（国家粮食局、国家发展改革委、工业和信息化部、农业部、工商总局、质检总局、国家标准委、国家知识产权局等负责）

四、加快粮食产业转型升级

（十二）增加绿色优质粮油产品供给。大力推进优质粮食工程建设，以市场需求为导向，建立优质优价的粮食生产、分类收储和交易机制。增品种、提品质、创品牌，推进绿色优质粮食产业体系建设。实施“中国好粮油”行动计划，开展标准引领、质量测评、品牌培育、健康消费宣传、营销渠道和平台建设及试点示范。推进出口食品农产品生产企业内外销产品“同线同标同质”工程，实现内销转型，带动产业转型升级。调优产品结构，开发绿色优质、营养健康的粮油新产品，增加多元化、定制化、个性化产品供给，促进优质粮食产品的营养升级扩版。推广大米、小麦粉和食用植物油适度加工，大力发展全谷物等新型营养健康食品。推动地方特色粮油食品产业化，加快发展杂粮、杂豆、木本油料等特色产品。适应养殖业发展新趋势，发展安全环保饲料产品。（财政部、国家粮食局、国家发展改革委、工业和信息化部、农业部、工商总局、质检总局、国家林业局等负责）

（十三）大力促进主食产业化。支持推进米面、玉米、杂粮及薯类主食制品的工业化生产、社会化供应等产业化经营方式，大力发展方便食品、速冻食品。开展主食产业化示范工程建设，认定一批放心主食示范单位，推广“生产基地 + 中央厨房 + 餐饮门店”“生产基地 + 加工企业 + 商超销售”“作坊置换 + 联合发展”等新模式。保护并挖掘传统主食产品，增加花色品种。加强主食产品与其他食品的融合创新，鼓励和支持开发个性化功能性主食产品。（国家粮食局、工业和信息化部、财政部、农业部、商务部、工商总局等负责）

（十四）加快发展粮食精深加工与转化。支持主产区积极发展粮食精深加工，带动主产区经济发展和农民增收。着力开发粮食精深加工产品，增加专用米、专用粉、专用油、功能性淀粉糖、功能性蛋白等食品以及保健、化工、医药等方面的有效供给，加快补齐短板，减少进口依赖。发展纤维素等非粮燃料乙醇；在保障粮食供应和质量安全的前提下，着力处置霉变、重金属超标、超期储存粮食等，适度发展粮食燃料乙醇，推广使用车用乙醇汽油，探索开展淀粉类生物基塑料和生物降解材料试点示范，加快消化政策性粮食库存。支持地方出台有利于粮食精深加工转化的政策，促进玉米深加工业持续健康发展。强化食品质量安全、环保、能耗、安全生产等约束，促进粮食企业加大技术改造力度，倒逼落

后加工产能退出。（国家发展改革委、国家粮食局、工业和信息化部、财政部、食品药品监管总局、国家能源局等负责）

（十五）统筹利用粮食仓储设施资源。通过参股、控股、融资等多种形式，放大国有资本功能，扩展粮食仓储业服务范围。多渠道开发现有国有粮食企业仓储设施用途，为新型农业经营主体和农户提供粮食产后服务，为加工企业提供仓储保管服务，为期货市场提供交割服务，为“互联网＋粮食”经营模式提供交割仓服务，为城乡居民提供粮食配送服务。（国家粮食局、国家发展改革委、证监会等负责）

五、强化粮食科技创新和人才支撑

（十六）加快推动粮食科技创新突破。支持创新要素向企业集聚，加快培育一批具有市场竞争力的创新型粮食领军企业，引导企业加大研发投入和开展创新活动。鼓励科研机构、高校与企业通过共同设立研发基金、实验室、成果推广工作站等方式，聚焦企业科技创新需求。加大对营养健康、质量安全、节粮减损、加工转化、现代物流、“智慧粮食”等领域相关基础研究和急需关键技术研发的支持力度，推进信息、生物、新材料等高新技术在粮食产业中的应用，加强国内外粮食质量检验技术标准比对及不合格粮食处理技术等研究，开展进出口粮食检验检疫技术性贸易措施及相关研究。（科技部、质检总局、自然科学基金会、国家粮食局等负责）

（十七）加快科技成果转化推广。深入实施“科技兴粮工程”，建立粮食产业科技成果转化信息服务平台，定期发布粮食科技成果，促进粮食科技成果、科技人才、科研机构等与企业有效对接，推动科技成果产业化。发挥粮食领域国家工程实验室、重点实验室成果推广示范作用，加大粮食科技成果集成示范基地、科技协同创新共同体和技术创新联盟的建设力度，推进科技资源开放共享。（科技部、国家粮食局等负责）

（十八）促进粮油机械制造自主创新。扎实推进“中国制造 2025”，发展高效节粮节能成套粮油加工装备。提高关键粮油机械及仪器设备制造水平和自主创新能力，提升粮食品质及质量安全快速检测设备的技术水平。引入智能机器人和物联网技术，开展粮食智能工厂、智能仓储、智能烘干等应用示范。（工业和信息化部、国家粮食局、国家发展改革委、科技部、农业部等负责）

（十九）健全人才保障机制。实施“人才兴粮工程”，深化人才发展体制改革，激发人才创新创造活力。支持企业加强与科研机构、高校合作，创新人才引进机制，搭建专业技术人才创新创业平台，遴选和培养一批粮食产业技术体系专家，凝聚高水平领军人才和创新团队为粮食产业服务。发展粮食高等教育和职业教育，支持高等院校和职业学校开设粮食产业相关专业和课程，完善政产学研用相结合的协同育人模式，加快培养行业短缺的实用型人才。加强职业技能培训，举办职业技能竞赛活动，培育“粮工巧匠”，提升粮食行业职工的技能水平。（国家粮食局、人力资源社会保障部、教育部等负责）

六、夯实粮食产业发展基础

（二十）建设粮食产后服务体系。适应粮食收储制度改革和农业适度规模经营的需要，整合仓储设施资源，建设一批专业化、市场化的粮食产后服务中心，为农户提供粮食“五代”（代清理、代干燥、代储存、代加工、代销售）服务，推进农户科学储粮行动，促进粮食提质减损和农民增收。（财政部、国家粮食局、国家发展改革委等负责）

（二十一）完善现代粮食物流体系。加强粮食物流基础设施和应急供应体系建设，优化物流节点布局，完善物流通道。支持铁路班列运输，降低全产业链物流成本。鼓励产销区企业通过合资、重组等方式组成联合体，提高粮食物流组织化水平。加快粮食物流与信息化融合发展，促进粮食物流信息共享，提高物流效率。推动粮食物流标准化建设，推广原粮物流“四散化”（散储、散运、散装、散卸）、集装化、标准化，推动成品粮物流托盘等标准化装载单元器具的循环共用，带动粮食物流上下游设施设备及包装标准化水平提升。支持进口粮食指定口岸及港口防疫能力建设。（国家发展改革委、国家粮食局、交通运输部、商务部、质

检总局、国家标准委、中国铁路总公司等负责）

（二十二）健全粮食质量安全保障体系。支持建设粮食质量检验机构，形成以省级为骨干、以市级为支撑、以县级为基础的公益性粮食质量检验监测体系。加快优质、特色粮油产品标准和相关检测方法标准的制修订。开展全国收获粮食质量调查、品质测报和安全风险监测，加强进口粮食质量安全监管，建立进口粮食疫情监测和联防联控机制。建立覆盖从产地到餐桌全程的粮食质量安全追溯体系和平台，进一步健全质量安全监管衔接协作机制，加强粮食种植、收购、储存、销售及食品生产经营监管，严防不符合食品安全标准的粮食流入口粮市场或用于食品加工。加强口岸风险防控和实际监管，深入开展农产品反走私综合治理，实施专项打击行动。（国家粮食局、食品药品监管总局、农业部、海关总署、质检总局、国家标准委等负责）

七、完善保障措施

（二十三）加大财税扶持力度。充分利用好现有资金渠道，支持粮食仓储物流设施、国家现代粮食产业发展示范园区（基地）建设和粮食产业转型升级。统筹利用商品粮大省奖励资金、产粮产油大县奖励资金、粮食风险基金等支持粮食产业发展。充分发挥财政资金引导功能，积极引导金融资本、社会资本加大对粮食产业的投入。新型农业经营主体购置仓储、烘干设备，可按规定享受农机具购置补贴。落实粮食加工企业从事农产品初加工所得按规定免征企业所得税政策和国家简并增值税税率有关政策。（财政部、国家发展改革委、税务总局、国家粮食局等负责）

（二十四）健全金融保险支持政策。拓宽企业融资渠道，为粮食收购、加工、仓储、物流等各环节提供多元化金融服务。政策性、商业性金融机构要结合职能定位和业务范围，在风险可控的前提下，加大对粮食产业发展和农业产业化重点龙头企业的信贷支持。建立健全粮食收购贷款信用保证基金融资担保机制，降低银行信贷风险。支持粮食企业通过发行短期融资券等非金融企业债务融资工具筹集资金，支持符合条件的粮食企业上市融资或在新三板挂牌，以及发行公司债券、企业债券和并购重组等。引导粮食企业合理利用农产品期货市场管理价格风险。在做好风险防范的前提下，积极开展企业厂房抵押和存单、订单、应收账款质押等融资业务，创新“信贷+保险”、产业链金融等多种服务模式。鼓励和支持保险机构为粮食企业开展对外贸易和“走出去”提供保险服务。（人民银行、银监会、证监会、保监会、财政部、商务部、国家粮食局、农业发展银行等负责）

（二十五）落实用地用电等优惠政策。在土地利用年度计划中，对粮食产业发展重点项目用地予以统筹安排和重点支持。支持和加快国有粮食企业依法依规将划拨用地转变为出让用地，增强企业融资功能。改制重组后的粮食企业，可依法处置土地资产，用于企业改革发展和解决历史遗留问题。落实粮食初加工用电执行农业生产用电价格政策。（国土资源部、国家发展改革委、国家粮食局等负责）

（二十六）加强组织领导。地方各级人民政府要高度重视粮食产业经济发展，因地制宜制定推进本地区粮食产业经济发展的实施意见、规划或方案，加强统筹协调，明确职责分工。加大粮食产业经济发展实绩在粮食安全省长责任制考核中的权重。要结合精准扶贫、精准脱贫要求，大力开展粮食产业扶贫。粮食部门负责协调推进粮食产业发展有关工作，推动产业园区建设，加强粮食产业经济运行监测。发展改革、财政部门要强化对重大政策、重大工程和重大项目的支持，发挥财政投入的引导作用，撬动更多社会资本投入粮食产业。各相关部门要根据职责分工抓紧完善配套措施和部门协作机制，并发挥好粮食等相关行业协会商会在标准、信息、人才、机制等方面的作用，合力推进粮食产业经济发展。（各省级人民政府、国家发展改革委、国家粮食局、财政部、农业部、国务院扶贫办等负责）

国务院办公厅
2017 年 9 月 1 日

国家发展改革委　国家粮食和物资储备局关于坚持以高质量发展为目标加快建设现代化粮食产业体系的指导意见

国粮粮〔2019〕240 号

各省、自治区、直辖市、计划单列市及新疆生产建设兵团发展改革委、粮食和物资储备局（粮食局）：

为认真贯彻落实习近平总书记关于“粮头食尾”和“农头工尾”、李克强总理关于加快建设粮食产业强国的重要指示和批示要求，深入实施《国务院办公厅关于加快推进农业供给侧结构性改革大力发展粮食产业经济的意见》（国办发〔2017〕78 号），全面开创粮食产业高质量发展新局面，特提出以下指导意见。

一、明确总体要求

大力发展粮食产业经济，加快建设现代化粮食产业体系，对于增强粮食安全保障能力、促进农业提质增效、更好满足人民美好生活需要具有重要意义。要以习近平新时代中国特色社会主义思想为指导，认真贯彻党的十九大和十九届二中、三中全会精神，全面落实总体国家安全观，大力实施国家粮食安全战略和乡村振兴战略，以农业供给侧结构性改革为主线，坚持“粮头食尾”和“农头工尾”，推动粮食产业链、价值链、供应链“三链协同”，建设优质粮食工程、示范市县、特色园区、骨干企业“四大载体”，促进粮食产购储加销“五优联动”，健全完善适应高质量发展要求的长效体制机制，稳步提升粮食产业综合素质、效益和竞争力，加快建设粮食产业强国，为实现更高层次、更高质量、更有效率、更可持续的国家粮食安全提供重要产业支撑。

要坚持市场主导、政府引导，充分发挥市场配置粮食资源的决定性作用和更好发挥政府作用。要坚持质量第一、效益优先，加快推进粮食产业创新发展、转型升级、提质增效。要坚持资源节约、绿色循环，建立健全与资源环境相匹配、集约高效可持续的长效发展机制。要坚持问题导向、底线思维，妥善解决粮食产业链条不长、质量效益不高、核心竞争力不强等实际问题，不断提高守底线、保安全的能力和水平。

到 2025 年，实体经济、科技创新、现代金融、人才资源协同发展的现代化粮食产业体系基本建立，“大粮食、大产业、大市场、大流通”格局全面形成，防范化解粮食领域风险挑战、保障国家粮食安全的能力显著增强。粮食产业增加值年均增长 7% 左右，总产值达到 5 万亿元；主营业务收入过百亿元的粮食企业超过 60 个；绿色优质高端产品供给大幅增加，充分满足粮油消费需求；科技创新取得新的突破，逐步形成世界先进的创新引领能力和产业竞争优势；国际粮食合作交流持续深化，统筹“两个市场、两种资源”的水平明显提高。

二、加快延伸产业链

（一）推动粮食全产业链发展。推广实行全产业链发展模式，指导各地统筹推进建链、补链、强链各项工作，提高粮食产业发展的整体性和系统性。健全完善粮食产购储加销体系，由各环节分散经营向一体化发展转变。支持有条件的企业向上游延伸建设原料基地，向下游延伸发展精深加工，建设物流、营销和服务网络。

（二）增加绿色优质粮油产品供给。坚持绿色化、优质化、特色化、品牌化发展理念，优化粮食种植结构，开发绿色优质粮油产品，不断增加多元化、个性化、定制化产品供给。积极构建现代种业体系，培育具有自主知识产权的优良品种。加快主食产业化发展，推进米面、玉米、杂粮及薯类主食制品的工业化生产和社会化供应，大力发展方便食品、速冻食品，提高主食产品的产业化经营能力。

（三）适度发展粮食精深加工。统筹推动粮食精深加工与初加工、综合利用加工协调发展，增加专用型品种、功能性食品有效供给，引导粮食加工向医药、保健等领域延伸，不断提高产品附加值和综合效益。结合粮食不合理库存消化，引导玉米精深加工适度有序发展。提倡稻谷、小麦等口粮品种适度加工，减少资源浪费和营养流失。

（四）加快发展粮食循环经济。加强粮油副产物循环、全值和梯次利用，提升秸秆、玉米芯、稻壳米糠、麦麸、油料饼粕等副产物综合利用率。推广应用各类高效节能环保技术装备，推进清洁生产和节能减排，逐步建立低碳低耗、循环高效的绿色粮食产业体系。

（五）建设特色粮食产业集群。依托粮食主产区、特色粮油产区和关键物流节点，推动粮食产业集群发展，建设一批粮食产业经济发展示范市县。支持主产区依托县域发展粮食加工，就地就近实现转化增值，让农民更多分享产业增值收益。引导粮食企业向各类园区集聚，优化提升仓储、加工、物流、质检、科研、电子商务等配套服务功能，建设一批粮食产业经济发展示范园区。

三、着力提升价值链

（六）调整优化产业结构。坚持分类指导，改造提升一批“老字号”，深度开发一批“原字号”，培育壮大一批“新字号”，促进粮食产业结构优化、提档升级。扩大优质产能，化解过剩产能，淘汰落后产能，推动新老产业协调发展、新旧动能有序转换。把握好投资结构和力度，避免重复建设。

（七）做强做优粮食企业。深化国有粮食企业改革，加快建立健全现代企业制度。加大对民营和中小粮食企业支持力度，进一步激发“大众创业、万众创新”的热情。依托农业产业化龙头企业和粮油产业化龙头企业，通过资源整合、兼并重组等方式，鼓励发展产业联盟和各类联合体，实现优势互补、强强联合。

（八）培育创建知名粮油品牌。加强顶层设计和政策扶持，支持粮食企业弘扬“工匠精神”，增品种、提品质、创品牌，培育一批全国性、区域性知名粮油品牌。完善产品标准、检验监测、质量追溯体系，强化品牌质量管控。加强粮油品牌信用体系建设，严厉打击制售假冒伪劣产品行为，营造良好市场环境。

（九）培育发展新模式新业态。深入开展“互联网＋粮食”行动，积极利用大数据、物联网、云计算、移动互联网、人工智能等新一代信息技术，加快推动粮食业务线上线下融合发展，探索推广手机售粮、网上粮店等新业态。深入实施“金储”工程，强化质量追溯和在线监管，不断提升科学管理、指挥调度水平。推动粮食产业经济与数字乡村发展战略深入融合，促进农业观光、农耕体验、文化科普等新产业发展。

（十）改造提升机械装备水平。实施粮食加工转化机械装备产业提升行动，加强关键粮油机械制造自主创新，开发具有自主知识产权和核心技术的粮食加工成套设备。大力实施技术改造，加快设备升级换代，推动粮油机械设备向自动化、精准化、智能化、绿色化方向发展。

（十一）健全完善粮食标准体系。深化标准化工作改革，强化以需求为导向的标准立项机制，加快优质粮油产品、绿色加工技术等方面标准的研究制修订和推广实施，形成覆盖粮食全产业链的标准体系。深入开展标准化国际合作交流，进一步提升中国粮食标准国际影响力。

（十二）深入实施“科技兴粮”。突出粮食企业在科技创新中的主体地位，加强粮食营养健康、质量安全、精深加工、绿色仓储等关键环节和重点领域创新，培育一批创新型粮食企业。支持粮食企业与涉粮院校、科研机构深入合作，通过设立研发基金、实验室、科技创新联盟等，促进科研机构、人才、成果与企业有效对接，加快构建产学研用一体化科技创新体系。

（十三）扎实推进“人才兴粮”。深化粮食行业人才发展体制机制改革，重点培养一批粮食科技创新领军人才、优秀青年科技人才和粮食领域卓越工程师等高技能人才。推动涉粮院校粮食产业相关学科建设，加强职业技能培训，提升行业职工技能水平。充分发挥国家粮食安全政策专家咨询委员会智库作用，加强粮食产业高质量发展重大政策问题研究。

四、积极打造供应链

（十四）健全完善粮食市场供应体系。统筹考虑人口分布、生产布局、交通条件等因素，加强粮食市场体系规划建设，扩大覆盖范围，提高供应效率。进一步完善国家粮食电子交易平台体系，探索建立特色品种粮食交易市场，服务新型经营主体与大型加工用粮企业。积极发展粮超对接、粮批对接、粮校对接等直采直供模式，加快“放心粮油”和“主食厨房”建设，畅通粮食供应“最后一公里”。

（十五）大力发展现代粮食物流。加快建设沿海沿江、沿铁路干线的粮食物流重点线路，进一步打通国内粮食物流主要通道和进出口通道。大力发展散粮运输和多式联运，鼓励粮食企业建设中转仓、铁路专用线、内河沿海码头。

（十六）全面深化粮食产销合作。支持各地加强政府层面战略协作，构建长期稳定、高效精准的粮食产销合作关系。鼓励产区企业到销区建立营销网络，销区企业到产区建立粮源基地、加工基地和仓储物流设施等，提高省际粮食流通的组织化程度。扩大中国粮食交易大会品牌效应，鼓励开展区域性产销合作洽谈活动。

（十七）充分利用“两个市场、两种资源”。引导粮食企业深度参与“一带一路”建设，支持骨干企业建设境外粮食生产加工基地，加强国际粮食贸易和产业合作，加快培育一批跨国“大粮商”，着力建设“海外粮仓”，更好利用国际资源保障国内粮食安全。

五、深入实施“优质粮食工程”

（十八）严格落实“优质粮食工程”实施方案。加强对各地“优质粮食工程”建设的统筹指导，把实施目标分解落实到示范市县、示范企业和相关项目。加强粮食产后服务体系、粮食质量安全检验监测体系和“中国好粮油”行动计划三个子项的统筹融合，合理安排实施规模、范围和资金配比，实现“1+1+1 > 3”的效果。

（十九）优化粮食产后服务中心功能布局。科学规划、合理布点，逐步实现产粮大县全覆盖，根据需要向非产粮大县延伸。突出环保要求，推广应用粮食处理新技术和新设备，不断优化粮食产后服务中心清理、干燥、收储、加工、销售等服务功能，引导分等分仓储存和精细化管理，切实提高专业化、社会化产后服务能力。

（二十）提高粮食质量安全检验监测机构运行水平。以现有粮食检验监测机构为依托，以大型粮食骨干企业为补充，进一步明确建设重点，落实好设备、场地、人员、经费等相关条件，加快建设国家、省、市、县四级粮食检验监测机构。积极开展第三方检验监测服务，推动单一检验服务向技术咨询、标准研制、检验培训等综合服务转变。

（二十一）充分发挥“中国好粮油”示范引领作用。完善分级遴选机制，突出品牌培育期、市场占有率、消费认同度等指标，择优遴选“中国好粮油”产品。制定完善“中国好粮油”产品及标识管理办法，增强品牌公信力和美誉度。支持示范企业与农业合作社、种粮农民结成利益共同体，促进农民持续增收。

（二十二）健全完善优粮优价市场运行机制。坚持市场化改革取向和保护农民利益并重，完善小麦、稻谷最低收购价政策，进一步激发市场活力。依托“优质粮食工程”、粮食安全保障调控和应急设施专项等，着力解决粮食产购储加销各环节不平衡不稳定不充分的问题，推动形成“五优联动”良性运行机制。

六、强化保障措施

（二十三）加强组织领导。各地要切实增强大局意识和责任意识，建立健全粮食产业高质量发展工作协调机制，统筹推进各项工作。加强部门协同配合，引导社会各方力量参与，形成粮食产业发展合力。要与打赢打好脱贫攻坚战紧密结合，在粮食产业规划布局、项目安排、资金投入等方面，对革命老区、民族地区、边疆地区和贫困地区等予以支持倾斜。

（二十四）加大财税扶持。鼓励各地统筹利用商品粮大省奖励资金、产粮产油大县奖励资金、粮食风险基金等相关资金，综合运用贴息、奖补等政策，支持粮食产业经济发展。落实新型农业经营主体购置仓储、烘干设备按规定享受农机具购置补贴政策。落实粮食加工企业从事农产品初加工所得按规定免征企业所得税政策和国家简并增值税税率有关政策。

（二十五）强化金融信贷服务。鼓励金融机构以产业化龙头企业、优质粮油产品加工等为重点，加大对粮食产购储加销各环节的信贷支持力度。支持金融机构依托国家粮食电子交易平台研发设计供应链融资产品，有效化解中小粮食企业融资难、融资贵问题。支持粮食企业通过上市、新三板挂牌、发行债券等筹集资金。建立健全粮食收购贷款信用保证基金融资担保机制。鼓励保险机构为粮食企业开展对外贸易和“走出去”提供保险服务。

（二十六）落实用地用电政策。落实在土地利用年度计划中对粮食产业发展重点项目予以支持，改制重组后的粮食企业可依法处置土地资产，城乡建设用地增减挂钩节余指标重点支持农产品加工，有关粮食储备企业减免房产税、城镇土地使用税、印花税等政策要求。支持国有粮食企业依法依规将划拨用地转为出让用地。落实粮食初加工用电执行农业生产用电价格政策。

（二十七）注重典型示范引领。全面总结山东滨州、黑龙江五常、河南漯河等示范市县的经验做法，支持各地培树一批粮食产业高质量发展示范市县、企业、园区，通过组织参观考察、召开现场会、举办成果展示等活动，发挥以点带面的示范引领作用。

（二十八）坚持正确宣传导向。全方位宣传解读粮食产业经济发展政策，深入报道丰富实践和重大成就。办好世界粮食日和全国爱粮节粮宣传周、粮食科技活动周等重要活动，广泛传播粮食文化和科学知识，引导公众树立营养、健康、绿色的消费理念。

（二十九）严格责任考核奖惩。适时调整优化粮食安全省长责任制考核指标体系，提高粮食产业经济发展相关指标权重，强化考核结果运用，切实增强推动粮食产业高质量发展的主动性。加强调度督导，对工作推进有力、发展成效明显的予以表彰，在相关扶持政策上予以倾斜；对工作不力、进展缓慢的通报批评，适当减少或取消扶持安排。

国家发展和改革委员会

国家粮食和物资储备局

2019 年 8 月 23 日

国家发展改革委 国家粮食和物资储备局关于创新完善粮食“产购储加销”体系确保国家粮食安全的实施意见

为认真落实总体国家安全观，防范化解粮食领域重大风险隐患，切实增强国家粮食安全保障能力，现就创新完善粮食“产购储加销”体系提出如下实施意见。

一、总体要求

（一）指导思想

以习近平新时代中国特色社会主义思想为指导，全面贯彻党的十九大和十九届二中、三中、四中全会精神，牢固树立新发展理念，落实高质量发展要求，紧紧围绕实施国家粮食安全战略和乡村振兴战略，以农业供给侧结构性改革为主线，以改革完善体制机制为动力，以推进重点任务落实为抓手，以实施重大项目建设为支撑，强化协同协作，推动流程重塑，切实增强粮食“产购储加销”体系的整体性系统性协调性，防范风险，筑牢底板，坚决扛稳粮食安全重任。

（二）基本原则

坚持改革创新。健全农业支持保护体系，深化粮食收储制度等重大改革，加快制度创新、模式创新、路径创新，推动新旧动能转换，增强发展内生动力，实现“产购储加销”转型升级、提质增效。

坚持问题导向。增强忧患意识和风险意识，既要巩固厚植原有优势，又要找差距补短板强弱项，努力化解“产购储加销”各领域深层次矛盾，守住底线，把中国人的饭碗牢牢端在自己手中。

坚持市场主导。充分发挥市场决定性作用，激发各类主体市场活力，提高各类要素使用效率，优化“产购储加销”各环节资源配置，更好发挥政府作用，完善粮食宏观调控，营造良好发展环境。

坚持统筹融合。树立战略思维和系统思维，强化顶层设计，更加注重横向联动纵向贯通，更加注重协调发展平衡发展，实现“产购储加销”有机融合、有效链接，释放乘数效应。

（三）发展目标

到 2025 年，基本建成链条优化、衔接顺畅、运转高效、保障有力的粮食“产购储加销”体系。粮食产能稳定在较高水平，产量保持在 1.3 万亿斤左右，供给质量效能大幅改善。粮食流通组织化、专业化、规模化水平大幅提升，物流效率提高 30% 以上、成本下降 50% 左右；产业集聚集群集约效应更为显著，主食产业化率提高到 35%；政府粮食储备保持一定规模，宏观调控能力进一步提高。

二、健全机制

（一）强化粮食“产购储加销”协同机制

充分发挥现有粮食工作部际协调机制的作用，加强粮食“产购储加销”体系统筹协调，分析研判粮食安全总体形势，研究拟订保障国家粮食安全的政策措施建议，推动制定重大规划，指导推进重大改革，协调解决难点问题，牢牢把握保障国家粮食安全的主动权。

（二）完善粮食产销合作机制

国家粮食和物资储备局会同地方粮食部门及大中型龙头企业、粮食交易市场等，健全粮食产销合作机制，促进产销精准高效对接。鼓励产区、销区、平衡区签订政府间合作协议，指导各地在粮源基地、订单采购、仓储物流、加工转化、销售网络等方面深化合作，积极构建优势互补、多方共赢、长期稳定的合作关系。发挥中国粮食交易大会引领作用，组织办好黑龙江“金秋”、福建“618”等区域性洽谈会，积极构建“1+N”产销平台模式。支持京津冀、长三角等地区加强政策规则制定衔接和执行协同，加快粮食产业对接转移，实现仓储物流加工等基础设施共建共享，积极构建分工合理、各具特色、一体融合的区域发展新格局。

（三）健全粮食安全决策咨询机制

在国家粮食安全政策专家咨询委员会现有基础上，进一步优化人员结构，拓宽研究领域，强化大数据运用，增强专业性、前沿性和权威性，充分发挥其在粮食安全决策和宏观调控等方面的高端智库作用。受国家有关部门委托，主要开展粮食安全领域全局性、基础性、战略性重大问题调研，提出可行性方案建议；承担重大决策咨询论证，跟踪政策实施效果并开展第三方评估；对粮食安全领域重大政策适时解读阐释，主动引导舆论。

三、重点任务

（一）出台“产购储加销”相关规划

研究编制新一轮国家粮食安全中长期规划纲要，坚持“以我为主、立足国内、确保产能、适度进口、科技支撑”的国家粮食安全战略，明确今后一个时期保障国家粮食安全的指导思想、主要目标、重点任务和政策措施等。

研究编制新时期农业生产力布局和结构调整规划，以粮食生产功能区和重要农产品生产保护区建设为主体，充分发挥主产区资源禀赋和比较优势，明确分品种、分区域发展目标、路径和政策措施，建设一批专业化、规模化粮食种植带，夯实粮食生产基础。

研究编制“十四五”粮食流通发展规划及系列专项规划，围绕高效物流、绿色仓储、数智管理等重点任务，明确主攻方向，夯实硬件基础，强化政策保障，推动行业深化改革转型发展，实现粮食流通治理体系和治理能力现代化。

（二）推动“产购储加销”协调发展

生产环节，重点解决基础不够牢固、供需品种结构矛盾突出等问题。认真落实“藏粮于地、藏粮于技”战略，加快建设粮食生产功能区和重要农产品生产保护区，加快推进高标准农田建设和农田水利基础建设，加快构建现代种业体系，加强种质资源保护、育种创新品种测试和良种繁育能力建设，做强农业高质量发展“芯片”。支持薄弱环节适用农机研发，加快推进农业机械化。大力推进化肥农药减量增效，加强农业面源污染治理和废弃物资源化利用，推动农业绿色发展。准确把握数量与质量、生产与生态、产量与产能的关系，着力调整优化粮食种植结构，大力发展紧缺和绿色优质粮食生产，切实增加有效供给。

收购环节，重点解决市场发育不足、组织化程度不高等问题。顺应市场化改革趋势，督促指导地方政府组织抓好市场化收购，强化金融、运力、仓储保障，鼓励支持大中型粮食贸易、储备、加工企业直接入市，推动形成主体多元、渠道多样、优粮优价的市场化收购新格局。增强小麦和稻谷最低收购价政策弹性和灵活性，发挥好政策托底作用，保护种粮农民积极性。

储存环节，重点解决仓储设施功能不完善、新技术应用不广等问题。加力推进仓储设施和粮食清理粉尘防控、环保保质干燥设备升级改造，提高储粮基础性能。加力推行精细化智能化管理，统筹仓储资源利用，引导粮食分类分仓分等储存。加力推广科学储粮和延时保鲜、节能降耗等新技术应用，扩大绿色生态储粮覆盖面。加力研究低温储粮技术和装备，建立低温储粮标准规范。

加工环节，重点解决集约化集群化发展不够、竞争力不强、初加工产能过剩、创新能力不足等问题。坚持“粮头食尾”和“农头工尾”，有序有度发展粮食加工转化，调优调绿产能结构，推动新旧动能迭代更替。积极打造知名品牌，培强壮大骨干企业，鼓励中小企业走“专、精、特、优、新”道路，提供更多安全营养、快捷方便的粮油食品，满足人民群众对美好生活的需要。大力发展循环经济，积极推动粮食资源综合利用，支持企业实现粮食加工副产物循环、全值和梯次利用，促进节粮减损。

销售环节，重点解决市场体系不健全、供应效率偏低等问题。以国家粮食电子交易平台为龙头、区域性粮食交易平台为骨干，发展大宗粮食现货交易，打通供应主动脉。统筹推进成品粮批发市场和零售终端建设，发展“网上粮店”等新型业态，促进线上线下融合，畅通供应微循环。

针对“产购储加销”各环节衔接不紧、协同不够、效能不高等问题，在贯穿多环节多领域的连接点和关键点上下功夫，在产业链、价值链、供应链“三链协同”上做文章，形成优粮优产、优粮优购、优粮优储、优粮优加、优粮优销“五优联动”的良好局面。着力强化全链条经营模式培育，推动粮食“产购储加销”多方主体建立利益联结机制，促进一二三产融合发展。着力强化全链条标准体系建设，深化粮食标准化工作改革，加快制修订一批涵盖全链条的重点标准，形成广覆盖、多层次、专业化的标准体系。着力强化全链条质量安全管理，落实“四个最严”要求，加强粮食质量安全检验监测能力建设，加强粮食质量安全风险监测，加强优质粮食品质测报，建立粮食质量追溯长效机制，保障“从田间到餐桌”的食品安全。着力强化全链条流通能力建设，打通完善重要物流通道节点，合理布局综合物流园区，提高网络化组织化数字化水平，推动多式联运无缝衔接，实现降本增效。着力强化全链条信息化建设，积极实施“互联网＋粮食”行动，加强大数据资源整合利用，提高管理效率，优化服务水平。

（三）实施“产购储加销”精准调控

强化市场监测预警。打造覆盖面广、时效性强、准确性高的粮情监测网络，全面准确掌握市场行情，真正做到心中有数。打造多部门预警信息共享平台，建立涵盖上下游产业、国内外市场的预警模型，做到动态监测、实时预警，及早发现苗头性、倾向性、潜在性问题，实现事前预警和风险防控。打造权威的信息发布窗口，及时向市场传递政策及调控意图，主动回应社会关切，有效引导市场预期。

夯实调控物质基础。加快落实粮食储备改革意见，厘清功能定位，理顺管理体制，压实各方责任，落实保障措施，堵塞管理漏洞，确保储备管得好、调得动、用得上。合理确定政府储备总体规模，优化区域布局和品种结构，并根据调控需要实施动态调整。健全储备管理规章制度和运行机制，推动中央储备和地方储备、政府储备和企业储备协同联动，增强储备服务粮食宏观调控能力。

培育调控载体抓手。以涉粮央企和跨区域大型粮食集团为主体，确定部分国家级粮食调控载体；各地选择一定数量的骨干企业和新型农业经营主体，确定为区域性调控载体。国家对上述企业给予政策倾斜支持，企业要服从调控指令，传递调控信号，落实调控举措。

加强应急能力建设。健全统一领导、分级负责的粮食应急工作机制，修订完善粮食应急预案，提高应急组织协调和快速响应能力。加强应急供应、加工、配送网点建设，定期开展培训演练，提高应急处置实战能力。加快军民融合深度发展，提高应急救灾、处突维稳军粮保供能力。

四、保障措施

（一）坚持依法治理。加快粮食安全保障立法进程，实现粮食安全保障从政策治理向法治治理的根本转变。修订出台《粮食流通管理条例》，研究制定《粮食储备管理条例》，完善配套规章制度。

（二）创新金融服务。建立健全粮食收购贷款长效保障机制，支持和鼓励各类金融机构增加粮食领域信贷投放，创新完善融资担保模式，发挥国家粮食电子交易平台优势开展粮食供应链金融试点，积极发展并完善粮食期货市场，加强风险防控，稳步推广“保险＋期货（期权）”，更好服务粮食“产购储加销”体系建设。

（三）强化科技支撑。大力实施“科技兴粮”，突出创新驱动，开展关键核心技术联合攻关，构建产学研相结合的技术创新体系，促进科技成果转化推广。完善科研人才评价体系，创新人才培养和使用机制。

（四）抓好“两项考核”。加强粮食安全省长责任制考核，压实地方政府保障区域粮食安全的主体责任。认真组织实施中储粮年度考核，压实中央事权粮食政策执行和中央储备粮管理主体责任。强化考核结果运用，发挥“指挥棒”作用。

（五）严格执法监管。加强粮食流通监管机构和能力建设，创新完善监管机制，突出抓好事中事后监管，全面推进“双随机一公开”，坚决打击各类违法违规行为。充分发挥12325全国粮食流通监管热线作用，强化社会舆论监督。

（六）加强指导督办。细化责任分工，明确路线图、时间表，倒排工期，以“钉钉子”精神抓好落实。建立督办台账，定期调度进展情况，协调解决实际问题，确保各项工作任务按期完成，取得实效。

（摘自国家发展改革委、国家粮食和物资储备局2019年所发文件）

财政部　国家粮食和物资储备局
关于深入实施“优质粮食工程”的意见

财建〔2019〕287 号

各省、自治区、直辖市、计划单列市财政厅（局）、粮食和储备局（粮食局），新疆生产建设兵团财政局、粮食局：

实施“优质粮食工程”是落实乡村振兴战略和国家粮食安全战略，深化农业供给侧结构性改革的有力举措。启动以来，在增加绿色优质粮油产品供给，促进农民增收、企业增效、消费者得实惠等方面取得了积极成效。为深入贯彻落实习近平新时代中国特色社会主义思想和党的十九大精神，现就深入实施“优质粮食工程”，进一步把惠农利民的好事办实办好，提出以下意见。

一、强化总体要求，创新“优质粮食工程”实施方法

（一）突出“五优联动”。充分发挥流通激励作用，提高粮食产后服务水平，强化质量安全检验监测保障，支持发展粮食精深加工，引导绿色优质粮油产品消费，促进优粮优产、优购、优储、优加、优销“五优联动”，推动粮食产业高质量发展，加快建设粮食产业强国。

（二）聚焦目标任务。各地要按照粮食产后服务体系力争实现产粮大县全覆盖、粮食质量安全检验监测体系监测面扩大到 60% 左右、全国产粮大县的粮食优质品率提高 30% 左右的总体要求，进一步完善三年实施

方案，将目标任务分解到示范县（市）、示范企业和相关项目。有条件的地方，可立足实际适当提高目标。

（三）创新示范引领。围绕延伸粮食产业链、提升价值链、打造供应链，培育壮大一批龙头骨干企业，促进粮食“产购储加销”体系建设和一二三产融合发展。选树推广一批先进典型，在全国形成百个典型示范县、千个先进示范企业（合作社）、万个样板店和一大批知名品牌的“百千万”典型引领示范格局。

（四）放大资金效应。坚持以企业和地方投入为主、中央财政适当奖励，积极引导社会资本投入，发挥奖励资金“四两拨千斤”作用。同一项目同一实施内容，已通过其他渠道或方式获得过中央财政资金的，原则上不再重复安排。突出精准扶贫，在项目安排上向国家级扶贫开发重点县和集中连片特殊困难县倾斜。

二、突出需求导向，优化粮食产后服务体系布局与功能

（五）优化服务体系布局。根据区域粮食产量、生产集中度、服务辐射半径等，科学布点粮食产后服务中心，力争产粮大县全覆盖。现有设施设备已满足实际需要的产粮大县，原则上不安排新建项目。非产粮大县粮食生产较为集中的，可适当予以支持。

（六）坚持多元主体建设。鼓励各类市场主体参与粮食产后服务体系建设，充分发挥新型农业经营主体、粮食企业和基层供销社等各自优势，择优确定建设主体。整合盘活现有仓储设施等资源，探索建立共投共建共享机制。

（七）提升综合服务效能。优化粮食产后服务中心建设内容，合理配置清理、干燥、收储、加工、销售等功能。原则上不新建仓容，鼓励通过改造现有设施，实行粮食分等分仓储存。创新服务方式，既可开展“五代”服务，也可提供“一卖到位”等便捷服务，以及技术指导、生产资料、市场信息等延伸服务。

三、突出功能拓展，提高粮食质量安全检验监测能力

（八）完善强化功能。以符合布局要求的粮食和储备部门现有事业单位为主要依托、粮食骨干企业和有关高校为补充，完善国家、省、市、县四级检验监测机构网络。根据功能定位和承担的任务，提升各级检验监测机构装备能力。

（九）加强省级统筹。各地要制定统一技术标准，合理确定设备配置与选型，明确运行配套条件。原则上由省级粮食和储备部门统一组织设备采购、项目验收和统筹调剂使用等工作。建立省级检验监测机构技术联络员制度，帮助基层提高业务能力。

（十）提高服务水平。各级检验监测机构要拓宽服务领域，创新运行机制，提高仪器设备利用率，加快从提供单一检验服务向综合服务转变。积极开展第三方检验服务，培育扩大检验市场，提供便捷优质服务。

四、突出品牌提升，发挥“中国好粮油”行动示范引领作用

（十一）放大示范带动效应。统筹兼顾产粮大县、特色粮油生产县，择优选定示范县（市）和示范企业。支持示范企业以“公司 + 合作社 + 基地 + 农户”模式结成利益共同体，开展订单收购，建设种植加工基地，增加优质粮油产品，带动农民持续增收。

（十二）加强粮油品牌建设。推出一批具有较高市场知名度、美誉度和竞争力的粮油名牌产品，拓宽销售渠道，增加有效供给。发挥好国家粮食电子交易平台作用。制定“好粮油”产品及标识管理办法，健全粮油企业信用监管体系。实行分级遴选，省级粮食和储备部门负责本省“好粮油”产品遴选，国家粮食和物资储备局在此基础上择优遴选“中国好粮油”产品。

（十三）引导科学合理消费。建立粮油质量调查和品质测报、“好粮油”产品调查监测信息发布机制。各级粮食和储备部门要宣传“好粮油”产

品，普及营养知识，提高全社会健康消费认知水平，引领城乡居民由“吃得饱”向“吃得好”、吃得健康转变。

五、精心组织实施，形成合力推动落地见效的良好局面

（十四）坚持分级负责。粮食和储备、财政部门要在各级政府领导下，统筹做好项目规划、组织实施、运行管理和监督考核等工作。国家粮食和物资储备局根据本意见，制定粮食产后服务体系、粮食质量安全检验检测体系建设和“中国好粮油”行动计划的实施指南。国家粮食和物资储备局、财政部加强对各地实施情况的督导检查和中央财政奖励资金的绩效评价。

（十五）强化创新驱动。实施“科技兴粮”和“人才兴粮”，推进产学研深度融合，鼓励企业加强技术改造和产品研发，加大烘干环保、快速检验、精深加工等新技术研发与推广力度，创新经营业态和服务方式。

（十六）构建长效机制。“优质粮食工程”实施已列入粮食安全省长责任制考核重要内容。各地要创新完善相关政策举措，着力增品种、提品质、创品牌，更好满足城乡居民对绿色优质粮油产品的消费需求。

财政部
国家粮食和物资储备局
2019 年 6 月 6 日

国家发展改革委　国家粮食和物资储备局等 9 部门关于深化粮食产销合作提高安全保障能力的指导意见

国粮发〔2018〕155 号

各省、自治区、直辖市发展改革委、经信委（工信委）、粮食局、财政厅（局）、交通运输厅（局），中国人民银行上海总部和各分行、营业管理部、各省会（首府）城市中心支行，国家税务总局各省、自治区、直辖市和计划单列市税务局，各工商行政管理局（市场监督管理部门）、银监局，各铁路局集团公司，中国农业发展银行，各中央粮食企业：

为深入推进农业供给侧结构性改革，主动适应粮食收储制度和价格形成机制改革的新形势，进一步推动粮食产销合作向纵深发展，切实提高粮食安全保障能力，根据《国务院关于建立健全粮食安全省长责任制的若干意见》（国发〔2014〕69 号）、《国务院关于建立粮食生产功能区和重要农产品生产保护区的指导意见》（国发〔2017〕24 号）、《国务院办公厅关于加快推进农业供给侧结构性改革大力发展粮食产业经济的意见》（国办发〔2017〕78 号），以及国务院关于完善粮食收储制度和粮食主产区利益补偿机制等有关文件要求，提出如下意见。

一、总体要求

深入贯彻习近平新时代中国特色社会主义思想和党的十九大精神，积极适应我国社会主要矛盾变化和粮食供求状况、加工区域布局调整新形势，紧紧围绕“确保国家粮食安全，把中国人的饭碗牢牢端在自己手中”总要求，坚持稳中求进工作总基调，认真落实国家粮食安全战略、乡村振兴战略和健康中国战略，以推进粮食收储制度和价格形成机制改革为契机，在充分发挥市场在资源配置中决定性作用的同时，通过政府引导和政策支持，鼓励产销区发挥各自优势，建立长期稳定的产销合作长效机制，充分发挥粮食流通对生产的引导作用，促使粮食生产和消费有序衔接、顺畅流通，稳定主产区粮食生产能力，促进种粮农民增收，为主销区提供稳定可靠的粮源供给，提高国家粮食安全综合保障能力。争取通过三至五年的努力，使产销区之间的合作关系更加紧密和稳固，通过政府间产销合作协议解决供需缺口的占比得到较大幅度增加，企业执行产销合作协议的履约率进一步提高，产销合作形式更加多样、内容更加丰富、层次更加深入，粮食流通效率和组织化水平明显提升，使产区粮食有稳定的销路，销区市场供应有稳定的粮源，实现更高质量、更可持续的国家粮食安全。

二、基本原则

（一）政府推动、部门协调。充分发挥政府部门推进粮食产销合作的指导协调服务作用，制定和完善相关扶持政策，搭建服务平台，发布权威信息，加强组织引导。有关部门相互配合、密切合作，共同推动粮食产销合作持续健康发展。

（二）市场主导、企业运作。坚持企业的市场主体地位，以市场需求为导向，以经济利益为纽带，引导企业主动作为，激发企业内生动力，开展多种形式的产销合作。

（三）优势互补、互惠互利。产区发挥粮食生产、加工和仓储设施优势，努力为销区提供绿色、优质、安全的粮食。销区发挥市场和资金等优势，支持产区稳定发展粮食生产，增强粮食流通能力，满足本地区粮源供应，实现合作共赢。

（四）丰歉保证、长期稳定。粮食供大于求时，销区优先到稳定合作的产区采购，缓解产区粮食收储矛盾；粮食供应偏紧时，产区优先保证稳定合作的销区粮食供给，解决销区粮源不足问题。

（五）法治保障、开放共享。坚持依法依规，不断优化政策措施，提高公共服务质量，创造公平、公正、公开的市场环境。坚持开放、包容、共享，形成不同市场主体相互补充、全国统一市场健康发展的粮食产销合作格局。

三、重点任务

（一）鼓励产销区加强政府层面战略合作。国家粮食行政管理部门牵头组织各省（区、市）粮食部门，做好各品种粮食供需平衡调查，全面梳理各地粮食产销余缺情况，定期发布粮食供求信息，引导粮食生产和购销活动，为产销区政府间开展产销合作提供科学依据。各产销区要加强统筹谋划，根据本地区粮食品种产销余缺状况，合理制定粮食购销中长期规划和年度计划，明确合作对象、合作目标、合作粮源，保障区域粮食供应。在此基础上，按照互惠互利的原则，签订政府间长期稳定的粮食产销合作战略协议，并组织有关粮食企业认真履行协议，签订购销合同，按期保质保量完成购销任务。要不断总结经验、完善措施，逐步扩大政府间产销合作规模，提高省际粮食流通的组织化程度。对于通过其他渠道实现粮食跨省流通的，要加强跟踪监测并合理引导，使之成为政府间产销合作的重要补充。

（二）建立健全粮食产销合作平台。各级政府有关部门要充分发挥粮食产销合作平台的桥梁纽带作用，扩大辐射范围，更好地服务粮食产销合作。各地应根据粮食品种、区域布局、合理流向等，整合优化各类粮食交易协作会、洽谈会，充分发挥黑龙江、福建、长三角等区域性粮食产销合作洽谈会、交易会品牌效应。各级粮食行政管理部门应大力发展电子商务，持续推进贸易粮网上交易，探索建立全国性粮食产销合作平台，适时举办中国粮食交易大会，深化粮食产销合作内容，打造一批“中国好粮油”优质品牌。

（三）培育粮食产销合作重要载体。积极引导各类市场主体参与粮食产销合作，培育一批活力强、效益好、特色优势明显的全国性和区域性粮食企业集团，作为粮食产销合作的骨干力量和重要依托，逐步形成多元化、规模化、现代化的粮食产销合作新格局。鼓励地方国有粮食企业通过改革改制，不断增强企业综合竞争力，建成粮食宏观调控和产销合作的有效载体。鼓励中央粮食企业利用仓储、加工、资金、营销渠道等优势，在产销区之间组织开展市场化粮食购销，发挥产销合作引领带动作用。

（四）大力发展粮食订单收购。深入贯彻乡村振兴战略，结合实施“优质粮食工程”，鼓励和支持各类粮食企业到产区开展绿色优质粮食订单生产、订单收购；以市场需求为导向，提高粮食标准化水平，实现以需定产、以销定购。指导企业与种粮大户、农业合作社等新型经营主体签订规范的订单生产收购合同，明确双方权利义务，巩固和完善利益共享、风险共担的合作机制，推动新型经营主体紧密对接市场。

（五）积极开展代购代销。充分发挥产销区企业熟悉本地粮食市场的优势，鼓励产区企业为销区企业开展粮食代购代储代加工等业务，销区企业为产区企业开展代销业务，不断扩大合作规模和范围。鼓励销区粮食企业积极参与产区“优质粮食工程”建设，满足高品质、多元化的粮食消费需求，通过在产区组建专业化的粮食产后服务中心，为新型农业经营主体和种粮农民提供粮食代清理、代干燥、代储存、代加工、代销售等服务。

（六）规范建立异地储备。支持销区在确保区域粮食安全的前提下，到产区建立一定数量的异地粮食储备，有效利用产区仓储资源。产区和销区要加强沟通、密切配合，制定异地储备监管办法，建立轮换、费用拨付等机制，签订委托代储合同；必要时，可通过企业担保、引入第三方机构等措施加强监管，共同做好异地储备的轮换、调运、监管等工作，确保异地粮食储备安全，在需要时调得动、用得上。

（七）推动产销区企业深度融合发展。鼓励销区企业到产区建立粮食生产基地、仓储物流设施，搞产地加工、收储，并适时将粮食运回销区。鼓励产区企业在销区建设仓储物流设施和营销网络，开展粮食储、加、销一体化经营。鼓励产销区企业以资产为纽带，利用产区资源优势和销区市场优势，通过合资、并购、控股、参股、租赁设施等多种形式深度融合，加强人才、技术、管理等方面合作，跨区域建立商品粮生产和收储基地、加工园区、营销网络，建立更加紧密的利益联结机制，形成利益共同体，促进粮食高效流通和产销合作深入发展。

（八）创新粮食产销合作形式。产销区要因地制宜，不断探索创新产销合作形式，夯实合作基础，拓宽合作领域，丰富合作内容，提高合作水平。积极发展“互联网＋粮食”等新模式，通过物联网、电子商务等新途径开展网上粮食交易，推进线上线下互动。通过中国好粮油、主食厨房连锁店等新载体，创新“网上粮店”零售新业态，利用微博、微信、微店等方式，开展精准营销，促进产销合作进入智能交易、智能支付、智能仓储、智能物流、智能配送的新时代。

四、保障措施

（一）加强组织领导。国家有关部门要加强对各地开展粮食产销合作的指导，将产销合作作为粮食工作部际协调机制的重要内容，加强沟通会商，完善相关政策，支持产销区建立长期稳定的合作关系。各地要建立粮食产销合作部门协调机制，结合本地实际出台扶持措施，积极协调解决企业在产销合作中遇到的难题，为企业经营创造良好的环境。要加强对粮食产销合作企业的监督指导，提高企业诚信意识和履约意识，确保政府间签订的粮食产销合作协议落到实处。

（二）加大信贷资金支持。农业发展银行立足职能定位，在符合监管规定和业务范围要求的前提下，加大信贷投放力度；其他银行业金融机构要创新信贷产品，加大信贷投放力度，完善资金结算手段，为企业开展产销合作提供更加便捷高效的信贷金融服务。有关主产区可按市场化方式建立健全粮食收购贷款信用保证基金融资担保机制，支持各类粮食企业开展粮食收购活动。鼓励其他地区因地制宜建立健全粮食收购贷款信用保证基金融资担保机制。

（三）加强财政政策扶持。鼓励销区企业到产区建立商品粮生产和收储基地、加工园区，或从产区运回粮食。鼓励地方设立粮食产销合作奖励基金，用于奖励产销合作成效显著的企业。对于稳定建立政府间产销合作机制的，中央财政通过现有政策渠道对产区予以适当奖励。综合考虑各省对国家粮食安全贡献、挂账规模、财力水平等因素，合理确定中央帮助消化比例，加大对主产区的倾斜支持。

（四）完善粮食运输保障。要加强粮食流通基础设施和重要物流节点建设，积极推动粮食散装、集装箱运输，鼓励采用铁路、水运方式调运粮食，大力发展粮食“公、铁、水”多式联运，支持发展第三方粮食物流，确保粮食集运顺畅。各地要充分发挥粮食调运协调机制作用，根据本地区粮食供需平衡状况，加强产销区日常运输需求与运力供给衔接。对于纳入省级政府间合作协议的粮食运输，要优先保障运力。落实港口收费目录清单制度和公示制度，落实国家对粮食铁路运输实行的优惠运价。在粮食集中上市、运输需求相对紧张时段，铁路、粮食部门要制定粮食运输方案，着力保障粮食及加工产品外运。交通运输部门要做好公路通行、应急运输保障和港口粮食转运工作。支持沿海城市的粮食批发市场向临港迁移。东北等粮食主产区可结合实际，对粮食公路运输开辟专用通道，保障其便捷通行。

（五）建立诚信体系并实行联合惩戒。建立粮食产销合作企业守信激励和失信惩戒机制，健全粮食质量追溯体系，完善失信联合惩戒对象名单制度，依法将相关企业的违法违规等失信信息纳入全国信用信息共享平台，并在“信用中国”网站和国家企业信用信息公示系统公示，对粮食流通领域严重违法失信企业实施联合惩戒。粮食行业协会要充分发挥中介服务作用，倡导建立良性商业规则，加强行业自律，积极引导企业合法经营，诚实守信，提高产销合作履约率。

（六）强化预测预警和信息服务。有关部门要加强国内外粮油市场监测和供需调查，强化市场形势分析、研判和评估，及时发布粮食生产、质量、供求和价格等信息，合理引导市场预期。要探索建立全国粮食物流公共信息平台，推动粮食物流运输信息共享，为企业开展产销合作提供信息服务。

（七）严格考核督导。国家有关部门将按照粮食安全省长责任制的要求，加大对粮食产销合作工作的考核力度，科学设置考核内容，突出重点、强化导向，督促和引导各地切实做好粮食产销合作各项工作，确保取得实效。

国家发展和改革委员会　国家粮食和物资储备局
财政部　交通运输部　中国人民银行
国家税务总局　国家市场监督管理总局
中国银行保险监督管理委员会　中国铁路总公司
2018 年 7 月 6 日

国家发展和改革委员会
国家粮食和物资储备局　科技部
关于“科技兴粮”的实施意见

国粮发〔2018〕100号

各省、自治区、直辖市及新疆生产建设兵团发展改革委、粮食局、科技厅，河南工业大学、南京财经大学、武汉轻工大学、江南大学，中国储备粮管理集团有限公司、中粮集团有限公司、中国供销集团有限公司，各有关单位：

“科技兴粮”是贯彻新发展理念，落实国家粮食安全战略、创新驱动发展战略、乡村振兴战略，促进粮食科技与经济融通发展、建设现代化粮食经济体系的系统性工程，对于深化农业供给侧结构性改革，大力发展粮食产业经济，确保国家粮食安全，把中国人的饭碗牢牢端在自己手中，具有十分重要的意义。为全面实施“科技兴粮”，制定本实施意见。

一、总体要求

（一）指导思想。以习近平新时代中国特色社会主义思想为指导，全面贯彻党的十九大精神，紧紧围绕落实国家粮食安全战略目标，突出创新是引领发展的第一动力的重要作用，以供给侧结构性改革为主线，坚持目标导向和问题导向相统一，坚持改革和创新双轮驱动，坚持藏粮于地和藏粮于技相结合，坚持自主创新和开放发展相结合，坚持创新链、产业链和价值链“三链”协同，深化粮食科技体制改革，激发各类创新主体的积极性，提高粮食科技创新能力，促进科技成果转化，增强粮食产业健康发展新动能，为推动建设粮食产业强国、促进乡村振兴、满足人民日益增长的美好生活需要提供科技支撑。

（二）主要目标。力争到 2022 年，粮食科技创新体系更加完善，科技水平进一步提高，基础研究、应用研究取得突破性进展，产学研融合更加紧密，解决一批制约发展的关键问题，粮食科技成果加快转化，技术转移成效不断放大，粮食科技人才队伍规模与结构更加合理。科技贡献率力争提高 3 个百分点；粮油储藏技术继续保持国际领跑地位，粮油科技的“并跑”技术有所增加，深加工和装备制造等技术与国际先进水平差距缩小；取得国家科技奖或省部级一等奖的粮食科技成果 30 项以上，推广应用经济社会效益显著的重大科技成果 20 项以上。

二、完善创新体系，提高创新能力

（三）增强粮食企业创新能力，突出企业技术创新主体地位。引导企业发挥技术创新主体作用，支持大型龙头企业、企业集团和转制院所自主决策、先行投入，开展行业共性关键技术装备的研发攻关和成果推广应用；鼓励企业建立内设技术研发机构，开展创新研发和成果推广；在粮食仓储、加工、物流、营养健康主食及主食工业化等重点和特色产业领域培育一批企业技术创新中心或研发中心；引导企业与高校或科研院所联合开展技术创新和示范，建设产学研相结合的特色实验室或科技园区；发挥科技型企业和工程设计机构在科技成果转化中的桥梁作用，及时将新技术转化为产品或在工程项目中推广使用；支持在粮食产业、物流园区建设研发中心，为园区企业提供共性技术服务。鼓励有条件、有特色的地方、骨干企业与科研院所、高等院校等具有技术优势的单位，实现联合开发、成果共享、风险共担、产学研相结合的粮食产业科技创新联盟，支持其承担重大科研项目攻关任务，解决制约产业升级的重大技术难题，突破关键技术难题，创制新产品，力争 5 年内组建 4~5 个粮食产业科技创新联盟，并纳入全国粮食行业创新体系。

（四）做强做优粮食科研院所，发挥粮食公益科研机构创新优势。粮食系统内的公益性科研院所应立足行业需求，推进院所体制改革，科学设置内设机构，整合粮食科研、工程技术、设备研发力量，加强粮食应用基础研究，突破粮食公益性、前瞻性和基础性技术难题；支持河南工业大学、南京财经大学、武汉轻工大学等粮食大学建设服务国家粮食安全需求的博士点，充分发挥涉粮大专院校人才培养、基础研究、理论创新和技术服务作用，培育粮食专业优势学科；积极发挥省级科研院所和质检机构依托市场开展粮食技术服务和新技术应用推广的作用。

（五）完善行业科技创新平台，发挥科技创新和人才培养的作用。加强国家重点实验室和国家工程研究中心创新能力建设。鼓励企业申请新建一批粮食行业重点实验室、技术创新中心，培育粮食领域国家级重点实验室、工程研究中心、技术创新中心，鼓励各地依托科研机构、科技型企业等建立科技服务平台，构建多领域、多层次粮食科技创新平台体系，促进创新资源高效配置，进一步增强粮食产业创新能力。支持粮食主产区根据需求建设以粮食产后收储运和加工为主的国家农业科技园区。鼓励各地围绕区域主导产业建设各具特色的粮食科技成果集成示范基地和国家农业科技园区，开展研发试验、成果展示和技术培训，发挥促进科技与生产、集成与示范、教育与推广、创新与营销紧密结合的作用。力争5年内建设15个产学研合作的粮食科技创新平台；每年遴选一批科技创新有特点或科技成果转化成效突出的单位，授牌为“科技兴粮”示范单位，力争5年内授牌30个粮食科技创新示范企业。

（六）创新开放合作机制，吸引各领域优秀科研人员和团队参与粮食科研工作。鼓励多学科交叉合作，共同承担粮食领域国家科技计划项目，攻克行业共性关键技术难题；探索与中国科学院、中国工程院等国家级科研机构合作新机制。加强国际合作与技术交流，鼓励引进先进技术与装备，提升传统产业技术水平；鼓励具有自主知识产权的粮食科技、产品、标准和设备走出去，积极促进“一带一路”国际合作，增强国际竞争力。鼓励科研机构科技创新平台接入国家科技创新服务平台，建立健全科研院所、高等院校、企业的科研设施和仪器设备等科技资源向社会开放的合理运行机制。加大国家工程研究中心以及国家粮食和物资储备局重点实验室、工程研究中心、技术创新中心、分析测试中心等向社会开放服务的力度，积极引导其对企业开展专项服务。加强区域性科研设备协作，提高对企业技术创新的支撑服务能力。

（七）探索科研创新组织模式，推动粮食领域大众创业万众创新。建立粮食产业科技需求调查机制，常年开通在线科技需求征集，科学凝练重点研发任务；支持构建众创空间、创新孵化器，积极探索粮食企业技术难题竞标等“研发众包”、用户参与设计新型研发组织模式，引导科技人员、科研单位承接粮食企业的科技项目委托和难题招标；促进技术共创共用，加强行业创新资源共享合作。

三、加快成果转化，提高科技贡献率

（八）搭建资源共享平台，持续开展科技“三对接”活动。每年科技活动周举办“全国粮食科技成果转化对接活动”，展示最新实用技术成果；引入中国科协所属学术团体和优势互联网科技企业，推进高新技术成果交叉融通；持续完善粮食行业科技成果、人才、机构“三对接”机制，探索建立政府引导、市场驱动、企业化运作的粮食相关科技成果转移新模式；在国家粮食和物资储备局政府网站建立服务云平台，征集并发布企业创新需求，实时公布粮食科技成果目录和可供企业应用转化的科技成果包；利用大数据、云计算等信息技术手段，筛选和定向推荐粮食相关科研成果和实用技术，支持获奖成果推广应用；利用专家库，开展技术应用、成果转化的指导和咨询服务；探索有效的粮食科技特派员制度和博士服务团工作机制，组织科技人员和高层次专家定期服务基层；通过行业期刊宣传科技兴粮成果和企业示范经验；支持科研院所和大专院校科研人员到企业兼职或留职离岗创业。

（九）鼓励联合攻关，促进科技成果工程化产品化。鼓励科研机构、工程设计单位、设备制造单位和企业联合开展攻关，使科技创新、工艺设计、设备制造和产品开发形成良性互动，促进科技成果快速实现工程化和产品化；聚焦粮食去库存和品质提升等行业重大需求，依托重点项目和工程，运用系统工程思想，建立中间试验、工业化试验、工程化开发、集成示范及推广的协调机制；项目建设设备招标采购时，鼓励优先考虑质量好、环保性能佳的装备。鼓励科研单位建设粮食技术转移中心等科技成果转化服务机构，探索和建立科技成果转化的有效模式与机制，优化成果转化流程，探索目标一致、分工明确、权责明晰、利益共享的“一条龙”新型服务模式；引入相关中介机构提供技术转移转化专业服务，提高转移转化效率和收益。

四、统筹协同推进，提高科技水平

（十）推进安全、绿色、智能、精细仓储科技创新，实施“现代粮仓”创新行动。围绕政府储备粮安全管理需求，专题攻关绿色储粮技术和高标准仓储设施建设标准，实施“现代粮仓”创新行动。加强储粮生态系统相关基础理论研究，加强储粮信息自动感知和自动采集系统、仓储机器人等技术开发与应用。研发物理、生物源储粮药剂等绿色防护技术，推进产业化应用示范。支持粮食分类收购和储藏相关新技术的研发，强化储藏新技术集成与创新。

（十一）推进粮油适度加工技术和深加工技术与产品创新，促进先进粮油加工技术产业化。研究制定适度加工工艺、产品标准。开发小麦、稻谷、大豆、杂粮、特色植物油脂等功能性、专用性新产品，开展工业化传统主食生产技术研发，开展稻米、食用油适度加工产业示范。加强副产物循环、全值和梯次利用研发，为循环经济提供技术支撑。开发方便营养的米制品，强化玉米、大豆在营养健康、生物化工、生物医药等领域深加工技术应用。重点开发新型功能性淀粉糖和醇类新产品，开展食用、可降解包装和地膜用、精细化工用特种变性淀粉等产品研发，促进去库存相关技术的产业化。

（十二）推进先进装备原始创新和集成创新，实现粮食装备制造突破。推动高效、环保、智能化粮食出入库机械设备和物流设备研究开发，提高粮食流通作业效率。对标先进标准，提高粮食设备（装备）制造核心技术水平。结合“粮食产后服务体系”建设，提高国产粮食烘干设备节能环保技术水平和智能控制技术水平。开发高效节粮节能营养型粮油和特色杂粮等加工装备；开发米制品加工成套设备；推进粮食加工自动化、智能化，促进产业技术升级。

（十三）推进高效物流科技创新，促进粮食物流现代化。研发有关移动粮仓的配套设施和技术，应用物联网、北斗等信息技术，支撑智慧物流发展。开发自动化、智能化的粮食物流装备和出入库设备，提升粮食物流设施设备标准衔接水平。优化多式联运衔接和物流管控一体化技术。利用物联网技术、大数据技术，提升粮食流通管理的数据获取能力。

（十四）推进优质粮食质量和安全科技创新，为健康消费提供科技支撑。研究完善“中国好粮油”系列标准及粮食质量控制作业系列标准和评价手段。结合“国家粮食质量安全检验监测体系”建设，突破快速检测技术瓶颈，开发粮食收购现场快速自动采集和质量检测设备；研究建立中国主粮品质分类体系，开发专用品质评价仪器。深入研究真菌毒素、重金属污染和农药残留超标粮食安全合理利用技术，开展超标粮食安全利用工业化示范。开展中央主食厨房健康烹饪与营养均衡配餐的研究，编撰出版粮油营养健康消费指南。

五、营造良好环境，激发创新活力

（十五）落实科技创新激励政策，鼓励科研单位优化激励机制。落实有关股权、期权激励奖励等收益分配政策和事业单位国有资产处置收益政策；落实技术转让或者许可、作价投资等所取得的净收入用于奖励的比例不低于50%，主要贡献人员奖励份额不低于奖励总额的50%的优惠政策；鼓励科研人员带科研项目和成果到企业工作或创办企业；鼓励粮食科研机构设立可供有创新实践经验的企业家和企业科技人才兼职的流动岗位。提升行业科技奖励社会认可程度。探索建立对科研项目实施过程、成果、行业服务等的分类评价机制，以成果转化、技术发明、成果质量及社会经济效益为考核导向，以科研能力、学术水平、成果质量和应用实效等作为评价的重要内容，优化科研人员职称评定、岗位管理、考核评价制度、科技奖励推荐和收入分配激励约束机制，发挥科技成果用户、业务管理部门、地方粮食行政管理部门等单位在科研评价中的作用。

（十六）加大知识产权保护和科普力度，营造科技兴粮的氛围。大力扶持自主创新和原始创新，加大粮食科技创新成果、产品的专利权、商标权等知识产权保护力度；组织举办粮食科技活动周等宣传活动，开展粮食科普进机关、进社区、进家庭、进农村、进军营等活动，增强全社会公众的粮食安全、科学消费、爱粮节粮意识；推进粮食科普网站、微信公众号、知识库、手机软件等新媒体平台的建设，创制“粮油消费大典”等科普产品，创新宣传形式，扩大粮食科学知识传播范围；尊重科学研究规律，弘扬创新精神，倡导创新文化，创造宽松学术环境；完善科技资源分配与成果共享机制；对担任领导职务的科技人员的科技成果转化收益分配实行公开公示制度，不得利用职权侵占他人科技成果转化收益；加强科研学术道德和科研诚信体系建设，完善失信惩戒机制，杜绝学术不端和学术腐败。

（十七）加强粮食科技人才队伍建设，提高行业队伍整体素质。加强粮食专业人才培养，强化专业技术人才和高技能人才队伍建设，探索建立技术人才定期培训、考察、交流机制，培育“工匠精神”，培养科技领军人才、战略科学家和优秀创新团队，不断提升技术人才的业务素养；吸引院士和高端人才，建设院士专家工作站、博士后工作站，支持企业创新；建立“粮食产业科技专家库”和“粮食行业技能拔尖人才库”，鼓励有条件的企业事业单位设立“首席科学家（专家）”岗位；探索应用型创新人才培养机制，支持优秀青年科技人才牵头承担企业科研任务，扶持培育企业优秀技术创新团队。

（十八）加强组织领导，健全粮食行政管理部门推进科技创新工作机

制。粮食系统定期召开粮食科技创新大会，部署粮食科技创新工作；建立粮食科技省级协调机制，定期交流创新动态，研究交流技术效果、措施；各级粮食行政管理部门应切实落实粮食安全省长责任制关于科技创新的要求，主动转变观念，深入了解科技需求，掌握粮食科技动向，主动推进科技创新，积极搭建科研人员与企业对接平台，鼓励企业开展技术改造和技术创新，推动科技成果转化，有效保护粮食产业品牌；积极争取地方财政、税务、科技、发展改革等部门创新资源，积极宣传指导研发费用税前加计扣除等激励政策；探索利用风险投资、买（卖）方信贷、知识产权和股权质押、融资租赁等方式，支持科技型企业开展技术创新融资，推进成果转化应用；保护基层创新积极性，营造良好的科技创新环境。

国家发展和改革委员会

国家粮食和物资储备局

科技部

2018 年 5 月 11 日

国家发展和改革委员会　国家粮食和物资储备局
教育部　人力资源和社会保障部
关于“人才兴粮”的实施意见

国粮发〔2018〕86号

各省、自治区、直辖市和新疆生产建设兵团发展改革委员会、粮食局、教育厅（教委、教育局）、人力资源社会保障厅（局），河南工业大学、南京财经大学、武汉轻工大学、江南大学，中国储备粮管理集团有限公司、中粮集团有限公司、中国供销集团公司，各有关单位：

为认真落实党中央、国务院关于实施人才强国战略、深化人才发展体制机制改革的决策部署，在粮食行业造就一支数量充足、结构合理、素质优良的人才队伍，为加快推进农业供给侧结构性改革，大力发展粮食产业经济提供坚实人才支撑，现就实施“人才兴粮”提出如下意见。

一、总体要求

近年来，全国粮食行业紧密结合粮食流通改革发展实际，扎实推进人才发展，人才队伍建设取得显著成效。同时也要看到，人才队伍结构不尽合理、人才发展体制机制不够灵活、人才资源开发投入不足等问题依然存在。实施“人才兴粮”，完善体制机制，优化队伍结构，增强综合素质，对于深化粮食流通改革、建设粮食产业强国、保障国家粮食安全具有重要意义。

（一）指导思想

以习近平新时代中国特色社会主义思想为指导，全面贯彻党的十九大精神，聚焦实施科教兴国、人才强国和创新驱动发展战略，紧紧围绕统筹推进“五位一体”总体布局和协调推进“四个全面”战略布局，坚持党管人才原则，聚天下英才而用之，以保障国家粮食安全为目标，以建设粮食产业强国为重点，深化粮食行业人才发展体制机制改革，健全服务粮食全产业链的人才培养体系，优化人才发展环境，激发人才创新创造活力，为粮食流通改革发展提供人才保障。

（二）基本原则

坚持党管人才、集聚人才。充分发挥党组织总揽全局、协调各方的领导核心作用，加强政治引领和政治吸纳，把各方面人才团结集聚到粮食流通事业中来。

坚持围绕中心、服务大局。把服务粮食流通改革发展、建设粮食产业强国，作为粮食行业人才工作的根本出发点和落脚点，优先保障重大产业、重点项目、重要工作的人才需求，增强人才工作的针对性和实效性，实现人才发展与粮食流通改革发展的深度融合。

坚持问题导向、分类施策。从粮食行业人才突出问题和发展短板入手，针对不同类型人才，抓住重点和难点，因地制宜、分类施策，以高层次、创新型人才为先导，以技术技能型人才为主体，统筹推进粮食行业人才队伍建设。

坚持创新机制、统筹资源。加快体制机制改革和制度创新，重点破除束缚人才发展的观念和体制机制障碍，向用人主体放权、为人才松绑，统筹各方力量和各类资源，服务粮食行业人才工作。

（三）主要目标

到 2022 年，粮食行业人才队伍与事业发展需求基本相适应，各类人才队伍结构进一步优化，人才体制机制和培养体系更加完善，人才在粮食流通改革发展中的作用更加突出。专业技术人才创新能力明显提升，建设 10 个以上由领军人才领衔、具有国际水平的创新团队，遴选并重点培养40名以上青年拔尖人才，培养一批粮食卓越工程师。高技能人才规模进一步扩大，培养4000名技师和高级技师，选拔120名技能拔尖人才，建设60个技能拔尖人才工作室。粮食安全政策智库建设取得突破，集聚一批具有较高政策理论水平和研究能力的专家学者。粮食行业人才培养能力进一步提高，在涉粮院校建立全国粮食行业教育培训基地，建设一批示范性高技能人才培训基地。

二、突出重点推进

（四）着力提升粮食系统党政人才专业素质。坚持统筹使用各类编制资源，广开视野，多渠道、高标准选拔优秀人才。着眼增强学习本领、政治领导本领、改革创新本领、科学发展本领、依法执政本领、群众工作本领、狠抓落实本领、驾驭风险本领，有针对性地给干部交任务压担子。注重在急难险重任务中锻炼干部，选派干部到地方党政宏观综合部门和艰苦地区挂职锻炼，提高干部综合素质和宏观把握能力。加强干部专业能力培养，聚焦粮食流通改革发展重点和难点开展业务培训，定期举办省级粮食局长培训班。建立执法人员名录库和粮油库存检查专业人才库，加强执法督查业务培训，培养一批具有较高执法水平和丰富执法经验的业务骨干。事业单位要围绕粮食流通中心工作引进人才，想方设法为人才发展搭建平台，各项政策要向重点岗位、特殊人才、业绩突出者倾斜。

（五）着力培养粮食科技创新领军人才。面向国家自然科学基金、重点研发计划等国家级科技计划和重大粮食科研（工程）项目主要承担人员，以及省级粮食行业科技创新领军人才，选拔一批全国粮食行业科技创新领军人才，建设国内一流、国际知名的粮食科技创新团队。在科研机构、高校和相关企事业单位建设一批重点实验室、工程中心、技术创新中心和院士（专家）工作室、博士后科研工作（流动）站，为高层次创新人才提供平台。优先从科技创新领军人才和取得突出成绩、做出突出贡献的专业技术人员中，推荐两院院士、享受政府特殊津贴专家。

（六）着力遴选粮食优秀青年科技人才。紧紧围绕粮食行业重点科研方向，遴选一批有发展潜力的优秀青年拔尖人才，自主选题开展创新研究。优先从青年拔尖人才中推荐参评国家“万人计划”青年项目、国家杰出青年科学基金、“长江学者奖励计划”。建立依托重大科研（工程）项目培养青年人才的机制，根据实际情况，每个重大项目可以安排1名青年科技人才为项目第二负责人。开展“百名博士服务粮企”活动，组织具有博士学位的青年教师、科研人员和粮食专业在读博士，到企业对接需求、解决难题。探索青年科技人才接续培养机制，对入选“青年人才托举工程”的，优先列入青年拔尖人才培养。鼓励各地各单位实施青年人才扶持计划，对科研工作成绩突出的青年科技工作者，给予一定项目资金支持和个人奖励。

（七）着力培育粮食领域卓越工程师。国家和省级粮食部门会同有关高校、科研机构和企业，建立粮食领域卓越工程师教育培养产学研联盟。针对绿色生态储粮、粮油加工、装备制造、现代物流、信息技术运用等不同领域特点，分类制定粮食领域卓越工程师专业标准。通过共同制定培养方案、共同建设课程体系，深入开展“新工科”研究与实践，推进人才培养模式改革，完善培养跟踪管理和质量评价机制，培养一批创新能力强、专业水平高的粮食工程技术后备人才。从产业化龙头企业遴选具有丰富实践经验、工作业绩突出的粮食工程师，定期开展专题研修，提高创新能力。

（八）着力扩大粮食高技能人才队伍规模。适应粮食行业技术进步和产业发展需求，以技师和高级技师为重点，开展以新技术、新工艺、新方法为主要内容的职业教育和培训，形成一支具有高超技艺和精湛技能的粮食行业高技能人才队伍。完善国家、省、市分级负责的粮食行业技能拔尖人才选拔培养机制，注重从非国有粮食企业选拔人才。鼓励企业建立“首席技师”制度，发挥高技能人才“传帮带”作用。结合实施“优质粮食工程”，适应专业化社会化粮食产后服务体系、粮食质量安全检验监测体系建设需要，促进粮食仓储、检验等岗位人才转型发展，培养一批粮食产后服务领域复合型高素质技术技能人才和高水平粮油质量检验人才。根据产业分布和发展需要，依托高等学校、职业学校和大型骨干企业，完善技能人才培训基地建设，形成技能人才培训机构网络，广泛开展职业技能培训和鉴定工作。

（九）着力完善粮食安全政策智库。面向国家社会科学基金、国家软科学研究计划等项目和粮食行业重大科研（战略性）项目的主要承担人员，组织选拔全国粮食经济研究领军人才。各类粮食经济研究、信息咨询机构，要对当前粮食流通改革发展热点和难点问题，主动开展研究、加强交流。充分发挥粮食安全政策专家咨询委员会作用，经常向专家通报粮食流通改革发展情况，支持专家有针对性地开展重点专题咨询，提供高质量决策咨询报告。定期举办粮食政策理论研究成果交流论坛。各地要结合实际，建立灵活多样的粮食安全政策智库，围绕本地区涉粮重大问题，开展政策理论研究和决策咨询。鼓励支持有关高校加强粮食流通改革发展重大政策理论研究，并以此为方向重点培养一批博士、硕士人才。

（十）着力建设粮食行业人才培训基地。进一步明确标准，有计划、有重点地建设一批全国粮食行业教育培训基地和示范性高技能人才培训基地。针对部分地区培训资源较少的情况，统筹考虑设置跨区域的培训基地。鼓励培训基地承担面向粮食行业的业务培训，开展人才课题研究，开发职业标准、培训教材等。引导和支持培训基地加强粮食课程建设，建立专兼职相结合的师资队伍。支持涉粮高校、科研机构申报设立国家级专业技术人员继续教育基地。深化产教融合、校企合作，充分发挥粮食行业职业教育集团作用，推广集团化办学，促进校企共育人才。支持示范（骨干）职业院校牵头组建面向粮食行业发展需要的区域性职业教育集团。

三、完善体制机制

（十一）全面优化人才管理体制。以“放权松绑”为核心，全面清理当前束缚用人单位自主权和制约人才发展的不合理制度，保障和落实用人单位自主权，减少对人才不必要的限制。支持和鼓励科研机构、高校等单位研究人员和专业技术人员创新创业，允许专业技术人员到业务领域相近单位兼职、参与项目合作，或利用本人科研成果创业。更加注重市场认可和评价，对在市场中得到检验并认可的项目要开绿灯，加大支持力度，让创新人才“名利双收”。用人主体结合工作实际自主确定用人需求，建立完善人才使用、考核、退出等机制。着力提高人才工作服务水平，解决其工作和生活中的实际困难，免除后顾之忧，做到“拴心留人”。

（十二）实施更具竞争力的引才政策。坚持“缺什么、引什么”的原则，支持各地各单位实施更加积极、开放、有效的引才政策，践行“引进一个人才、带来一个项目、形成一个产业”的理念，依托国家“千人计划”等积极引进高端人才，以产引才、以才促产。各地各单位要围绕补足人才短板，树立“高精尖缺”导向，借鉴精准引才、靶向引才、团队式引进、成建制对口支持等有效经验，推出引才新举措。坚持以用为本，不求所有、但求所用，不求所在、但求所为，鼓励用人单位采取咨询、兼职、项目合作、学术交流或设置创新型岗位等形式，实行柔性引进、弹性管理、个性服务。各类粮食企业要立足实际，积极吸纳、留住本地人才，同时要充分利用当地户籍、社会保障、子女教育等优惠引才政策，在更大范围内引进急需紧缺人才。

（十三）创新人才培养方式。遵循人才成长规律，分类施策培养人才。着眼推进粮库智能化、信息化和提高粮油加工、装备自主创新能力，培养粮食行业紧缺人才。依托粮食行业国家工程实验室、工程技术中心、重点实验室等平台，构建产学研用相结合的协同育人模式。指导有关院校服务国家粮食安全特殊需求，培养粮食行业急需博士人才。加快粮食信息技术人才培养，鼓励青年骨干接受信息技术专业硕士及以上学历教育，与高等院校合作开展信息技术人才培训。引导和鼓励一批普通本科高校设立粮食学院，或围绕粮食产业转型升级需要，增设相关专业，培养应用型本科人才。鼓励粮食企业与职业院校开展深入合作，共同制定专业人才培养方案，构建课程体系，共建实训场所，为学生实习实训和教师实践提供岗位。广泛开展岗位练兵、技术比武等竞赛活动，鼓励技术革新和发明创造，在实践中培养技术技能人才。

（十四）完善人才评价机制。实行人才分类评价，根据粮食科研、工程、经济等不同领域人才特点，科学设定评价指标。建立粮食行业高级职称评审专家库，不断改进职称评审工作。对基础研究人才，着重评价其提出和解决重大问题的原创能力、研究成果质量、学术水平及对行业发展的影响等；对应用研究人才，着重评价其技术创新能力、成果转化、对产业发展的实际贡献等；对科技管理人才，重在评价考核工作绩效，引导其提高服务水平和技术支持能力。落实提高技术工人待遇有关政策，实现技高者多得、多劳者多得；在粮食系统劳动模范评选表彰中增加一线工人名额比例。

（十五）充分发挥科研机构和高校人才高地优势。鼓励和引导有关科研机构、高校发挥各自优势，与企业建立科技协同创新平台、技术创新联盟，共同攻克重大关键技术难题。涉粮院校要进一步紧贴粮食行业需求，突出粮食特色，推进粮食产业相关专业改革与建设，切实提高办学质量，增强人才培养能力。科研机构、高校等单位要发挥科技创新的引领作用，赋予创新团队更大的人财物支配权、技术路线决策权；科学合理设置评价考核周期，加强考核结果运用，建立专业技术人员能上能下、能进能出机制；探索建立“首席科学家”制度，全面落实以增加知识价值为导向的分配政策，对国家“千人计划”“万人计划”等特殊人才探索实行协议工资制等分配办法；设立人才培养基金和人才奖励基金，充分激发科研人员创新创业的积极性。

四、强化保障措施

（十六）加强统筹协调。各级粮食行政管理部门、企事业单位党组织要加强对“人才兴粮”工作的组织领导，制定切实可行的落实措施。要将粮食行业人才队伍建设纳入粮食安全省长责任制考核内容，明确考核标准，层层压实责任。各级粮食行政管理部门要高度重视基层人才队伍建设，积极争取人力资源社会保障、财政、教育等部门支持，采取多种措施培养能够留得下来的基层实用人才。有关地区和单位要积极发挥优势，加大人才援疆援藏力度。要结合粮食科技周等活动，积极开展人才供需对接，搭建人才服务平台。

（十七）完善投入保障。建立健全政府投入为引导、用人单位投入为主体、社会和个人投入为补充的多元化投入机制。积极争取国家人才工程经费，加大“人才兴粮”专项经费投入，对重点人才工作任务要安排配套经费支持，建立对优秀人才和科研团队的持续支持机制。在粮食重大建设项目中要统筹考虑人才培养和专家咨询经费。强化对人才投入绩效考核，提高经费使用效益。

（十八）强化激励引领。充分利用报刊、广播、电视、网站、微信、微博等多种渠道，做好人才宣传工作，要注重宣传粮食流通事业蓬勃发展对各类人才的需求。总结加强人才培养、助推粮食行业转型发展的先进经验，培树一批扎根粮食行业默默奉献、在本领域本专业做出突出贡献的人才典型。大力宣扬先进典型事迹，弘扬劳模精神和工匠精神，以榜样的力量感染人、打动人，增强人才对粮食行业的认同感归属感，鼓励更多人才献身粮食事业。

国家发展和改革委员会　国家粮食和物资储备局

教育部　人力资源和社会保障部

2018 年 5 月 3 日

调研报告

建设粮食产业强国

建设粮食产业强国

关于滨州推动粮食产业高质量发展的调研报告

国家粮食和物资储备局研究室
山东省滨州市人民政府
联合调研组

为深入贯彻落实习近平总书记关于“粮头食尾”“农头工尾”和参加山东、河南代表团审议及视察山东时的重要指示精神，认真落实李克强总理关于建设粮食产业强国的重要批示要求，近期，国家粮食和物资储备局会同滨州市人民政府组成联合调研组，深入开展了专题调研，广泛听取各方意见建议，并多次与山东省、滨州市有关部门沟通会商，系统

张务锋局长调研西王集团

总结滨州市发展粮食产业经济的经验做法，提炼形成可推广可复制的“滨州经验”，为推动全国粮食产业高质量发展提供借鉴参考。

一、主要成效

滨州北拱京津、南卫齐鲁，被誉为山东省“北大门”。该市资源丰富、交通便利，发展粮食产业经济具有得天独厚的先发优势。市委、市政府高度重视发展粮食产业经济，推动产业发展思路清晰、举措有力、成绩突出。2017 年 9 月，国家局在滨州召开全国加快推进粮食产业经济发展第一次现场经验交流会，授予滨州市“全国粮食产业经济发展示范市”称号。两年多来，滨州市认真落实国家粮食安全战略和乡村振兴战略，全面落实国务院办公厅 78 号文件精神和国家局部署要求，以“粮头食尾”和“农头工尾”为引领，以深化农业供给侧结构性改革为主线，以实施新旧动能转换和打造国家级粮食产业融合循环经济示范区为契机，突出抓好粮食产业链、价值链、供应链“三链协同”，统筹建设粮食产业经济发展示范市县、特色产业园区、龙头骨干企业、优质粮食工程“四大载体”，加快实施优粮优产、优粮优购、优粮优储、优粮优加、优粮优销“五优联动”。2018 年全市粮食产业工业总产值突破千亿元大关，成为全国唯一的千亿元地级市，实现利税总额近 60 亿元，主营业务收入过百亿元的企业 4 家，在推动高质量发展、建设粮食产业强市方面迈出新步伐、实现新突破、取得新成效。

（一）产业链延伸拉长实现“全”。“发挥自身优势，抓住粮食这个核心竞争力，延伸粮食产业链、提升价值链、打造供应链，不断提高农业质量效益和竞争力，实现粮食安全和现代高效农业相统一。”习近平总书记在河南代表团审议时的重要讲话，让市委常委、常务副市长赵庆平感触深刻。他说，总书记的重要讲话为我们指明了正确方向、提供了行动指南、坚定了信心决心。近年来，滨州市积极发展全产业链经营、产后服务带动、精深加工引领等模式，促进加工层次由粗到精、加工业态由少到多、加工链条由短到长。2018 年，全市粮食加工转化量 1583 万吨，是粮食总产量的4倍多，较2016年增长14.6%。西王集团经过30多年的发展，建立了从种植到收储、初加工、精深加工的完整产业链条，形成了“由田间到餐桌”的全产业覆盖，由一家小型村办企业蝶变跻身中国500强企业榜单，真正实现把产业链留在了县域，改变了“农村卖原粮、城市搞加工”的格局。总工程师王岩反映，西王集团年加工玉米300万吨，原料总利用率达99%以上，产品总收率达97.5%以上。

（二）价值链融合提升实现“增”。近年来，滨州市从研发设计和品牌营销两端发力，实现价值链从低端向中高端跃升，提升企业加工转化增值能力，推动粮食产业转型升级、提质增效。据统计，全市粮食加工转化增值率达到3.4∶1，高出全国平均水平1.2个百分点，位居全国前列，并接近发达国家水平。究竟如何实现增值呢？滨州市粮食和物资储备局局长高玉华认为，要研发、品牌、营销、合作“四管齐下”。坚持科技创新驱动，鼓励、推动粮油加工企业与多家科研院所建立合作关系，加大研发投入，已取得多项全国领先成果，有的还达到了国际先进水平。实施品牌战略，推动粮食产业质量升级、品牌升级，粮食行业品牌、企业品牌、产品品牌享誉全国、走向世界。例如，香驰集团生产的果葡糖浆出口量占全国30%；十里香芝麻制品的香油出口美国、俄罗斯等国家。畅通营销渠道，“中裕”品牌被38个国家部委餐厅招标采购，玉杰面粉直供清华大学、北京大学等全国90多所高校。同时，鼓励支持企业“走出去”兼并重组、投资建厂，积极利用国际国内两个市场、两种资源。2016年，李克强总理亲自见证了西王集团并购加拿大科尔公司。

（三）供应链优化升级实现“新”。通过加快建设粮食物流枢纽和通道，打通产购储加销各关节，降成本、畅流通、提效率，实现粮食产业创新发展。顺应“便捷”“直供”消费潮流，创新营销方式方法，挖掘“互联网+”“自媒体”等新市场，加强“虚拟与实体”“线上与线下”有机融合，新业态蓬勃发展，市场空间快速拓展，粮油供给效率持续提高。健全现代物流体系，高速公路、铁路及滨州港开通运营，公路、水路、铁路运输相互支撑，打造“跨省粮食物流通道”“粮食物流节点城市”。据市交通运输局统计，全市粮食原料及产品年进出量2000万吨以上，占全市货物进出总量的11%。同时，不断提升企业精细高效管理水平，香驰控股总工程师王永军介绍，企业“划小核算单位”实施精细化管理，将生产车间的水、电、汽消耗和产品出率、合格率、安全生产操作规范、现场卫生等定量、定性指标逐层分解，量化考核到人，管理效果和经济效益明显提升。

（四）产业集群集约集聚实现“强”。根据《山东新旧动能转换综合试验区建设总体方案》精神，加快粮食产业新旧动能转换，培育壮大龙头企业，促进产业集群、产能集聚，粮食产业发展势头强劲。全市粮食产业工业总产值达1010亿元，较2016年增长13%，连续三年排名全国第一，约占全省1/4、全国1/30；完成主营业务收入1326亿元，较2016年增长24%，约占全省1/3、全国1/25。全市规模以上粮油加工企业153家，上市公司4家、全国500强2家、中国食品工业50强2家；西王集团、香驰控股、渤海实业、三星集团、中裕食品等10家龙头企业，2018年实现主营业务收入1126亿元，占全市总量的85%；主营业务收入过100亿元的4家企业中，西王集团、香驰控股、渤海实业、和美集团占全市总收入比重分别为34%、21%、10%、8%。宇东面粉、黄河粮油、金汇玉米等一批“老字号”企业得到改造升级，渤海实业、三星集团、和美集团等一批“原字号”企业实现深度开发，十里香芝麻制品、花园食品、托福实业等一批“新字号”企业不断发展壮大，呈现出新兴企业“腾笼换鸟”、传统企业“凤凰涅槃”的喜人局面。

（五）种植结构调整实现“优”。作为传统农业大市，滨州市始终牢记习近平总书记在山东代表团审议时“把粮食生产抓紧抓好、把农业结构调活调优、把农民增收夯实夯牢”的殷切嘱托，将维护国家粮食安全作为首要责任，坚持高质量发展，发挥粮食加工转化反馈引导作用，推动粮食生产由增产导向转向提质导向，种植市场紧缺、适销对路的绿色优质品种，满足群众消费提档升级需求。2018年，全市粮食种植面积912万亩、产量385万吨，较2016年稳中有增。其中，优质粮食品种种植率高达 99%。同时，大力实施“优质粮食工程”，开展优质粮食育种繁育、基地种植、订单收购，帮助农民实现就地就近增收。以中裕食品为代表的粮油加工企业实行“三免一加”（免费供种、免费播种、免费收割和加价收购）、“五统一”（统一供种、统一施肥、统一指导、统一收割、统一收购），助推小麦种植向规模化、标准化、集约化迈进。该公司副总经理王涛反映，2018 年公司建成了 6.5 万亩育种基地和 150 万亩优质小麦种植基地，以高于市场价 10%~30% 的价格收购优质小麦，平均每亩带动农民增收 300 多元。滨州市粮食和物资储备局介绍，2018 年全市订单种植 240 万亩，较 2016 年翻了一番。

滨州中裕食品有限公司优质小麦育种基地

二、经验启示

近年来，滨州市在统筹谋划、集群发展、创新驱动、三产融合等方面多措并举、成绩斐然，探索形成粮食产业高质量发展“四个突出”滨州经验，值得各地学习借鉴。

（一）突出高点定位，统筹发展。注重大处着笔、规划先行，做到登高望远、行稳致远。始终把粮食产业经济发展置于国民经济发展全局进行统筹谋划，依托资源禀赋优势，通过科学论证，提出打造千亿级粮食加工产业集群的近期目标和打造“全国粮食产业融合循环经济示范区、粮食行业供给侧改革先导区、粮食加工转化集聚区、粮食产业创新发展引领区、粮食产业发展培训样板区”中远期目标。出台《滨州市粮食产业发展“十三五”规划》《关于打造千亿级粮食加工产业集群的二十条意见》《打造国家级粮食产业融合循环经济示范区三年行动计划（2018—2020年）》等，明确粮食产业发展具体路径。按照“因地制宜、总量规划、分层推进、重点扶持”的原则，促进小麦、玉米、大豆、芝麻四大产业梯次开发。邹平市依托西王集团、三星集团等企业，建设玉米精深加工产业经济园区；博兴县依托香驰控股、渤海实业等企业，建设大豆加工循环产业经济园区；滨城区、惠民县、阳信县依托中裕食品、龙凤面粉、玉杰面粉等企业，建设小麦融合循环产业经济园区；无棣县依托十里香、丰香园等企业，建设芝麻三产融合产业经济园区。

（二）突出龙头带动，集聚发展。“火车跑得快，全靠车头带。”坚持扶优扶强扶特，实现错位集聚发展，增强辐射力和带动力。注重多方发力、部门联动，引导土地、资本、人才、科技等要素向重点龙头企业集聚，以西王集团、三星集团、香驰控股、中裕食品为代表的一批产业发展规模大、科技创新能力强、精深加工程度高的粮食龙头企业集团加速做优做强。实施粮油品牌战略，实现精深加工产业化、主导产品名牌化、名牌产品规模化。目前，全市粮油行业拥有中国驰名商标7个、中国名牌3个、山东著名商标10个、山东名牌10个，获得省以上“放心粮油”品牌产品15个，西王、长寿花、天下五谷、美食客、十里香等粮油品牌成为全国粮油行业领跑者。组建粮食加工产业协会，建立企业家队伍联席会议制度，积极推树优秀企业家，练就了像西王集团王勇、三星集团王明峰、香驰控股刘连民、渤海实业舒忠峰等一大批讲政治、懂市场、善经营、会管理的企业家队伍，为企业持续健康发展提供了智力支撑。

（三）突出科技支撑，创新发展。坚持把科技创新作为立业之基、强企之源，强化“三个注重”，为粮食产业发展向高质量跃升提供强大驱动力。注重政学研一体化，引导各类创新要素加快集聚，构建以企业为主体、市场为导向、政学研相结合的技术创新体系。三星集团、渤海实业、中裕食品每年以销售收入 3% 以上的资金投入技术研发，提高自主创新能力，增强企业发展内生动力。注重创新平台支撑，2016 年滨州市政府与国家粮食局科学研究院、山东省粮食局签订战略科技合作框架协议；2017 年成立了国家粮食产业科技创新（滨州）联盟；2018 年，西王玉米、香驰大豆、中裕小麦三大国家级粮食加工产业技术创新中心成立，“企业提需求、中心搞研发、成果共拥有”，三个创新中心的引擎作用显著。注重科技人才引进，实施“人才兴粮”和“渤海英才　海纳工程”等，吸引国家“千人计划”、“万人计划”、泰山产业领军人才落户滨州；出台高层次人才编制使用管理暂行办法，完善居住户口、子女就学、工资待遇等保障，营造尊重人才的良好环境。

玉米、小麦、大豆三大国家级创新中心落户滨州

（四）突出循环融合，绿色发展。坚持绿色发展理念，重点在“循环

融合”上做文章，切实增强粮食企业生命力，提升粮食产业竞争力。各大粮油加工企业立足自身优势，从“产购储加销”各环节入手，大力发展全产业链一体化经营模式，促进粮食育种、种植、加工、销售、服务等有效对接，构建“从田间到餐桌”、接一连三、无缝衔接的全产业链，推动产业链串联相加、价值链相乘、供应链相通。比如，中裕食品打造“从基地到餐桌”的全产业链模式，形成一产（高端育种、订单种植、生猪养殖）、二产（初加工、精深加工、废弃物利用）、三产（餐饮服务、电子商务、冷链物流）协同融合发展格局。围绕建设“全国重要粮食循环经济示范区”，改造传统工艺，升级技术装备，实现要素集聚、产业叠加、领域联动，全市小麦、玉米、大豆原料综合利用率均达98%以上；香驰控股通过完善水电汽基础设施、配套副产品综合利用产业、提高废物再生利用水平等措施，建成原料、副产品、水、废弃物、能量“五大循环利用圈”，仅污水处理一项年增加效益就达2000余万元，已成为循环经济示范样板。同时，进一步放大“滨州军粮”品牌功能，大力推进军民融合。

成绩值得肯定，经验值得推广。滨州市委、市政府在发展粮食产业经济方面采取了一系列有力举措，进一步凝聚了思想共识，形成了示范效应，坚定了发展信心，有力推动了粮食产业高质量发展，带来了诸多有益启示。

启示之一：坚持把“两头两尾”作为推动粮食产业高质量发展的根本遵循。将“粮头食尾”和“农头工尾”贯穿“产购储加销”各环节、全过程，统筹抓好“三链协同”“四大载体”“五优联动”，加快建设粮食产业强国步伐。

启示之二：坚持把发挥企业主体作用作为推动粮食产业高质量发展的重中之重。坚持两个毫不动摇，突出企业主体地位，建设一支推动粮食产业发展的主力军。充分发挥市场配置粮食资源的决定性作用，走“企业紧盯市场、农民对接企业、政府主动服务”的市场化之路。

启示之三：坚持把“优质粮食工程”作为推动粮食产业高质量发展

的重要抓手。坚持项目拉动，按照三年实施方案要求，做到目标、项目、资金、责任四个落实，严把项目质量，强化指导服务，确保建设实效。

启示之四：坚持把优化营商环境作为推动粮食产业高质量发展的有力保障。构建“亲”“清”新型政商关系，营造稳定、公平、透明的营商环境。聚焦重点领域、重点任务和关键环节、关键节点，发扬“钉钉子精神”，一锤接着一锤敲，“一张蓝图绘到底”，久久为功、务求实效。

三、措施建议

近年来，国家粮食和物资储备局认真贯彻落实党中央、国务院决策部署，先后在山东、黑龙江召开两次全国加快推进粮食产业经济发展现场经验交流会，进行全面安排部署。各地采取有力举措，取得了明显成效。但当前经济下行压力较大，外部环境发生深刻变化，影响粮食市场走势的不确定性因素增多；粮食产业结构不合理、产品附加值不高、产业集中度偏低、科技创新能力较弱等深层次矛盾问题亟待解决，推动粮食产业高质量发展的任务依然艰巨繁重。为进一步指导各地持续推动粮食产业高质量发展，加快构建现代化粮食产业体系，提出如下措施建议：

（一）研究制定指导性文件。提高政治站位，扛稳粮食安全重任，切实强化担当作为，大力推进粮食产业高质量发展，加快粮食产业强国建设步伐，为构建更高质量、更有效率、更可持续的粮食安全保障体系提供有力支撑。建议结合新形势新要求，紧密衔接国务院办公厅78号文件，研究制定《关于坚持“粮头食尾”和“农头工尾”加快建设粮食产业强国的指导意见》。

（二）打好绿色优质特色品牌“四张牌”。支持粮食企业以绿色粮源、绿色仓储、绿色工厂、绿色园区为重点，探索多途径实现粮油副产物循环、全值和梯次利用，提高综合利用率和产品附加值。增品种、提品质、创品牌，调优产品结构，增加多元化、定制化、个性化产品供给。倡导“一村一品”“一县一业”，支持主产区依托县域发展粮食产业集群，实现“人无我有，人有我优”。引导企业强化创新驱动发展，培育一批具有自主知识产权和较强市场竞争力的粮食名牌产品，提升市场美誉度和竞争力。

（三）深入实施“优质粮食工程”。认真落实《关于深入实施“优质粮食工程”的指导意见》，加快推动实施“五优联动”。统筹安排、一体推动三个子项目建设，强化集聚效应、规模效应；加强示范引领，在全国带动形成一批示范市县、龙头加工企业、放心粮油店等。按照三年实施方案要求，如期实现粮食产后服务体系在产粮大县全覆盖，粮食质量体系监测覆盖面达到60%，产粮大县优质品率提高30%的目标，并及早谋划今后三年“优质粮食工程”发展思路和重点。

（四）强化政策、科技、人才等要素支撑。深入实施“科技兴粮”，支持一批粮食精深加工装备研发机构和生产创制企业做强做优，攻克一批粮食精深加工关键共性难题。大力实施“人才兴粮”，加快培养行业短缺的实用型人才，有效缓解粮食产业发展人才紧张局面。充分发挥财政资金撬动作用，引导金融资本、社会资本加大对粮食产业的投入。

（五）充分发挥典型示范引领作用。宣传推广粮食产业高质量发展“滨州经验”，巩固放大示范引领作用。在调研报告基础上，提炼形成专报，呈报国务院领导和国家发展改革委领导；在2019年6月中旬召开的全国加快推进粮食产业经济发展第三次现场经验交流会上，请滨州市政府作典型发言；同时，在相关媒体进行宣传报道。

关于加快推动黑龙江省粮食产业高质量发展的调研报告

国家粮食和物资储备局
黑龙江省人民政府
联合调研组

2016 年 5 月，习近平总书记在黑龙江考察调研时强调，黑龙江对国家粮食安全的贡献突出，功不可没；要坚持发展现代农业方向，争当农业现代化建设排头兵；要深度开发“原字号”，以“粮头食尾”“农头工尾”为抓手，推动粮食精深加工，做强绿色食品加工业。此后，总书记在广西、山西、海南、湖北、山东等地考察时，多次强调保障国家粮食安全

张务锋局长在黑龙江调研粮食产业经济

的极端重要性，并对建设高效农业、发展粮食精深加工作出重要指示。2017年9月，李克强总理作出重要批示，强调粮食产业经济发展是一篇大文章，要加快建设粮食产业强国。为深入贯彻习近平总书记重要指示精神和李克强总理重要批示要求，认真落实国家粮食安全战略和乡村振兴战略、健康中国战略，加快推动粮食产业高质量发展，国家粮食和物资储备局与黑龙江省政府组成专题调研组，认真借鉴寻乌调查模式，自2018年4月开始，先后多次深入哈尔滨、绥化、齐齐哈尔、黑河、鹤岗、佳木斯、双鸭山等地市的20多个市县，进行了为期两个多月的实地调研，全面梳理黑龙江省粮食产业发展实际情况，广泛听取基层部门、种粮大户、加工和购销企业的意见建议，起草形成了加快推动黑龙江省粮食产业高质量发展的调研报告，并召开了国家粮食安全专家咨询委员会专题论证会，多方听取意见建议，作了进一步修改完善。

一、成效与贡献

黑龙江省委、省政府认真学习贯彻习近平总书记考察黑龙江时的重要讲话精神，把加快推进“粮头食尾”和“农头工尾”作为实现农业强、农民富、农村美的重要抓手，研究出台了《关于深度开发“原字号”的若干意见》，制定了实施方案，把粮食和农副产品精深加工做成全省第一支柱产业，质量兴农调优“头”，接二连三壮大“尾”，勇闯市场做强“销”，千方百计促农“富”，在实施乡村振兴战略上走出新路子，在推动粮食产业发展上迈出坚实步伐，为保障国家粮食安全做出突出贡献。

（一）粮食综合生产能力稳步提高，是保障国家粮食安全的“大粮仓”。 黑龙江省在国家粮食安全大局中发挥着举足轻重的作用，主要表现为“七个全国首位”：拥有耕地面积2.39亿亩，占我国现有耕地面积的11.8%；人均耕地面积6.24亩，是全国平均水平的4.5倍；粮食播种面积近2.13亿亩；粮食总产量稳定在1500亿斤左右；稻谷、玉米、大豆三大粮食品种产量均为全国第一。

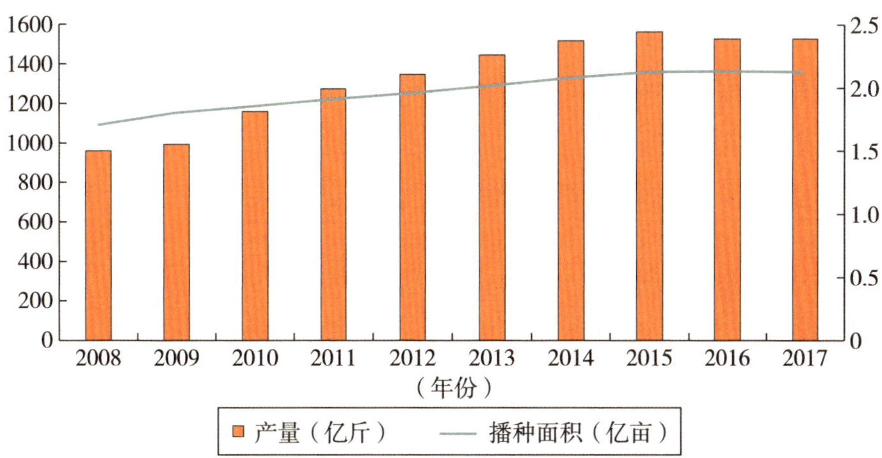

黑龙江省 2008—2017 年粮食作物播种面积和产量示意图

注：数据由黑龙江省统计部门提供。

（二）粮食收储购销体系逐渐完善，粮食流通服务功能不断增强。黑龙江省购销企业多、购销规模大、存储设施好，具备较为完善的粮食收储购销体系。2017 年，全省有近 1900 户粮食仓储企业入统，完好仓容 3393 亿斤，年烘干能力 2287 亿斤，每年粮食收储数量都在 1000 亿斤以上。2017 年收购期，全省收购玉米 651 亿斤，均为市场化收购；收购粳稻 571 亿斤，其中市场化收购 170 亿斤，市场化收购比例同比提高了 15 个百分点。

（三）粮食加工业基础坚实，具备了加快发展的良好条件。一是粮食加工业发展势头良好。目前，全省粮食加工企业 2120 户，其中产业化龙头企业 199 户，分别占全国同类企业总量的 9.5% 和 6.6%。2017 年实现工业总产值、销售收入、利税总额分别为 855 亿元、816 亿元和 36 亿元，同比均大幅增加，玉米、稻谷、大豆三大主粮品种及饲料加工业全面实现盈利。二是大米加工、粮食深加工居全国前列。2017 年，大米加工企业 1675 个，居全国首位；实现工业总产值 481 亿元，居全国第 3 位。酒精、淀粉等深加工企业 35 个，居全国第 3 位；实现工业总产值 140 亿元，居全国第 5 位。三是饲料加工处于全国中游水平。2017 年，饲料加工企业 171 家，居全国第 9 位；实现工业总产值 104 亿元，居全国第 15 位。

（四）粮食外调规模较大，为保障销区粮食供应和国家粮食安全做出了突出贡献。近年来，黑龙江商品粮可调出量稳定在700亿斤左右，占全国总量的比例超过35%。粮食产销合作成效显著，先后与北京、上海、广东、福建、四川、深圳等重点销区建立了比较稳定的产销合作关系。

二、机遇和挑战

（一）优势机遇

1. **资源禀赋优势突出，粮食生产条件得天独厚**。一是水土光热等资源丰富。黑龙江的寒地黑土是全国最肥沃土壤之一，有机质含量平均在4%左右，高的可达10%以上，具有明显的越冬性、保肥性、保种性优势。年平均水资源量810亿立方米，日照时数超过2500小时，特别是5—9月降水量占全年的80%～90%，太阳辐射量占全年的54%～60%，光照充足、雨热同季，对作物生长极为有利。二是生态环境良好。黑龙江森林、草场、湿地资源丰富，积极推进生态省建设，实施平原绿化、湿地保护、水土流失治理、草原恢复等重点工程，森林覆盖率达到45.73%；天然湿地面积8340万亩，占全国的1/7；自然保护区近250个，其中国家级36个，居全国第一。三是绿色有机农产品发展潜力巨大。全省绿色有机食品认证面积达到7636万亩，其中粮食种植面积7171万亩。近年来，全省推行减化肥、减农药、减除草剂“三减”绿色行动，为发展绿色食品产业体系奠定了坚实的基础。

2. **发展现代农业的基础扎实，适度规模经营空间广阔**。黑龙江农业生产区地势平坦、耕地集中连片，现代化、规模化和机械化粮食生产优势明显，农业现代化发展势头迅猛。一是新型农业经营主体数量大幅增加。截至2017年年底，全省新型农业经营主体突破20万个，全省农村土地流转面积6782万亩，占第二次全国土地调查农村集体耕地面积的45.9%；旱田投入资金500万元以上、水田300万元以上的大型农机合作社达到1481个（不含农垦）；农业产业化龙头企业达到2000个，带动种植基地面积1.4亿亩，参与产业化经营的农户340万户。二是农业机械化水平不断提高。全省主要农作物综合机械化水平达到 96.8%；耕种收综合装备利用率为 77.9%；农机总动力达到 5813.8 万千瓦；拥有大型收获机械 15.6 万台。三是农田水利设施不断完善。排灌动力机械 38 万套，比十年前增长 64.5%。主要使用地表水灌溉的耕地占 44.3%，有喷灌、滴灌、渗灌设施的耕地占能灌溉耕地面积 17.3%。四是农垦系统现代化集约化生产能力较强。垦区土地资源富集，拥有耕地 4350 万亩，具备 500 亿斤的粮食综合生产能力和 450 亿斤的商品粮保障能力。有效灌溉面积 2784 万亩，农业机械化率高达 99.4%，在科技成果推广应用、物质装备条件、农产品质量安全水平、农业对外合作等方面均处于全国前列。

3. **粮食产能高库存多，持续供给能力强**。一方面，黑龙江粮食产能稳步提高，已经稳定在 1500 亿斤以上。特别是玉米、稻谷产量一直保持在较高水平，可以为中下游的粮食加工转化提供稳定粮源。从中长期看，我国粮食供求仍是紧平衡态势，随着粮食不合理库存消化进程加快，国内粮食相对宽松局面可能会发生改变，黑龙江粮源优势将会日益突出。另一方面，当前，黑龙江粮食库存规模占全国库存总量的 26.7%，高居全国首位；其中，玉米、稻谷和大豆库存分别占全国库存的 33.8%、42.1% 和 19%，均居全国首位。在大力发展粮食产业经济的政策导向下，庞大粮食库存提供了充足的粮食资源。黑龙江粮食加工企业“近水楼台”，就地加工的发展空间十分广阔。比如，2017 年和 2018 年上半年，通过竞价销售、定向销售等方式，共消化政策性玉米库存 2118 亿斤，其中黑龙江 738 亿斤，加工成本明显降低，企业经营效益显著提升。

4. **粮食收储制度改革深入推进，市场活力明显增强**。2016 年，东北地区玉米临时收储政策调整为“市场化收购加补贴”的新机制，市场配置粮食资源的决定性作用得到有效发挥，改革效果好于预期。一是多元主体踊跃入市。优粮优价的市场运行机制逐步建立，合理的品质差价、地区差价正在形成，加工效益大幅提升，粮食加工和贸易企业踊跃入市收购，收购主体由中储粮一家为主转为多元主体。目前，开展玉米市场化收购的企业达到 1800 户左右。二是玉米市场化收购比例大幅提高。黑龙江新产玉米入统企业市场化收购量占产量比例，从 2015 年的 21% 提高到 2017 年的 82%，过去新产玉米绝大多数进入“国库”的畸形局面得到根本改善。三是市场形成价格机制逐步建立。2016 年政策调整之初，黑龙江玉米收购价格下跌幅度较大，比 2015 年临储价格 1 元 / 斤下降了 30% ~ 40%。随着种植结构持续调整和玉米库存逐步减少，农户和企业对预期把握更为准确、经营行为更为理性，2017 年新产玉米上市后收购价格同比增幅超过 20% 且保持稳定，消除了各方之前对玉米价格继续下滑的担忧。

5. **扶持力度不断加大，政策环境持续向好**。党中央、国务院高度重视东北地区发展，2016 年习近平总书记赴黑龙江考察调研，中央出台了《关于全面振兴东北地区等老工业基地的若干意见》，对加快发展现代化大农业、提升国家商品粮生产核心区地位、完善粮食主产区利益补偿机制等作出安排部署。2017 年，国务院连续出台建立粮食生产功能区和重要农产品生产保护区、完善粮食等重要农产品收储制度、完善粮食主产区利益补偿机制以及加快推进农业供给侧结构性改革大力发展粮食产业经济的相关政策文件，为粮食主产区充分发挥粮食资源优势、建设粮食产业强省，明确了诸多政策利好，提供了难得发展机遇。国家发展和改革委员会、财政部、农业农村部、粮食和物资储备局等部门，认真落实党中央、国务院战略决策部署，对黑龙江增强粮食安全保障能力给予了一系列政策扶持。比如，2017 年中央财政安排补助资金 50 亿元，支持 16 个省份实施“优质粮食工程”，其中 10 亿元用于支持黑龙江发展。2018 年 8 月下旬，国家粮食和物资储备局在黑龙江省召开了全国加快推进粮食产业经济发展第二次现场经验交流会，举办了首届中国粮食交易大会和粮食产业强国建设学术报告会等系列活动，积极助推黑龙江省粮食产业高质量发展。

（二）问题挑战

1. **资源要素制约趋紧**。多年来，为保障粮食生产，东北黑土耕地长期垦殖，耕地质量呈下降趋势。近 60 年来，黑土层已由平均 60 ~ 70 厘米，减少到平均 20 ~ 30 厘米，土壤有机质含量也在下降。有机质含量过低导致土壤肥力下降、保水保肥能力减弱，部分黑土地退化严重的地区化肥越上越多，形成了恶性循环。同时，近年来稻谷种植面积逐年扩大，灌溉用水需求量不断增加。据统计，松花江—辽河流域 2016 年供水量为 698 亿立方米，其中地下水供水量 318.7 亿立方米，占总供水量的 45.7%。部分地区地下水开采量，已经超过补给量。

2. **区位交通"瓶颈"凸显**。黑龙江地处我国最东北部，在铁路、公路、海路、航空等各类交通方式中，均处于末端位置，运距长、成本高。全社会物流总费用与 GDP 的比率高于发达省份，物流成本和运力紧张已成为制约粮食产业发展的突出"瓶颈"。例如，稻谷从建三江运往大连，每斤比从吉林运往大连贵 5 分钱。2017 年以来，建三江、鹤岗、佳木斯等地临储稻谷流拍率较高，很大程度上是因运费高。同时，黑龙江产业结构以钢铁、机械、煤炭、石油、化工以及粮油、畜产品、林产品等大宗农产品为主，对物流和运力的需求总量很大，每年 10 月粮食集中上市内运均与煤炭、石油等大宗商品入关产生冲突。据统计，全省每年大约有 500 亿斤粮食、6500 万吨煤炭、1800 万立方米木材需要通过铁路运输，粮食购销旺季经常出现"煤粮争嘴"的情况。

3. **产业发展水平不高**。受历史、区位、政策等因素影响，黑龙江是粮食生产大省，但并不是粮食产业强省。近年来粮食产量总体上保持增长，但生产结构不合理，主要是单产较高的玉米和稻谷替代了单产较低的大豆、小麦，尚未实现由增产导向转向提质导向。粮食加工转化水平相对偏低，没有把丰富的粮食资源优势转化为经济发展实力。2017 年，全省粮食工业总产值、利税总额占全国比重为 2.9% 和 1.5%，居全国第 13 位和 16 位，与其粮食资源状况不相匹配；在全国粮食产业经济工业总产值地级市前 50 名和百强县中，黑龙江只有哈尔滨市和五常市入围，与山东、安徽、江苏、湖北等省有较大差距。从加工转化能力看，粳稻、大豆等低水平加工产能严重过剩，优质产能明显不足。以大米为原料的后续加工比例仅为 5.7%，稻米资源有效利用率较低，且过度集中在上游加工，下游稻壳、米糠等深加工综合利用不够；大豆深加工率不到 15%，增值比只有 1.5 倍。玉米产业链条短，产品以淀粉和酒精等初加工为主，附加值和资源综合效益低，原粮实际加工量小，加工转化率仅有 24%。

4. **企业竞争力不强**。受多年实行政策性收储影响，一些粮食企业形成了政策依赖，习惯于“买原粮、卖原粮”，缺乏市场意识和产品开发、开拓市场的主动性。粮食加工企业“小散弱”情况突出，产业集群尚处于培育期。2017 年，全省 1645 户开工生产的粮食加工企业，年加工能力 30 万吨以上的只有 100 户左右，仅占不到 6.1%。

5. **历史包袱负担较重**。为履行好保障国家粮食安全的重要使命，黑龙江多年来把大量人力、物力、财力投入农业生产，在客观上压缩了二三产业的发展空间；特别是财政收入一直在全国各省份排名相对偏后，影响了对粮食产业发展的政策资金扶持力度。多年积累形成的历史包袱较重，政策性粮食财务挂账问题尤为突出。

三、功能定位

习近平总书记多次强调，对于我国这样一个人口众多的发展中国家来说，解决好吃饭问题始终是治国理政的头等大事，粮食安全这根弦丝毫不能放松。近年来，我国粮食安全形势正在发生深刻变化。粮食产量已连续 5 年稳定在 1.2 万亿斤以上，粮食供求的主要问题已由总量不足转变为结构性矛盾，优质粮油产品供给亟须增加。从长期看，受消费稳步增长和资源环境制约双重影响，紧平衡是长期态势。同时，国际地缘政治风险加大，不确定性因素增多，保障国家粮食安全，在应对风险挑战、维护国家安全大局中的作用显得尤为重要。面对新时代保障国家粮食安全的新形势新要求，既要在粮食总量上充分供给，也要在产品结构上优化升级，加快构建更高质量、更有效率、更可持续的国家粮食安全保障体系。

张务锋局长在黑龙江调研粮食产业高质量发展情况

作为最大的粮食主产省，黑龙江有责任、有优势、有能力为保障新时代国家粮食安全做出更大贡献。加快推动黑龙江粮食产业高质量发展，要坚持以习近平新时代中国特色社会主义思想为指导，深入贯彻落实党的十九大精神和习近平总书记关于“粮头食尾”和“农头工尾”的重要指示精神，坚持稳中求进工作总基调，牢固树立新发展理念，围绕粮食安全、乡村振兴、健康中国等战略大局，扎实推进农业供给侧结构性改革，实现由粮食生产大省向粮食产业强省的转变。立足现有基础，综合比较优势，着眼未来发展，黑龙江省功能定位应当明确如下四个方面。

（一）做好国家粮食安全保障的“压舱石”。按照“谷物基本自给、口粮绝对安全”新粮食安全观要求，黑龙江应继续抓好粮食生产，稳定粮食产能，优化品种结构，着力建设国家粳稻口粮战略保障基地，建设玉米、大豆优质粮源生产基地，在满足省内粮食消费需求的同时，为全国市场提供更高质量、更有效率的粮食供应，在保障国家粮食安全大局中发挥好“压舱石”的关键作用。统筹考虑黑龙江水土资源、环境承载能力、全国粮食供需变化趋势、宏观调控需要以及“去库存”等因素，今后一个时期，黑龙江粮食播种面积保持在2.1亿亩左右，产量保持在1600亿斤左右为宜。分品种看，玉米播种面积8500万～9000万亩，产量850亿～900亿斤；稻谷播种面积4500万～5000万亩，产量450亿～500亿斤；大豆播种面积6000万～6500万亩，产量160亿斤以上；商品粮（包括原粮和成品粮）可调出量保持在700亿斤以上。

玉米核心产区布局

哈尔滨	呼兰、宾县、依兰、巴彦、木兰、阿城、双城、五常
齐齐哈尔	龙江、泰来、甘南、富裕、依安
大庆	肇州、肇源、林甸、杜蒙
绥化	望奎、兰西、青冈、明水、安达、肇东、北林
佳木斯	桦南、富锦
牡丹江	宁安

稻谷核心产区布局

哈尔滨	五常、巴彦、方正、通河、木兰、呼兰、延寿、依兰
佳木斯	桦川、汤原、同江、富锦、郊区、抚远、桦南
齐齐哈尔	泰来、甘南
鸡西	虎林、密山、鸡东
双鸭山	宝清
鹤岗	绥滨、萝北
绥化	庆安、北林、海伦、绥棱
大庆	肇源、林甸

大豆核心产区布局

齐齐哈尔	克山、克东、拜泉、讷河
黑河	逊克、北安、嫩江、五大连池
绥化	绥棱、海伦
农垦	九三、北安管理局

（二）争当农业现代化创新发展的“排头兵”。顺应市场化改革形势，加快构建现代农业产业体系、生产体系、经营体系，促进农村一二三产业融合发展，推动种粮农户与粮食企业结成利益共同体，实现农民增收、企业增效、农村发展的“多赢”局面。统筹规划农林牧副渔发展，积极稳妥推进“粮改经”“粮改饲”，充分利用丰富的粮食及副产物资源，积极发展畜牧、水产等产业，建设全国重要的畜牧养殖基地和畜产品饲料供应基地，不断提高农业综合效益和竞争力。注重改革创新，在发展适度规模经营、促进粮食生产者与市场对接、提供专业化市场化产后服务等方面先行先试、勇于实践，积极探索实施乡村振兴战略的有效路径。同时，全力加强黑土地保护，统筹推进环境保护、污染治理、休耕轮作等相关工作，实现绿色、生态、可持续发展。要更好发挥农垦在现代农业建设中的骨干作用，继续深化农垦体制机制改革，全面增强农垦内生动力、发展活力、整体实力，加快建设现代农业的大基地、大企业、大产业。

（三）建成农业供给侧结构性改革的“试验田”。毫不动摇地实施质量兴农战略，加快推进农业由增产导向转向提质导向，着力增加高端优质绿色安全粮食产品供给，走出一条因地制宜、特色突出、率先发展、培强优势的农业供给侧结构性改革之路，打造全国“三农”工作改革发展的先进典型和模范标杆。要巩固放大玉米收储制度改革成效，落实好稻谷最低收购价政策，支持引导市场化收购，精心组织政策性收购，切实维护农民利益和市场秩序。要扎实推进种植结构调整，从全国粮食供求形势和黑龙江粮食加工产业发展实际出发，稳定玉米产能，满足饲料养殖和适度精深加工发展需要；适当调减稻谷产能，增加优质粳稻供给；大幅调增大豆产能，建设全国非转基因优质大豆生产基地。

（四）打造粮食产业经济高质量发展的“示范区”。坚持以加工转化为引擎，延伸产业链条，加强科技创新，打造知名品牌，提高企业效益和竞争力，把丰富的粮食资源优势转化为经济发展实力，实现“大粮仓”

向“大粮商、大工厂、大厨房”的转型。加快发展玉米精深加工，在提升淀粉、酒精加工层次的同时，积极开发适应消费升级需求的功能性产品，向产业高端和高端产品要效益；整合优化稻谷加工产能，改造提升落后产能，着力增加优质绿色粳稻产品供给；坚持非转基因大豆食品产业发展方向，加快打造全国乃至世界知名的非转基因大豆食品产业基地。到“十三五”末，力争全省稻谷、玉米、大豆三大品种粮食平均加工转化率由“十二五”末的36%提高到50%以上，实际粮食加工量达到860亿斤，企业年销售收入达到1550亿～1600亿元，粮食加工业产值年均增长10%左右。

四、重点任务

习近平总书记关于“着力优化产业结构，改造升级‘老字号’、深度开发‘原字号’、培育壮大‘新字号’”和以“粮头食尾、农头工尾”为抓手，加快发展绿色食品产业和粮食深加工产业的重大部署，为推进粮食产业高质量发展提供了强大政治动力、指明了前进方向，也是总书记对黑龙江省提出的政治任务，必须全力抓好落实。随着粮食流通市场化和粮食经营产业化向纵深推进，粮食加工转化在粮食全产业链中的中枢和先导作用更加突出，已成为推动农村一二三产业融合发展和增强粮食产业整体实力的关键环节。紧紧围绕“两头两尾”，加快补上粮食加工业发展滞后的突出短板，是促进黑龙江省粮食产业高质量发展、建设粮食产业强省的一项重大而紧迫的现实任务。

（一）以适应粮食消费结构升级为导向，优先发展绿色优质粮油食品加工。随着收入水平和生活水平的不断提高，广大城乡居民的粮食消费观念和方式发生了深刻变化，不仅仅满足于“吃得饱”，而且要“吃得好”和“吃得安全、营养、健康、便捷”。黑龙江省作为全国最大的优质粳稻和有机大豆生产基地，要优先发展绿色优质粮油食品加工，不断满足城乡居民消费结构升级的要求。到2020年，构建起与黑龙江省稻米资源状况和在全国粮食安全格局中的战略地位、市场需求相适应的现代稻米产业体系，年实际加工稻谷达到320亿斤，加工转化率达到70%，年主营业务收入达到700亿元；建成与黑龙江省资源状况和在全国粮食安全（食物营养）格局中的战略地位相适应的现代大豆产业体系，年实际加工量达到45亿斤，加工转化率达到35%以上，实现年主营业务收入120亿元。

1. **建立优质粮源保障基地**。一是稳定稻谷、大豆供给能力。黑龙江省已划定“两区”（粮食生产功能区和重要农产品生产保护区）16670万亩，是全国“两区”划定面积的1/6，其中稻谷4670万亩、大豆5700万亩。二是发展优质粮源。按照国家推进农业供给侧结构性改革和稳定发展粮食生产的部署，积极调优种植品种。重点在嫩江、松花江沿岸和三江平原，建设高端优质稻谷优势产区；在大小兴安岭沿麓的三积温带下限和四、五积温带，建设高蛋白食用大豆优势产区。

2. **创建示范县（市）**。以松花江、嫩江沿岸和三江灌区的一、二、三积温带稻谷主产县（市、农场）为重点，推动“黑龙江大米”示范县和高端“专精特”大米加工基地建设；在黑河、齐齐哈尔、绥化、哈尔滨、佳木斯、双鸭山6个主产市和嫩江县、五大连池市、海伦市等10个年产大豆10万吨以上主产县（市），开展非转基因大豆产业示范县建设。

3. **加快建设特色稻米、大豆产业园区**。依托稻谷主产区、产业园区、大型加工企业、关键粮食物流节点，支持建设一批国家和省现代稻米产业循环经济发展示范园区（基地）。在黑河市属区域建设1个年加工50万吨大豆健康食品产业园，全省共规划建设6～8个大豆产业园区，培育大豆产业集群，引领带动大豆产业经济健康发展。

4. **培强壮大骨干企业**。以资本为纽带推动资源优化配置，加快培育一批具有核心竞争力和行业带动力的大型骨干企业，扶持一批成长性好、特色鲜明的中小企业，打造一批稻米、大豆食品加工的“排头兵”和细分市场的“单项冠军”。到2020年，以年加工30万吨及以上稻米加工企业为重点，全省打造10户年主营业务收入超10亿元的企业（集团）、20 户主营业务收入 5 亿 ~ 10 亿元的企业（集团）；以年大豆加工能力 5 万吨以上重点龙头企业和名优特产品规模以上企业为主，认定和扶持一批具有核心竞争力和行业带动力的大豆产业化重点龙头企业，培育 6 ~ 8 个销售收入 10 亿元以上企业，发挥引领示范带动作用。

5. **着力提升“龙江好大米”整体形象**。一是建设加工原料基地。通过定向投入、专项服务、良种培育、订单收购、代储加工等方式，积极开展绿色优质特色稻米种植、收购、储存、专用化加工试点，推动稻谷适时收割、低温干燥、分品种分等级准低温储存、适度加工，提高高等级大米出米率和稻谷资源利用率。二是注重品牌引领。加强品牌建设顶层设计，完善和落实质量提升、自主创新、品牌创建、特色产品认定等措施。推广《黑龙江省绿色食品商标（品牌）使用许可规范引领》，实施品牌共创共享，支持和鼓励各类主体参与全国驰名大米商标、中国地理标识保护大米产品等申报、认证工作，培育一批像“稻花香”“小町”等具有自主知识产权和较强市场竞争力的全省和全国性稻米名牌。三是推动“黑龙江好粮油中国行”。统一组织、集中推进，加强品牌产品交易会和大型公益广告、系列专题电视宣传片、微信微博新兴自媒体等系列措施，重点宣传推介“黑龙江大米”的生态安全、绿色优质、营养健康等特色优势。讲好“黑龙江大米”故事，全面提升品牌公信力和影响力。

6. **强化大豆产品开发增值**。一是改造提升“老字号”。突出非转基因大豆食品安全营养特色优势，加快改造完善小包装高档食用油和豆腐、豆干、豆粉、豆奶、蛋白肉等传统产品生产装备和工艺，提高质量保障和便捷高效营销配送能力。二是深度开发“原字号”。重点扩大全粉类、发酵类和非发酵类大豆食品，功能性浓缩蛋白、分离蛋白、组织蛋白产品供给，加强改性大豆蛋白、活性蛋白粉、大豆肽粉等新兴食品基料和磷脂、异黄酮等保健食品开发，加快延伸产业链，提高附加值。三是培育壮大“新字号”，增加绿色、安全、方便、营养的大豆加工食品新供给，重点发展休闲食品、方便食品、营养早餐、快餐食品、调理食品等新型加工食品，不断增加膳食制品供应种类。

7. 建立标准引领产业发展机制。突出优质、安全、绿色导向，对标国际先进标准，加快建立黑龙江稻米和大豆种植、加工、储存、质量安全检验监测、产品追溯、产品标识、品质评价等产业相关标准和技术规程。提升“黑龙江好粮油”团体标准制定实施效果，鼓励企业推行更高质量标准，建立企业标准领跑激励机制，为发展“三品一标”等产品品牌和企业自主品牌提供支撑。同时，加强转基因粮食作物管理，严禁非法种植转基因粮食作物，严禁将转基因粮食用于食品加工；规范转基因豆油标识，维护消费者的知情权和选择权。

（二）以实施“两牛一猪”战略为契机，大力发展粮食饲料加工。据《中国农业展望报告（2016—2025）》分析，2020 年全国猪肉消费量将增至 5880 万吨，新增约 350 万吨（折合生猪 4600 万头）；全国牛肉消费量达到 860 万吨，年均增长 2.9%。2017 年中央一号文件提出：全面振兴奶业，重点支持适度规模的家庭牧场，引导扩大生鲜乳消费，严格执行复原乳标识制度，培育国产优质品牌；稳定生猪生产，优化南方水网地区生猪养殖区域布局，引导产能向环境容量大的地区和玉米主产区转移。农业部《生猪产业发展规划》，提出生猪产业由南向北转移，将东北四省区等列为生猪产业发展潜力增长区；《关于加快东北粮食主产区现代畜牧业发展的指导意见》，统筹指导和支持东北四省区畜牧业发展，“南猪北养、北猪南运”趋势更加明显。黑龙江省抓住这一重大战略机遇，正在以“两牛一猪”为重点，充分利用黑龙江丰富的饲料原料资源，开发优质高效和安全环保的饲料产品，提升饲料加工和安全保障水平，加快畜牧、养殖强省建设，推动由“大粮仓”向“绿色厨房”转变。

2020 年黑龙江省畜牧产业发展目标

项　目	2016 年	2020 年	年均递增
高品质生鲜乳产量（万吨）	180	500	29.1%
肉牛出栏（万头）	274	300	2.3%
生猪出栏（万头）	1845	3000	12.9%
禽出栏（万只）	21452	40000	16.9%
肉类产量（万吨）	229	350	11.2%
猪肉产量（万吨）	138	225	13.0%
牛肉产量（万吨）	43	54	5.9%
禽肉产量（万吨）	36	68	17.2%

统筹考虑保障粮食安全、优化种植结构以及环境承载等因素，我们认为，黑龙江发展饲料养殖，要从以下几个方面着手。

1. **完善产业规划布局**。综合考虑存栏数量、生产水平、良种化程度、繁育体系、环境承载能力和发展基础条件等因素，打造奶业、肉牛、生猪、家禽四大优势产区。

畜牧产业规划布局

奶业优势产区	双城、林甸、克东、杜蒙、肇东、安达、富裕
肉牛优势产区	龙江、甘南、宾县、孙吴、农垦系统部分农场
生猪优势产区	巴彦、肇东、北林、望奎、汤原、龙江、富裕、桦南
家禽优势产区	肇东、双城、呼兰、肇州、林口、林甸、农垦系统部分农场

2. **实施“粮改饲”政策**。按照稳粮、优经、扩饲的思路，统筹调整粮经饲三元种植结构，进一步鼓励种植优质饲草饲料作物，重点是增加种植青贮玉米、苜蓿等优质饲草饲料的规模，为生产高品质畜产品提供充足饲料保障。比如，对“镰刀弯”地区实施玉米结构调整，调减籽粒玉米，扩大青贮玉米，促进种植结构优化。

3. **鼓励改良饲料配方**。根据粮食品种的供求情况，鼓励饲料企业尽快调整配方，减少豆粕等蛋白原料添加比例，增加玉米、小麦、大麦等能量原料用量，以此调减豆粕用量，减少大豆需求。

4. **建设优质绿色饲料供应基地**。玉米是饲料生产最主要的原料，在畜禽配合饲料中占比达70%。预计到2020年，通过养殖和饲料加工转化本省产玉米395亿斤左右。要根据畜牧业规划布局，以丰富的玉米资源为基础，充分发挥玉米品质优势，加快在优势产区建设优质绿色的畜产品饲料供应基地。

5. **促进饲料加工企业发展**。截至2017年年末，全省纳入全国饲料统计报表的饲料企业476户，饲料企业加工能力1400万吨，饲料工业总产量555万吨。要强化整合品牌与资源，淘汰落后产能，加快饲料企业集团化步伐，提高产能利用率，构建起核心竞争优势。引导饲料生产企业积极与养殖场户对接，着力培育种植、饲料、养殖和加工一体化的大型粮牧企业，促进饲料原料就地转化增值。

（三）以延伸产业链条为重点，在保障国家粮食安全的前提下，稳妥发展粮食精深加工。2017年，黑龙江玉米深加工项目建设实现新突破，山东阜丰、四川鸿展、京粮集团、厦门象屿、宁夏伊品等大企业先后开工建设9个单体产能30万吨以上的玉米深加工项目，新增深加工产能100亿斤。下一步，要重点推进一批玉米深加工产业项目建成投产，到2020年年末，全省年玉米深加工能力60万吨以上的企业达到20户，全省年玉米实际精深加工量达到400亿斤，主营业务收入450亿元。该目标需要根据玉米供求形势和市场变化趋势进行调整完善，确保在保障国家粮食安全的基础上，做到合理稳步有序发展。

1. **明确发展方向**。突出不同区域、不同企业专业化方向，实施产品功能差异化发展。其中：**淀粉系列产品**，重点发展用于食用、造纸、纺织、精细化工等行业的特种变性淀粉；**酒精系列产品**，重点鼓励进一步提升产品品质，开发生产符合市场需求的医用、化妆品用等高品质酒精和电子级无水乙醇系列产品；**功能性系列产品**，重点发展高技术含量的功能性新型发酵制品及大宗发酵产品的衍生新产品，食品工业和医药工业用的淀粉糖系列产品，适用特种人群食用的多元醇系列产品，高分子聚合物及生物降解材料。

2. **优化精深加工布局**。重点在哈尔滨、齐齐哈尔、佳木斯、鸡西、双鸭山、绥化等区域划定的7个布局片区，根据市县生产优势、物流交通、园区承载能力保障等要素条件，推动有条件的地方建设玉米深加工产业专业园区，完善园区基础设施和配套服务功能，为项目落地提供载体和平台。加快玉米深加工项目前期工作，优先保障项目土地供应，及时协调解决项目建设中遇到的问题和困难，保证项目按照计划时间和规模尽早建成投产。

3. **引导企业做强做大**。推动企业加快技术改造和创新升级，依据市场需求调整产品发展方向，延伸产业链条和提升产品附加值，提高企业市场核心竞争力。引入有实力的企业，实施同类产品、上下游企业兼并重组、战略合作等方式，整合年处理玉米30万吨以下产能。引导企业强化市场营销，扩大国内外市场占有率，形成一批有行业影响力的龙头企业集团。

4. **适度发展燃料乙醇项目**。目前，黑龙江拟在全省布局9个玉米燃料乙醇项目。严格落实国务院决策部署和规划布局，统筹推进玉米生产、燃料乙醇生产、乙醇汽油推广等相关工作，更好服务国家粮食市场调控和粮食质量安全保障水平提升，守住“不与民争粮、不与粮争地”的底线。

5. **发展绿色循环经济**。积极推动稻米资源综合利用，鼓励支持企业探索多途径实现稻米副产物循环、全值和梯次利用，深度开发米糠蛋白、米糠多糖等深加工系列产品，提高稻壳、稻秆综合利用效率，重点向稻壳发电和化工产品开发方向拓展和延伸。

五、政策措施建议

黑龙江省在保障国家粮食安全中的重要作用不可替代。加快推动黑龙江省粮食产业高质量发展，对于优化调整种植结构，保护农民种粮积极性，增加绿色优质粮食产品供给，推动建立更高质量、更有效率、更可持续的粮食安全保障体系，具有重大现实意义。调研发现，黑龙江全省上下对于抓好“两头两尾”、加快推动粮食产业高质量发展，有着极为坚定的信心和决心，凝聚了高度共识和行动。下一步，黑龙江省将进一步发挥主观能动性，加强组织领导，研究制定粮食产业发展中长期规划，建立粮食产业发展基金，大力推动产业链、创新链、价值链“三链协同”，统筹建设示范市县、特色园区、骨干企业、优质粮食工程“四大载体”，实施优粮优产、优粮优购、优粮优储、优粮优加、优粮优销“五优联动”，加快健全完善现代化粮食产业体系，全力推动粮食产业高质量发展。但是，黑龙江省也确实面临许多实际困难，地方政府、粮食企业和种粮农民提出了许多意见建议，呼吁和恳请国家层面进一步加大扶持力度。主要集中在以下五个方面。

（一）加快推进粮食收储制度改革，健全粮食生产者综合补贴制度。坚持市场化改革取向和保护种粮农民利益并重的原则，按照价补分离的总体思路，加快推进粮食收储制度改革。一是进一步完善稻谷最低收购价政策。剥离“保增收”功能，增加政策弹性，让价格真正反映市场供求，实现优粮优价。二是健全粮食生产者综合补贴制度。将中央财政对多个粮食品种的生产者补贴“打包”，统一拨付相关粮食主产省；由省级政府根据种植结构调整需要，提出补贴方案，报国务院批准后实施。

（二）建立国家粮食安全贡献补偿机制，提高主产区政府重农抓粮积极性。多年来，粮食核心主产省在为国家粮食安全做出重要贡献的同时，往往也在区域经济发展、财税收入等方面做出了一定牺牲，产粮大省一般都是财政困难省份。国家一直强调对粮食主产区进行利益补偿。为充分调动主产区政府抓粮、农民种粮、企业兴粮“三个积极性”，应建立国家粮食安全贡献补偿机制，对粮食净调出量超过一定规模的主产省，在产粮大县奖励之外，由中央财政按照粮食实际净调出量给予适当补贴。补贴资金由省级人民政府统筹安排使用。

（三）加大生态环境保护力度，推动绿色可持续发展。黑龙江是保障国家粮食安全的“压舱石”，这一定位是着眼中长期发展的，面对资源要素的刚性制约，需要高度重视环境承载能力，保护好“绿水青山”。一是加大黑土地保护力度。在黑龙江省扩大秸秆还田、定期深松整地、耕地质量保护与提升补贴规模，加快高标准农田建设。二是扩大轮作和休耕试点规模。重点在三、四、五积温区集中连片开展轮作试点；在地下水超采区部分县市扩大井灌稻休耕试点规模。三是加强畜禽养殖废弃物资源化利用。支持规模养殖场建设粪污处理利用配套设施，开展专业化集中处理；支持大型养殖企业与周边种植大户、合作社开展合作，实现有机肥就近就地还田。

（四）强化系列扶持政策，大力发展粮食产业经济。黑龙江粮食资源丰富，发展产业经济的潜力巨大，但在不少环节上“短板”“弱项”也比较突出，需要进一步加大扶持力度。一是用好粮食“去库存”政策。销售底价适当拉开地区价差，并根据品质状况安排定向销售。二是完善粮食收购金融担保政策。将黑龙江粮食收购贷款信用保证基金的规模由10亿元扩大到20亿元，同时完善风险分担机制；将粮食产业化龙头企业融资担保服务纳入农业信贷担保体系政策性业务范围，并适当提高单个经营主体在保余额限制。三是支持黑龙江省实施“优质粮食工程”。在中央补助资金总体框架内，对黑龙江等粮食核心产区予以倾斜。四是进一步完善粮食加工奖补政策，合理确定政策执行范围和时间。五是完善粮食运输支持政策措施。综合考虑公铁比价、实际运量、权重等因素，对黑龙江省铁路外运粮食及深加工产品给予运费补贴。六是加大税收政策扶持。将粮食初加工企业适用10%增值税税率的政策范围扩大到主食品加工企业，明确粮食产业化龙头企业享受农业产业化龙头企业的税收优惠政策。七是实施用地支持政策。指导地方国有粮食企业在改革中采取县级以上政府依法作价出资（入股）方式处置原生产经营性划拨土地。八是建立电力普遍补偿机制。筹集调配由国家统一使用的电力普遍服务资金，对黑龙江等电力普遍服务比重大、度电成本高、交叉补贴负担重、工商业电价过高和农网改造资金缺口大的省份，给予倾斜支持；同时，对符合农产品初加工范围的粮食企业执行农业生产用电政策。九是研究适当支持黑龙江优势粮食品种出口。

（五）统筹用好“两个市场两种资源”，加快振兴东北大豆产业。黑龙江是我国最大的大豆产区，建议对黑龙江大豆产业进行大力扶持。一方面，完善补贴政策，鼓励大豆生产，开展大豆良种培育，增加国内优质大豆供给；另一方面，依托“一带一路”，加强与俄罗斯的粮食合作，以资金和劳务输出等方式，在远东和西伯利亚地区建立大豆生产基地，拓宽大豆进口渠道。此外，进一步加强与巴西、阿根廷、乌克兰和印度等国家的合作，加快形成多元化大豆进口格局。

关于坚决扛稳粮食安全重任 加快推进河南粮食产业高质量发展的报告

国家粮食安全政策专家咨询委员会

为认真贯彻落实习近平总书记在参加十三届全国人大二次会议河南代表团审议时关于“要扛稳粮食安全这个重任”“要发挥好粮食生产这个优势，立足打造全国重要的粮食生产核心区，推动‘藏粮于地、藏粮于技’，稳步提升粮食产能，在确保国家粮食安全方面有新担当新作为”“要推进农业供给侧结构性改革”“延伸粮食产业链、提升价值链、打造供应链，不断提高农业质量效益和竞争力，实现粮食安全和现代高效农业相统一”的重要指示精神和李克强总理关于加快建设粮食产业强国的重要批示要求，受国家粮食和物资储备局、河南省人民政府委托，国家粮食安全政策专家咨询委员会协同有关力量组成专题调研组，认真借鉴“寻乌调查”方法，先后深入郑州、商丘、信阳等 14 个地市进行实地调研，紧紧围绕“坚决扛稳粮食安全重任，加快推进河南粮食产业高质量发展”主题，认真分析河南的优势、问题和短板，有针对性地提出了重点问题和措施建议，起草形成了报告。并经国家粮食安全政策专家咨询委员会陈锡文同志审阅，张晓强同志主持邀请相关专家进行专题论证，多方听取意见建议进一步修改完善。国家粮食和物资储备局与河南省委、省政府高度重视，张务锋、喻红秋、武国定等领导同志出席专家论证会。现将调研成果报告如下：

一、成效与优势

近年来，河南省委、省政府认真贯彻落实党中央、国务院决策部署，把保障国家粮食安全作为重要政治任务，深入推进农业供给侧结构性改革，认真落实粮食安全省长责任制，大力发展粮食产业经济，取得明显成效。2018年河南粮食产量达6649万吨，创历史新高，居全国第二位；农产品加工成为全省第一支柱产业，以“四优四化”（重点发展优质小麦、优质花生、优质草畜、优质林果；统筹推进布局区域化、经营规模化、生产标准化、发展产业化）为重点促进农业转型升级，为粮食产业高质量发展奠定了坚实基础，为保障国家粮食安全我的做出了巨大贡献。

（一）粮食生产地位举足轻重，成为加快推进高质量发展的重要根基。河南深入落实“藏粮于地、藏粮于技”战略，粮食产能稳步提升。主要表现为：粮食单产水平高于全国平均水平，特别是小麦亩产高于全国平均水平130多斤，连续多年位居全国第一；2018年小麦产量3603万吨，占全国小麦产量的27.6%，居全国第一；油料产量587万吨，占全国油料产量的17%，居全国第一，其中优质花生面积2200万亩，占全国的25%，居全国第一。

（二）主食加工产业蓬勃发展，成为加快推进高质量发展的重要支柱。2018年，粮食加工业总产值2033亿元，较上年增长8.6%。年处理小麦能力4973万吨，生产面粉1691万吨，居全国第一。粮油加工能力（含食品、饲料和深加工）超过1亿吨，主食产业化率48%。其中，小麦粉及其工业化馒头、挂面、方便面等年产量均占全国近1/3，速冻食品年产量占全国2/3以上。

（三）粮油科研基础和市场基础比较扎实，成为加快推进高质量发展的重要支撑。河南工业大学、河南农业大学、河南省农业科学院、郑州中粮科研设计院有限公司等院校、科研机构和企业在粮油育种、储运、加工、装备、信息、管理等方面拥有完整的科研体系。郑州粮食批发市场、郑州商品交易所分别是全国第一家粮食现货市场和期货市场，制订

张务锋局长、武国定副省长在中国（漯河）电子商务产业园调研

了全国第一部规范化的粮食现货交易规则和商品期货交易规则，对全国粮食市场体系形成发挥了重要作用。

（四）资源禀赋和政策支持，成为加快推进高质量发展的重要保障。河南自然生态环境独特，农耕文化源远流长，耕地面积 1.2 亿亩，平原面积占河南总面积的 55.7%，灌溉面积占 50% 以上，耕地利用率较高，农作物复种指数达 178%。河南地处中原，是承东启西、连贯南北的现代综合交通枢纽，也是“一带一路”倡议、国家粮食和物资应急调运与集散的重要运输通道和节点。同时，国家相继出台的河南粮食生产核心区建设规划、促进中部地区崛起规划以及河南省出台的乡村振兴战略规划等，为河南粮食产业高质量发展提供了良好政策环境。

二、问题与短板

当前，河南粮食产业高质量发展具备了一定基础和条件，但相关的体制机制尚未完全形成，粮食产品结构矛盾突出，产业融合度较低，产业竞争力不强。

（一）粮食生产基础不够牢。近年来，河南在全国率先开展高标准农田建设并取得明显成效，但耕地后备资源相对不足，农田基础设施依然薄弱。目前尚有近 50% 的耕地属于中低产田，已建成的 6000 万亩高标准农田不同程度存在基础设施不够完善、耕地质量不高、老化失修等现象，正在实施的高标准农田建设项目资金投入不足。

（二）粮食生产比较效益低。受粮食生产成本刚性增长影响，农民种粮收益处于微利，有时甚至亏本，特别是小麦净利润连续多年下降，影响农民种粮的积极性。2015—2017 年河南省小麦亩均现金收益分别为 669 元、443 元、546 元，2018 年受不利气候影响，质量和产量双降，亩均现金收益仅为 277 元，种粮农民持续增收后劲不足。

（三）三产融合水平不够高。目前，河南粮食生产仍以小农户经营为主，耕地 10 亩以下的农户有 1800 多万户，与现代高效农业融合发展仍任重道远。粮食产品结构不优、产业链条不长。近几年来，河南优质小麦产业得到较快发展，但优质粮食专种、专收、专储、专用“四专”水平不高，优质小麦、优质花生等在育种、种植、收购、储存、加工、运输、销售等环节有效衔接机制尚未建立起来。产品同质化严重，多数加工企业的产品品种、质量处于同一个水平线上，市场上普通民用面粉占到面粉加工总产量的 55% 左右，专用粉占面粉加工总量的比重为 22%。精深加工不足，农产品精深加工仅占全部农产品加工的 25%。企业产品附加值不高，精深加工产品缺乏大品牌、强品牌。

（四）科技创新能力不够强。河南粮食科技创新具有较好基础，但与其粮食产业发展规模不相匹配，产学研用结合不紧密，主食加工装备研发不足，成果转化率不高。2018 年，粮油加工企业投入的科研费用仅 7.7 亿元，占工业总产值的比重仅为 0.4%，不仅低于其他行业的科研投入比例，还低于 0.6% 的粮食行业规划纲要目标。调研发现，一些大型面粉企业和主食加工企业，进口了不少国外关键设备；驻马店、信阳等地的企业反映，产品加工工艺、包装设计以及定制化设备需求得不到相应满足。

三、思路与重点

今后一个时期，河南将聚焦扛稳粮食安全重任，立足打造全国重要的粮食生产核心区，落实“藏粮于地、藏粮于技”战略和“粮头食尾、农头工尾”要求，以推进供给侧结构性改革为主线，以延伸粮食产业链、提升价值链、打造供应链为重点，以统筹建设示范市县、产业园区、骨干企业、优质粮食工程为载体，实施优粮优产、优粮优购、优粮优储、优粮优加、优粮优销“五优联动”，形成产品优质、产业融合、产出高效、资源节约、环境友好的粮食产业高质量发展新格局，加快实现由粮食生产大省向粮食产业强省跨越。到 2025 年，初步建成适应河南省情和粮情的现代粮食产业体系，粮食产业发展的质量和效益明显提升，粮食产业经济总产值达到 4000 亿元。重点建设“一区、两中心”：

（一）立足产能优势，打造全国重要粮食生产核心区。立足河南粮食生产资源禀赋与比较优势，加快实施新一轮高标准农田建设规划，持续改善农田基础设施条件，到 2025 年新建 2000 万亩以上、提升 2000 万亩，高标准农田总面积达到 8000 万亩。实施现代种业提升工程，培育国内一流的种业企业。开展农业生产全程机械化整省推进行动，到 2025 年主要农作物耕种收综合机械化水平达到 90%。粮食产能确保稳定在 1300 亿斤以上，促进粮食产业高质量发展与保障国家粮食安全相统一。把绿色优质小麦和优质花生作为河南粮食产业高质量发展的突出优势，建设全国优质专用小麦基地，大力发展高油、高油酸花生和花生加工产业，力争到 2025 年，优质专用小麦发展到 2000 万亩，花生种植面积达到 2500 万亩，增强小麦口粮和优质花生的供应保障能力。

（二）发挥产业优势，建设粮食加工物流集聚中心。充分发挥河南粮油加工和主食产业发展等方面的优势，结合粮食生产功能区的划定和现代农业示范区建设，统筹协调，推进成品粮油加工、粮油食品加工、饲料加工、精深加工等产业发展，大力发展粮食产业园区、物流园区和大型交易市场等，培育壮大以主食产业为主导，集粮油加工、仓储、物流、信息服务等多功能一体化的产业集群。以市场体系建设为核心，统筹推进粮食批发市场、交易中心、交易所等市场平台建设，促进形成全国范围有竞争力的粮食商品流、交易信息流、资金集聚流，切实发挥好河南在粮食交易、定价、资金结算和物流服务等方面的市场功能，打造高质量的粮食供应链。

（三）放大科研优势，建设粮食科技创新中心。充分发挥河南工业大学等高校和科研机构拥有全国最完整的粮油学科体系的独特优势，利用小麦和玉米深加工研发、粮食储运国家工程实验室、国家生物育种创新中心等“国字号”平台提升创新服务能力，打造“中国粮谷”，建立科技研发、生产制造、推广应用相结合的产学研用体系。结合主食产品多样化特征、种粮农户和涉粮企业等不同主体需求，加强面向全国市场及“一带一路”沿线国家的粮机装备、质量检测仪器的研发和制造，推进粮食储存、加工、质量检测等不同领域仪器装备的成套化、智能化、自动化，为扛稳粮食安全重任提供有力支撑。

河南省多福多食品有限公司面制食品国家地方联合工程中心

四、措施与建议

河南全省上下对落实习近平总书记重要指示有着极为坚定的信心和决心，凝聚了高度共识。目前河南的困难和问题，既有自身因素，也有粮食产业发展的普遍性问题；既需要调整发展思路，也需要完善政策措施。对此，河南省委、省政府专门召开省委十届九次会议研究部署，出台了全面推进乡村振兴战略的意见。通过深化农业供给侧结构性改革，正确处理农业与工业、增产与增收、生产与生态的关系，加快推动粮食由增产导向向提质导向转变，实现粮食安全与现代高效农业发展相统一。但同时也需要中央在政策、资金、项目等方面加大支持力度。为更好地贯彻落实习近平总书记重要指示精神和党中央、国务院的决策部署，切实扛稳粮食安全重任，加快推进河南粮食产业高质量发展，提出如下措施建议：

（一）建设全国优质小麦生产加工基地，夯实粮食安全保障基础。建议国家在优质小麦“专种、专收、专储、专用”等环节予以支持。**一是**支持河南推行优质小麦单品种集中连片种植，继续推进高标准农田建设，加强对粮食生产功能区的政策支持，促进优质小麦适度规模化种植。**二是**加大对河南优质专用小麦示范县建设的支持，进一步扩大示范县范围，支持资金重点用于统一供种和统防统治。**三是**对从事优质专用小麦生产的规模经营主体，实施全成本保险，提高保险保障水平。在购置生产技术设备、改造提升加工装备、建设烘干仓储等产后设施上进行支持，培育产业化龙头企业，提高生产经营能力。

（二）建设全国优质花生生产加工基地，促进油脂油料多元化发展。花生和大豆同为豆科植物，其主要产品都是食用植物油、蛋白食品和饲用饼粕。在效用上，花生与大豆基本相同，但花生在产量、出油量、品质、种植效益、加工增值等方面更具优势，建议国家加大对河南省花生产业支持力度。**一是**把花生作为国家油料发展的重要内容，在政策、规划、投入上给予重点支持。**二是**对种植户的高油酸花生用种进行补贴，加快高油酸花生品种的推广应用。**三是**在黄淮海地区对花生收获机械、烘干储存设施、低温压榨设备等方面进行资金补助和贴息，重点支持花生生产大县提升花生收储、烘干能力。

（三）建设三链协同先行示范区，推动粮食产业融合发展。围绕“三链协同”，深入推进高效种养业和绿色食品业转型升级，建议国家创新完善财政金融政策，支持河南建设粮食产业三链协同先行示范区。**一是**中央财政对“优质粮食工程”继续给予奖励支持，打造优质粮食工程河南升级版，积极推广“河南粮食王牌”，加大对河南小麦、花生、主食等系列粮油品牌培育力度，提高产品附加值和市场影响力。**二是**加快构建产学研用体系，支持河南建设粮食产业科技创新联盟和专业技术创新中心等平台，推动科技要素与产业要素的合理匹配和深度融合，推动“中国粮谷”建设。**三是**用好粮食安全保障调控和应急设施中央预算内投资专项，支持河南重要物流节点和物流（产业）园区建设，增强其与“一带一路”沿线国家及国内相关地区的互联互通。**四是**建议完善粮食风险基金管理办法，调整粮食风险基金使用范围，扩大粮食风险基金在支持粮食产业高质量发展方面的用途。**五是**进一步完善《河南省粮食收购贷款信用保证基金管理办法》，引导金融机构和粮食收购、加工企业积极参与粮食收购贷款信用保证基金，充分发挥基金支持粮食收购的作用。

（四）完善对粮食主产区的利益补偿机制，进一步调动粮油生产加工大省（县）政府重农抓粮积极性。建议加快出台主产区利益补偿实施方案，提高河南等粮食主产区均衡性转移支付在全国的比重，将河南等粮食主产区人均一般公共预算支出的水平提高到不低于全国地方平均水平的80%，真正改变主产区种粮越多、贡献越大，而财力越紧张的局面。

建设粮食产业强国

亮点成效

建设粮食产业强国

坚持“粮头食尾”和“农头工尾”以推动高质量发展为目标加快建设粮食产业强市

山东省滨州市人民政府

自2017年全国加快推进粮食产业经济发展第一次现场经验交流会在滨州召开以来，滨州市认真落实国家粮食安全战略和乡村振兴战略，以“粮头食尾”和“农头工尾”为引领，立足“全国粮食产业经济发展示范市”定位，突出抓好“三链协同”，统筹推进“五优联动”，在推动高质量发展、建设粮食产业强市方面，迈出新步伐、实现新突破。

一、进展与成效

（一）产业链延伸拉长实现“全”。近年来，全市积极发展全产业链经营、产后服务带动、精深加工引领等模式，促进加工层次由粗到精、加工业态由少到多、加工链条由短到长，农业质量效益和竞争力不断提升。2019年全市粮食加工转化量1641万吨，是全市粮食总产量的4.5倍多。以西王集团为例，经过30余年发展，产业链条不断延伸，由一家小型村办企业蝶变跻身中国500强企业榜单。2019年，滨州市委、市政府提出，加快“粮食加工”向“食品生产”转型，打造国家级食品产业基地，推动粮食产业延伸产业链，提高产品附加值，进一步提高经济和社会效益。

（二）价值链融合提升实现“增”。全市从研发、品牌、合作多方面全面发力，实现价值链从低端向中高端跃升，推动粮食产业转型升级、提质增效。全市粮食加工转化增值率达 3.5∶1，高出全国平均 1.2 个百分点，位居全国前列，并接近发达国家水平。成功打造全省第一个市级粮油区域公共品牌“粮油金三角”，西王、美食客、长寿花、宇东、惠人、姬家花园、丰香园、鲁誉等企业品牌影响力不断扩大。注重对外合作贸易，提高市场份额，如中裕系列小麦粉被国家发展改革委、科技部、农业部等 38 个部委内部食堂确定为专用产品；玉杰面粉直供清华大学、北京大学等全国 90 多所高校；十里香芝麻制品的香油出口美国、俄罗斯等国家。

（三）供应链优化升级实现“新”。全市逐步健全现代物流体系，高速公路、铁路及滨州港开通运营，公路、水路、铁路运输相互支撑，积极打造“跨省粮食物流通道”“粮食物流节点城市”。全市粮食原料及产品进出 2000 万吨以上，占全市货物进出总量的 11%。创新线上线下营销方式，促进新业态蓬勃发展，现有 15 家粮油企业入驻“好粮有网”平台，并建设完成“滨州馆”。建设“中国好粮油”专柜 2 个、“齐鲁粮油”旗舰店 1 家，线下便利店、形象店、体验店直营店 174 家，设立线上旗舰店 10 家以上，中裕系列产品成功进入大润发、家乐福、卜蜂莲花等国内

三星集团车间

1.8 万余家大型连锁超市，覆盖全国 10 万余家小型便利超市。

（四）产业集群集约集聚实现“强”。加快粮食产业新旧动能转换，培育壮大龙头企业，促进产业集群、产能集聚。全市形成了以西王、三星等为龙头的邹平玉米加工板块，以香驰、渤海等为龙头的博兴大豆加工板块，以中裕、玉杰、龙凤、宇东、黄河粮油等为龙头的滨城、惠民、阳信小麦加工板块，以花园、十里香、丰香园等为龙头的无棣食用油加工板块四大粮油加工板块。2019 年，滨州市粮食加工产业集群被批准纳入山东省“十强”产业“雁阵形”集群。2019 年，全市粮食产业工业总产值 1098 亿元，较 2017 年同比增长 8.7%，近三年位居全国地级市排名第一，约占全省 1/4、全国 1/30；完成主营业务收入 1502 亿元，较 2017 年同比增长 26.6%，约占全省 1/3、全国 1/25，主营业务收入过百亿元的企业 4 家。

（五）种植结构调整实现“优”。全市始终将维护国家粮食安全作为首要责任，发挥粮食加工转化反馈引导作用，调整种植绿色优质品种，满足群众消费提档升级需求。2019 年全市粮食种植面积 877 万亩，产量 359 万吨，优质粮食品种种植率高达 99%。大力实施“优质粮食工程”，滨州市成为“中国好粮油”示范市，全市“中国好粮油”示范县 1 个、示范企业 10 家，约占全省的 43%。以中裕食品为代表的粮油加工企业实行“三免一加”“五统一”，平均每亩带动农民增收 300 余元。

二、经验与做法

（一）突出高点定位，统筹发展。滨州市政府出台《滨州市粮食产业发展“十三五”规划（2016—2020 年）》《关于加快新旧动能转换打造国家级粮食产业融合循环经济示范区实施方案》《关于打造千亿级粮食加工产业集群的二十条意见》《打造国家级粮食产业融合循环经济示范区三年行动计划（2018—2020 年）》等文件，明确粮食产业发展具体路径。按照“因地制宜、总量规划、分层推进、重点扶持”的原则，促进小麦、玉米、大豆、芝麻四大产业梯次开发。市政府成立全市粮食产业发展工作专班，层层分解重点任务，推进政策落实。目前，《滨州市粮食食品产业发展规划（2020—2025）》编制已基本完成，为打造国家级食品产业基地目标明确发展路径和工作重点，引领产业转型升级。

滨州市"中国好粮油"专柜建立启动仪式

（二）突出龙头带动，集聚发展。坚持"扶优扶强扶特"，加强对中裕食品、西王集团、香驰控股等重点企业培育引导，增强辐射力和带动力。在全省率先建立粮食系统项目储备库，推动项目落地。2020 年，确立重点项目 20 个，总投资 65 亿元，计划当年完成投资 19 亿元。加大金融支持力度，积极争取中央预算内资金，设立 3 亿元的粮食产业发展基金和 20 亿元的黄河三角洲农粮发展基金，积极引导金融资本、社会资本加大投入力度；在全省率先设立粮食收购贷款信用保障基金，支持粮食龙头企业开展市场化收购。成立粮食产业招商专班，加大项目招引，2019 年粮食行业到位市外资金 7.47 亿元。聚力发展壮大千亿级粮食加工产业，现有粮油加工企业 226 家，其中规模以上企业 160 家，全国粮油加工 10 强企业 4 家、全国 500 强企业 2 家、中国民营企业 500 强 3 家。

（三）突出科技支撑，创新发展。注重政学研一体化，引导各类创新要素加快集聚，构建以企业为主体、市场为导向、政学研相结合的技术创新体系。目前，全市粮食行业拥有国家级实验室 11 个、省级实验室 23 个，获国家专利 762 项。2019 年，三星集团、渤海实业、中裕食品等龙头企业科研经费占销售收入比重达到 3% 以上。注重创新平台支撑，搭建粮油企业与科研机构之间零障碍互动平台，2016 年市政府与国家粮食局科学研究院、省粮食局签订战略科技合作框架协议；2017 年，成立国家粮食产业科技创新（滨州）联盟；2018 年，西王玉米、香驰大豆、中裕小麦三大国家级粮食加工产业技术创新中心落户滨州，市财政支持建设资金 600 万元，现累计完成投资 1.58 亿元，申报专利 61 项。

全国粮食产业新旧动能转换助力乡村振兴高峰论坛在滨州召开

（四）突出循环融合，绿色发展。围绕“两头两尾”要求，从“产购储加销”各环节入手，大力发展全产业链一体化经营。目前，中裕食品构建起了一产、二产、三产“九大板块”无缝衔接，“从田间到餐桌”的全产业链。围绕建设“国家级粮食产业融合循环经济示范区”，改造传统工艺，升级技术装备，大力推进循环经济。全市小麦、玉米、大豆原料综合利用率均达 98% 以上，香驰控股建成原料、副产品、水、废弃物、能量“五大循环利用圈”，截至目前，仅污水处理一项年增加效益就达 3000 余万元。从开展订单种植入手，努力释放发展红利，三年“优质粮食工程”项目全部完成后，预计新增优质粮食订单收购或种植基地面积近 300 万亩，直接、间接带动农民增收近 6 亿元，实现产业链、生态链、价值链融合，助力乡村振兴。

成绩属于过去，未来还在征程。下一步，滨州市将深入贯彻落实国家粮食安全战略和乡村振兴战略，以“粮头食尾”和“农头工尾”为引领，以深化农业供给侧结构性改革为主线，以打造国家级粮食产业融合循环经济示范区、国家级食品产业基地为契机，进一步优化营商环境、培育新的经济增长点，全力推动粮食产业经济向更高质量、更高效益发展。

实施五常大米产业提升工程
全力推进好粮油示范市提档升级

黑龙江省五常市人民政府

自国家粮食和物资储备局授予五常市“中国好粮油”行动示范市称号以来，五常市认真贯彻落实国家局关于坚持高质量发展、加快实施“五优联动”、着力构建现代化粮食产业体系的部署要求，坚持抓源头保品质、抓营销强品牌、抓产业增效益，全面实施五常大米产业提升工程，农民增收、企业增效、财政增税、消费增信、品牌增值的“五增”目标已初步实现。2020 年五常大米品牌价值达 698.6 亿元，比 2019 年增长了 20.67 亿元，连续四年蝉联地理标志产品初级农产品类全国第一。

一、建立标准，打造顶级品质

一是优化种源建设。与中国科学院等科研院所和高校开展深度合作，将全市 15 家种子“育繁推一体化”企业研发基地进行整合，按照“种植一批、储备一批、研发一批”的原则，对“五优稻 4 号”进行提纯复壮和新品种研发，建立水稻原种基地 1000 亩，利用原种建立良种繁育基地 2.2 万亩。**二是建立五常大米产业标准体系**。在执行《地理标志产品五常大米》国家推荐性标准的基础上，参照国际好大米标准，对五常大米从良种繁育、浸种催芽、育苗插秧、收割仓储到加工销售的 27 个流程、99 道工序，逐一细化，制定了五常大米种子、环境、种植、投入品、仓储、加工、产品、管理8方面地方标准。同时，研究制定《五常大米原产地保护提升规划》。**三是加强科技创新与推广**。引入智力资源，研发推广适宜五常水稻种植的先进技术，加快良种与良法相配套、农机与农艺相配套、生产与加工相配套，推广智能化浸种催芽、标准化大棚育秧、机械钵体育苗、病虫草害统防统治、暗排暗灌等技术700多万亩次。

五常市水稻种植基地——监控监测设备

二、严格管控，打造最优环境

一是加强大气环境保护。制定了《大气污染防治行动计划》《环境监管网格划分方案》，对企业实行严格准入制度，水稻生育期内空气优良天数达100%。**二是加强水资源保护**。全面落实“河长制”，制定《水污染防治行动计划》，对域内流域面积50平方千米以上的44条河流划分河段，设市、乡、村三级河长，分级负责水资源保护、水环境治理、水生态修复等工作，加强河流监管和流域污染综合治理，确保灌溉用水达到Ⅲ类标准以上。**三是加强耕地保护**。实施黑土地保护提升工程，休耕轮作1.25万亩，全面推行水稻“三用三不用”（用有机肥不用化肥、用生物制剂不用农药、用纸膜覆盖及人工除草等不用除草剂）、土著农耕、鸭稻共作等生态有机种植模式；开展农业面源污染综合治理，对农膜、药瓶、药袋等废弃物和浸种产生的废水实行集中收集和无害化处理。目前，全市水田土壤有机质含量均达到 4% 以上，绿色水稻种植实现全面积覆盖，有机水稻种植 100 万亩，执行欧盟有机标准水稻种植 2 万亩。

成品库内智能码垛机器人

三、创新监管模式，提高监管效能

为进一步强化五常大米品牌建设与保护，促进产业全面提档升级和健康可持续发展，整合管理职能，提升管理效能，成立了五常市稻米产业管理工作领导小组，由市委、市政府主要领导挂帅，统筹全市稻米产业发展工作，以“种好、收好、做好、管好、唱好、卖好”为主线，在“品种、品质、品味、品相、品牌”五个方面发力，狠抓品牌建设，打造高品质、有口碑的农业“金字招牌”。推动五常稻米全产业链条发展，实现集团化、标准化、体系化、品牌化。

四、强化营销，打造国际品牌

一是创新监管方式。围绕“什么是真五常大米”，以五常农业物联网服务中心为依托，完善提升“三确一检一码”水稻溯源防伪系统，实现五常大米的种植、加工、运输、销售全过程数据上链，防止溯源数据被篡改；开展基于图像人工智能技术的五常大米真伪识别研究，提供真假五常大米辨别方法。组建五常大米网，作为市政府唯一指定官方网站，对全市大米生产加工企业、农民专业合作组织的生产经营、溯源产品等信息进行公示。同时，全力开展五常大米域内域外、线上线下打假行动，严厉打击商标侵权、冒用地标、虚假宣传等违法违规行为，营造良好市场环境。

二是创新销售方式。五常市积极拓宽官方主销渠道。线上，在天猫和京东平台开设了五常大米官方旗舰店、官方自营旗舰店，利用五常大米网优势，建立自有商城，并与更多的公共网络平台开展合作，陆续开设五常大米官方旗舰店。线下，积极与大型企业集团展开合作，在全国各大城市陆续开设五常大米官方体验店，完善线下网点布局。截至 2020 年 4 月，五常大米官方渠道累计销售额已达 6000 余万元。启动五常大米公共服务中心建设，组建五常大米联盟，实行公共服务中心与大米联盟捆绑式一体化发展。构建“大米联盟 + 公共服务中心 + 战略合作伙伴”现代经营管理模式，实现农户、合作社、企业与市场的有效对接。

三是创新宣传方式。根据水稻生产周期，制定从春种到秋收再到餐桌每个周期的宣传方案，通过增加广告投入、参加各类展销会、邀请国家主流媒体和大型门户网站报道等形式对五常大米进行全方位、立体化宣传，讲好五常大米故事。2018 年以来，在中央电视台等主流媒体宣传五常大米 500 多次，“购五常大米，认溯源标识”“五常大米，一码锁定”人尽皆知，不断提升五常大米影响力。

五、完善链条，打造高效产业

一是发展特色大米。适应市场需要，对鸭稻、有机等高端大米实行剂量包装、恒温储存、会员月供的模式，将健康、营养、好吃的五常大米送到消费者餐桌。根据不同群体需求，发展粥米、胚芽米、富硒米等功能性大米，推动多样化、差异化发展。**二是做强精深加工**。按照“粮头食尾”“农头工尾”要求，鼓励企业引进最新设备和先进工艺。全市293家大中型稻米加工企业全部实现自动化流水线作业，无尘化加工，智能化、自动化设备达到80%以上。加强稻米深加工及副产品利用，重点支持了乔府大院、金禾米业、嘉柏吉等稻米深加工项目和稻穗香五常大米酒项目；以黑龙江辰能投资集团有限责任公司为龙头，推动秸秆燃料发电；以黑龙江秸乐农业科技发展有限公司为龙头，发展秸秆纤维纸膜、育秧基质板、有机肥等项目，推动秸秆还田，促进五常大米产业生态循环发展。**三是发展现代农业产业园**。按照“一心、两区、多园”的规划布局，整合财政及社会资金15亿元，高标准建设45万亩优质水稻种植区及高效稻米精深加工聚集区，发展科技研发、生态种植、休闲旅游、农村电商、智慧农业、金融服务等多种业态，推动一二三产业融合发展。乔府大院农业股份有限公司大力开展“生态农业、观光农业、订单农业”，2019年实现营业收入7.86亿元，2020年预计可达10亿元以上。

下一步，五常市将充分发挥“中国好粮油”行动示范市的示范引领作用，进一步整合资源、提升效益，推进稻米产业转型升级，为建设粮食产业强国、保障国家粮食安全做出积极贡献！

坚持“三链同构” 做强主食产业
着力推动绿色食品产业高质量发展

河南省漯河市人民政府

漯河市地处全国粮食主产区和国家粮食生产核心区，年粮食产量 180 万吨、加工转化 600 万吨、物流转运 1000 万吨；规模以上粮油加工企业 105 家，加工转化率 96%，主食产业化率 60%，是中国食品名城、全国主食产业化工程示范市、全国农业综合标准化示范市、全国食品安全信用体系和保证体系建设试点市。目前，全市食品产业年主营业务收入 1800 亿元，产品涵盖 15 个大类、50 多个系列、数千个品种，农产品加工业与农业总产值达到 4.5:1，成为河南省万亿食品产业集群的重要支撑。

一、注重招大育强，着力壮大食品产业集群

一是大力招引新项目。2018 年签约台湾福贞、宏途休闲食品等食品产业项目 23 个；2019 年引进湖南盐津铺子、福建永辉等食品产业项目 25 个。目前，全市引进外资额的 60% 来自食品行业，已入驻以 15 家世界 500 强企业为代表的一大批境内外知名企业。**二是实施“小升规”“十百千”亿级企业及产业集群培育工程**。2019 年新增规模以上工业企业 83 家，其中食品企业 21 家，年营收超 600 亿元的企业 1 家，超 50 亿元的企业 2 家，超 20 亿元的企业 1 家，超亿元的企业 27 家，规模以上食品企业税收占全部规上工业的 70%。谋划启动了重点企业五年倍

增工程，其中，双汇集团实施一系列模式创新、产品转型项目，力争五年内再造一个“新漯河双汇”。加快临颍县休闲食品产业园等专业园区建设，推动主食加工企业向园区集中集聚。**三是推进食品企业“三大改造”**。市财政每年拿出1亿元进行专项奖补，2019年实施食品类企业智能化、绿色化和技术改造项目100个。双汇集团和南街村成为国家级“两化融合”贯标试点。**四是优化企业服务**。持续深化“放管服”改革，建立服务企业周例会制度，以周为工作节点研究解决企业生产经营、项目推进中的困难和问题。

二、注重产业谋划，着力延伸食品产业链

一是打通食品产业和装备制造业，培育食品机械产业。立足河南食品和装备制造两大万亿级产业、食品机械企业市场需求潜力巨大等实际，与中国机械工程学会等单位合作，谋划建设了2平方千米的智能食品装备产业园区。目前产业园一期5.3万平方米标准化厂房主体已完工，部分企业已入驻，产业树状图已经编制完成，招商工作同步展开。力争通过3~5年，园区产值达到200亿元以上，成为国内有重要影响力的智能食品装备产业园区。二是打通食品产业与造纸产业，发展食品包装产业。结合漯河银鸽造纸产业优势，谋划了80万吨包装纸及就地消纳的纸后加工产业园项目，目前园区控规调整已完成。三是打通食品产业和医药产业，

漯河市经济技术开发区粮油食品产业园鸟瞰图

发展功能性食品、保健性食品、医用食品，培育生物医药产业。以中大生物、微康生物、玛士撒拉等企业为重点，推动食品企业向高端发展；招引保健品领军企业来漯河投资，开发保健品、护肤品，丰富食品产业内涵。四是打通食品产业与物流产业，发展以冷链物流为重点的食品物流产业。与双汇集团共同谋划建设第四方冷链物流平台，促进食品物流产业信息化、标准化，提升生鲜农产品公共服务和流通供应链集成服务能力。

三、注重创新引领，着力提升食品产业价值链

（一）强化创新引领。一是加快研发平台建设。实施大中型企业研发机构全覆盖工程，建成国家级、省级研发平台 60 家；全市食品产业公共研发平台、休闲食品协同创新中心和河南省休闲食品工程技术中心建成运营。二是推动产学研协作。深化与中国科学院、江南大学等优势食品研发机构战略合作，支持企业联合高校、科研院所共建研发平台，全市食品行业拥有省级以上工程技术中心 10 个、博士后工作站 4 个、院士工作站 2 个。三是加大人才引进培养力度。在住房保障、科研经费、生活补贴等方面给予优厚政策，吸引高层次食品技术人才落户。

（二）强化质量提升。一是设立市长标准奖。对主导或参与国家标准、行业标准制定的企业和组织，由市财政给予奖补。在农业领域主导制定了 20 多项省级标准、309 项地方标准；在食品产业领域制定了 88 项生产加工标准，参与了近百个国家和行业标准制定。漯河市以标准化建设引领高质量发展的做法受到国务院表彰。二是深化与中国标准化研究院战略合作。编制《漯河市标准化战略发展规划（2019—2025）》和《食品安全标准化专项行动方案》等 1+N 体系，着力建设食品标准化科研孵化基地、食品产业标准化技术联盟，最终建立起高于国家标准的食品特色标准。三是建设覆盖全市的食品安全追溯体系。在肉菜商品流通领域建立信息查询追溯平台，实现生产记录信息化、生产行为透明化、终端查询便捷化，形成质量安全追溯链条。四是培育检验检测产业。整合全市国

家级、省级质量监督检验中心和328个涉农产品检验检测机构（站点），与武汉大学共建检验检测认证产业园。

（三）加强品牌培育。实施“漯河制造”品牌战略，现有中国驰名商标6个、名牌产品4个，河南省著名商标64个、名牌产品27个。强化“三品一标”认证，全市通过认证的无公害农产品达到126个、绿色食品19个、有机农产品2个。雪健实业被命名为“全国主食加工示范企业”，临颍县被评为2017年度“中国好粮油”行动计划示范县。

漯河晋江福源食品工业有限公司面包生产线

四、注重融合发展，着力打造食品产业供应链

（一）提升源头供应质量。围绕“四优四化”和订单化种养，推进农业供给侧结构性改革。全市实行专收专储的优质专用小麦占麦播面积的43.7%，优质大豆60.7万亩，优质花生25万亩，优质辣椒35万亩。生猪规模养殖达到90%以上，全市5个县（区）中有4个被确定为全国生猪

调出大县。

（二）促进三次产业融合。一是构建“从田间到餐桌”的优质农产品供应体系。支持龙头企业与产业链上下游成立农业产业化联合体，实现“产购储加销”一体化。建成省级农业产业化联合体 14 个，年营收突破 800 亿元，带动 20 万农户增收。二是着力建设小麦产业联盟。形成新品种选育推广—专业合作社种植—中粮集团、雪健实业等面粉企业加工—平平食品、旺旺食品等面制品企业生产的全链条订单化生产。三是推动食品产业与文化旅游产业结合。引进北京伟光汇通投资 50 亿元，建设食品文化小镇，打造永不落幕的食博会。

（三）提高供给效率。一是搭建会展平台。2019 年第十七届中国（漯河）食博会有国内外 856 家食品企业、1.2 万家采购商参加，贸易采购额达 420 多亿元。二是实施“互联网 + 主食”行动。大力扶持“网上粮店”“网上主食厨房”等新型零售业态。漯河电商产业园入驻电商企业 276 家，带动实体企业 2000 多家。三是打造豫中南现代物流核心区。着力发展冷链物流、快递物流、电商物流，双汇物流、大象物流、金顺物流进入全国冷链物流百强。全市冷库总库容 64 万立方米，冷链运输企业 347 家，年农产品和食品物流货运量 200 多万吨。

实施“五优联动” 做强稻米产业

吉林省粮食和物资储备局

按照国家大力发展粮食产业经济部署，吉林省大力实施“五优联动”，以扩大“吉林大米”品牌效应和提高市场占有率为目标，从需求端发力，反弹琵琶，不断优化全产业链发展模式，做优、做大、做强稻米产业，积极探索吉林粮食产业经济高质量发展的新路子。

吉林省副省长李悦、国家粮食和物资储备局副局长卢景波
参观2018年粮食交易大会吉林展区

一、推动优粮优销，不断拓展终端渠道

吉林省稻谷年产量120亿斤，大米销量80亿斤，其中40亿斤销往省外。突出吉林大米中高端市场定位，通过品牌行走、主体公关、媒体传播、文化挖掘等系统宣传推介，进一步打通吉林大米销售端“毛细血管”，实现营销主动脉与需求终端大循环。一方面，推出“吉田认购”专属稻田模式，将互联网+农业、基地+市场、消费+体验相结合，客户只需通过手机App终端，就可以对认购稻田进行远程监控，收获专属良田、专人精耕、专定粮仓、现磨配送的鲜米。目前全省认购稻田6.61万亩，平均认购价格达到5780元/亩，产出效益是普通稻田的2~3倍。另一方面，实施直营店面、商超专柜、电商平台多种渠道共进。依托主销区城市主干商超渠道，组织推动联盟企业与北京首都农业集团、上海农工商超市、上海华联吉买盛购物中心等主流经销商合作，成功进驻5000余家商超，成为当地“米袋子”的重要供应商。盯住主销区物业销售网络，与浙江绿城集团、上海东方网联手建立社区“粮仓”，开通产区—社区直通车，畅通吉林大米销售“最后一公里”。与阿里巴巴开展战略合作，大米联盟企业线上分享天猫旗舰店资源，线下分享盒马鲜生、联华等实体营销渠道。全年中高端大米销售量达到20亿斤，占大米产量的25%。

二、推动优粮优加，不断提高供给质量

通过标准引领、产品升级、溯源保障，不断促进吉林大米提质增效。一是注重消费端牵引，细分市场多元化需求，颁布实施高于国家标准的吉林大米地方标准，制定“吉林稻花香”“吉林长粒香”“吉林圆粒香”“吉林小町”4个品种的团体标准，对吉林大米品质标准做出严格的行业规范，形成东部火山岩大米、中部黑土有机大米、西部弱碱大米三大产品系列，确保吉林大米品质实至名归。二是注重多层次、多样化、个性化产品供给，组织科企对接，加强科研研发力度，培育新动能，大

力开发营养米汁、小分子肽富硒产品开发，满足消费者的个性化消费需求，提高稻米产业附加值。三是注重质量安全底线，将 147 家重点加工企业纳入吉林大米质量可追溯平台，为吉林大米“来源可查明、流向可追踪、信息可查询、责任可追究”提供科技支撑，确保吉林大米质量可控。

吉林省委书记巴音朝鲁说：吉林大米是吉林农业第一品牌

三、推动优粮优储，不断改善仓储水平

落实国家乡村振兴战略，坚持质量兴农、绿色兴农、品牌强农，加快实施优质粮食工程，突出重点市县、重要环节，统筹谋划、整合资源、分类施策，不断提升储存条件。一是根据省内稻谷品质优势、区域影响、产能集中的实际，重点扶持 9 个示范县的 16 户示范企业采用低温冷藏技术，改进仓储设施，推行分类储存，确保稻谷营养、口感、品质一流。二是在 10 个粮食主产县建设专业化经营性粮食产后服务中心 90 个，年服务能力 450 万吨以上，开展代清理、代烘干、代储存、代

加工、代销售服务，促进节粮减损、提质增效、农民增收。三是对全省41个粮食质检机构进行建设和提升，形成职责明确、标准统一、上下联动、横向互通的省、市、县三级粮食质检体系，安全监测样品数量增长100%以上。

四、推动优粮优购，不断增强产业效益

充分发挥市场调节主导、政府调控保障功能，坚持两手协同发力，搭平台、守底线、重监管，确保农民好粮卖出好价钱。一是引导建立“企业+合作社+农户”“企业+基地+农户”利益共同体，推广订单收购，形成基本稳定、灵活浮动的优质优价市场化机制，优质品种水稻达到1.6~2.4元/斤，比稻谷最低收购价高出0.3元/斤，持续释放优粮优购的市场信号。二是认真落实稻谷最低收购价政策，制定稻谷最低收购价执行预案，在全省38市县设立104个库点，做好政策“兜底”工作，若低于市场最低收购价，及时启动预案，保障农民粮食应卖尽收。三是建立秋粮收购监管工作责任制和责任追究制，组织开展跨部门、跨地区联合执法，严肃查处违法违规行为，让农民卖“明白粮”“放心粮”“舒心粮”。2019/2020年收购期，全省普通稻谷收购价在1.40元/斤左右，高出国家最低保护价0.10元/斤，是最晚启动最低收购价政策的省份。

五、推动优粮优产，不断提升稻米品质

始终坚持“好米是种出来的”，在良种培育、集约种植、科学管理上深耕细作，从源头把住品质关。一是建设中国北方粳稻种子繁育基地，建立优质粳稻国际联合研究中心，加强良种培育研发，为优质品种种植推广提供科技支撑。二是全面推广市场反响较好的具有吉林特色的圆粒香、小町等优质品种，如吉宏6号、吉粳81、吉粳511。全省优质水稻种植面积占总面积的80%以上，其中特优品种占20%以上。三是引导支持企业围绕生态群落保护、农耕稻作文化特质，通过流转土地和订单生产建立自有基地，发展产业园区、特色小镇，促进一二三产有机融合。

目前全省自有基地面积 280 万亩，占全省水稻种植面积的 23%。

一年来，通过“五优联动”实践，发展壮大了吉林稻米产业，带动了农民增收、企业增效。省政府主要领导同志先后 13 次对“吉林大米”品牌建设工作作出重要批示，给予充分肯定。下一步，吉林省粮食和物资储备局将认真落实国家局部署，以实施优质粮食工程为契机，依托生态资源优势，放大品质品牌效应，创新市场经营业态，促进稻米产业再上新台阶。

以“山西小米”品牌建设为引领 加快推进特色粮食产业高质量发展

山西省粮食和物资储备局

2017年以来，山西省深入贯彻习近平总书记视察山西时的重要讲话精神，按照“发展现代特色农业”重要指示，在国家局和省委、省政府的正确领导和大力支持下，以“山西小米”品牌建设为突破，不断探索山西特色粮食产业发展新思路。

一、以“优质粮食工程”为抓手，加强产业经济载体建设

编制“优质粮食工程”三年实施方案，争取中央补助资金3.3亿元、省级补助1.2亿元，助推特色粮食产业发展。打造“中国好粮油”示范市（县）。按照立足基础、突出特色的要求，坚持市场导向，政府统筹协调，重点建设1个“中国好粮油”示范市和13个示范县，开展“山西小米”品牌建设，发挥示范效应，带动集群发展。引导产业园区发展。支持山西粮油集团和太原市加快退城进郊，建设多功能大型现代化产业园区，促进资金、技术、人才、信息、设施资源集聚，加快园区化发展。培育扶持龙头骨干企业。坚持企业主体地位，“抓中间带两头”，出台《山西省粮油产业化省级龙头企业认定和运行监测管理办法》，首批遴选认定了30家粮油龙头企业，预计“十四五”末可达100家。

二、以“山西小米”品牌为突破，优化品牌化发展格局

2017年省政府成立“山西小米”品牌建设领导小组，投入2074万元推动品牌建设。2018年纳入“中国好粮油”省级平台，成立产业联盟，实现抱团发展。从严从优筛选9家企业成立“山西小米”产业联盟（以下简称联盟），截至目前，联盟企业已经发展到18家。出台《“山西小米”品牌产品质量安全监测管理办法》和《“山西小米”品牌标识使用管理办法》，规范联盟运行。实施良种繁育，把握源头质量。建设良种展示中心，加大优良品种提纯复壮和应用推广力度，对种子选育、基地建设等作出明确要求，目前联盟企业绿色有机基地已达24万亩。严格质量追溯，实施全程监管。应用现代技术，建立从种植、加工到储存、销售的全程可视化追溯体系，筑牢质量“防火墙”。扩大品牌宣介，培育开发市场。适时通过在央视、央广、高铁、机场等平台投放广告扩大宣传，成功举办北京、天津、成都、上海专题推介会和“山西小米”“吉林大米”联袂推介活动，品牌影响力不断扩大。挖掘品牌文化，提升核心价值。拍摄文化宣传片，挖掘品牌文化，提升核心竞争力。成功举办两届“小米品鉴大会”，吉林、内蒙古等小米主产省份的几十家企业广泛参与、品评论道，共话产业发展。在“山西小米”省域品牌的带动下，忻州“中国杂粮之都”、朔州“中国杂粮强市”、长治“中国小米之都”、神池“中华亚麻油籽之乡”等一批特色杂粮市县陆续授牌，“武乡小米”“怀仁绿豆”“岢岚红芸豆”等一批县域品牌不断推出，“沁州黄”“东方亮”“太行明珠”等一批企业品牌日益深入人心，省、市、县、企业立体化品牌体系逐步形成，杂粮产业的经济效益和社会效益初步显现。

三、以搭建交易平台为依托，引领产业现代化发展

结合省政府“云安山西”和杂粮振兴工程，立足特色资源优势，建立统一的省级杂粮交易平台。线下建设杂粮批发交易市场。争取省财政资金2000万元，支持大同、忻州建设杂粮交易市场，申请国家局在忻州

市挂牌“国家粮食交易中心杂粮分中心”，促进产业集聚化发展。线上投入 900 万元建设“中国杂粮交易网”。依托太原国家粮食交易中心，筹划建设“中国杂粮交易网”，畅通交易渠道，引领全国网上交易，发布全国性杂粮“产购储加销”权威信息，反映行情价格指数“晴雨表”，逐步建立价格形成机制，为宏观调控、市场预警提供决策依据。通过构建线上线下融合发展的良好格局，全力打造杂粮产业“排头兵”。

“山西小米”品牌推介会

四、以标准、科技、人才为支撑，推动产业创新发展

标准化战略引领产业转型升级。依托标准化试点省优势，组织 27 名专家组建粮油标准化技术委员会，制定《山西省粮食和物资储备行业标准化建设方案》，推动《山西好粮油生产质量控制规范》等列入地方标准项目，组织制定出台《“山西小米”谷子质量标准》《“山西小米”加工技术规范》等“山西小米”系列团体标准。地方、团体、企业标准相结合的标准体系基本建立。科技兴粮战略培育产业新动能。积极融入“山西农谷”省级战略，出台《“科技兴粮”实施意见》，支持山西农业大学“国

家功能杂粮技术创新中心”建设，投入专项资金支持杂粮课题研究，推进科技成果转化，“太行明珠”即冲即食小米粥、“沁州黄”早餐营养米粉等一批杂粮功能产品得到消费者高度认可。人才兴粮战略扩大智力要素投入。深入贯彻“人才是第一资源”理念，出台《“人才兴粮”实施意见》，加大人才培养与引进力度，以政策解读、专家授课等形式加强产业化人才培养，以“百名博士服务”、专家入企等形式推动企业与高校院所加强科企对接，重视人才、发现人才、培育人才的体制机制日益完善。

2019 年全国粮食科技活动周启动仪式

五、以助力两大战略为契机，提升产业发展平台

深入贯彻落实乡村振兴和脱贫攻坚战略，推动粮食产业发展纳入全省战略布局。融入乡村振兴战略格局。连续三年争取乡村振兴战略专项资金共 5000 万元，支持杂粮加工企业仓储物流设施及技术提升建设，解决龙头企业季节性生产的仓储难题和农民出售渠道，稳定杂粮种植和生产。助推扶贫攻坚战略实施。结合山西省杂粮富集区与贫困区高度重合的特点，以杂粮产业辐射带动乡村特色产业兴旺和农民增收。仅“山西小米”产业联盟企业辐射农户就达 8 万余户，稳定就业 4000 余人，农户最高增收 1.4

万元。山西省省长楼阳生在2019年“两会”接受采访时指出，过去“小米加步枪”为抗战胜利作出重要贡献，今天“小米助小康”正成为产业扶贫特色之路，对“山西小米”品牌建设的产业带动作用给予了充分肯定。

总结山西特色粮食产业发展中的做法和取得的一定成绩，主要有以下经验体会。

一是把握特色、重点突破是产业发展的前提。山西粮食在“特”而不在多。山西省紧紧把握总书记视察山西重要机遇，结合得天独厚的种植优势，将科学选择小米作为突破口，以“山西小米”品牌建设率先引领杂粮产业全面发展，取得了预期效果。

二是政府推动、顶层设计是产业发展的保障。省委、省政府将发展现代特色粮食产业作为贯彻落实习近平总书记视察山西时的重要讲话的重要内容，纳入两大战略统筹谋划，先后出台《关于加快推进农业供给侧结构性改革大力发展粮食产业经济的实施意见》《“山西小米”品牌建设三年发展规划》《关于加快杂粮全产业链开发的实施意见》等一系列文件，从政府层面加强顶层设计，为实现山西由杂粮大省向杂粮强省跨越发展提供了坚实保障。

三是科技引领、创新发展是产业发展的动力。深刻领会创新是第一动力的理念，主动加强与天津科技大学、山西大学、山西农业大学等高校对接，生产上创新良种培育和机械化种植推广，加工上创新低温储存和先进设施应用，产品上创新功能研发和质量追溯体系建设，管理上创新产业联盟建设和民营资本参与方式，产销衔接上创新杂粮网上交易平台，创新驱动的发展格局初步形成。

四是主动担责、积极作为是产业发展的关键。粮食产业高质量发展不仅是兴粮之策、惠民之举，更是落实总体国家安全观和国家粮食安全战略的重要内容。山西省勇于担责、主动破题，深入分析转化能力弱、品牌建设不足等影响产业发展的瓶颈因素，积极向国家局和省委、省政府汇报发展思路，协调各方形成发展合力，多措并举推进品牌建设，得到了社会各界的认可。

突出“六新”举措　推动产业转型
促进粮食经济高质量发展

江西省粮食和物资储备局

为贯彻习近平总书记关于保障粮食安全、推进粮食产业高质量发展有关指示批示和视察江西时的重要讲话精神，落实《国务院办公厅关于加快推进农业供给侧结构性改革大力发展粮食产业经济的意见》（国办发〔2017〕78号）精神，充分发挥粮食流通对生产和消费的引导作用，满足消费者从“吃得饱”到“吃得好”的转变，在更高水平上保障国家粮食安全，江西省粮食和物资储备系统坚持以习近平新时代中国特色社会主义思想为引领，坚持突出“六新”举措，加快推进粮食行业供给侧结构性改革和产业转型，全省粮食经济高质量发展呈现良好局面。

一、谋划发展新格局，全面规划全省粮食产业未来发展蓝图

近年来，江西省先后印发了《江西省人民政府办公厅关于加快现代粮食流通产业发展的意见》和《江西省粮食局关于加快粮食产业经济发展的意见》，编制印发了《江西省粮食行业“十三五”发展规划纲要》，强调创新发展粮食产业经济，全面系统谋划了全省粮食产业发展。国办发〔2017〕78号文件印发后，江西省着眼于做大做强粮食产业经济、推动粮食产业转型升级、带动更多农民参与到现代农业发展进程当中，结

合江西省实际，省政府办公厅出台了大力发展粮食产业经济的意见和全省优质稻米产业发展工程实施方案，明确围绕鄱阳湖区、赣抚平原、吉泰盆地和赣西粮食主产区，重点推动大米加工、米粉加工、稻米油和山茶油加工的产业布局，致力打造“产购储加销”一体化、有特色的粮食产业集群，为全省粮食产业经济发展勾勒了长远美景和未来蓝图。在高站位谋划发展思路的基础上，江西省持续大力推进粮食产业化发展、推进粮食产业经济发展提质增效，坚持以“粮头食尾”和“农头工尾”为抓手，实施“五优联动”，促进产业发展绿色化、优质化、特色化、品牌化，以优化产品供给为主线，不断优化稻米加工业的布局，扩大茶油、稻米油脂生产，推进米粉及粮油食品加工业发展，促进稻谷主食产业发展更上新台阶。

建设中的万年贡国米文化生态产业园

二、厘清发展新思路，优化绿色优质富有地方特色的粮食产品供给

江西省属亚热带季风气候区，气候温和湿润，雨量充沛，光照充足，生态良好，非常适宜发展粮食生产。立足绿色生态优势，江西省提出按照“稳粮、优供、增效”的总体要求，以提高粮食生产效益为目标，遵循“提品质、优结构、树品牌、增效益”的发展思路，大力发展优质大米、富硒功能性大米、有机大米等优势品种和品牌。种出“世界上第一粒水稻”的上饶市万年县荷桥村，是著名稻米品牌万年贡米原产地，也是国家地理标志保护产品。万年贡米集团依托万年稻作粮食文化资源，利用种植、加工基地发展粮食产业观光、体验式消费等新型业态。素有“植物大熊猫”之称的抚州市东乡区“东乡野生稻”是目前全球最北端的普通野生稻，在各级政府的大力保护下，已经培育的稻种有数十种之多。宜春是农业大市，也是全国知名的水稻产区。宜春市充分发挥本地生态环境优势，发展绿色有机富硒农业，打造绿色食品原料基地、有机农产品认证、富硒农产品基地，并围绕绿色有机富硒特色大力改造传统优势产业，培育了以丰城梅林、高安盛发、上高绿万佳和圣牛米业等一批建设富硒功能农业基地与富硒米制品生产的加工龙头企业，产品优质品率逐年提高。

三、转换发展新动能，促进粮食产业经济高质量运行

大力改造升级装备水平。不断改进配米技术，扩大适用于主食生产的专用化、营养化、多元化大米的产量，构建适应多元化、多层次、个性化消费需求的主食产业体系，提升主食产品社会化供应能力。中粮（江西）米业是目前中国唯一、亚洲最大的蒸谷米加工厂，是中国蒸谷米生产和大米规模化深加工的旗舰。该公司开发的全稻蒸谷米保持稻米固有营养成分，口感较好，深受消费者青睐。

大力开发粮食加工新产品，引导有条件的企业利用粮食加工副产物，开发食品、医药、保健、化工等新型产品。江西金农米业集团有限公司

和德兴异 VC 纳有限公司利用碎米生产大米蛋白、大米淀粉、大米糖浆以及食品添加剂，极大提高大米产品附加值和企业经营效益，产品畅销欧美等地。江西金土地集团所开发的“谷韵”米乳系列饮品技术含量高，成为中国米乳行业标准之一，荣获国家科技进步奖。

大力推进粮油副产品深加工，不断提升完善产业链，通过稻谷“吃干榨净”，实现经济利益最大化。江西金佳谷物公司和江西圣牛米业利用稻壳为燃料，一方面，燃烧产生的蒸汽用于发电和供应热源用户；另一方面，稻壳燃烧产生的灰，可再加工生产建筑材料及炭黑等，不仅节约减少标准煤消耗和二氧化碳排放，还增加市场有效供给，实现再生资源的有效利用，形成较为完整循环经济产业链条。

江西省粮油集团有限公司厂区全貌

四、打造业态新模式，推动粮食产业转型发展

打造龙头企业集群。全省入统龙头企业 169 家，其中国家级龙头企业 22 家，主要分布在南昌、宜春、九江、上饶和抚州等地。其中既有江西省粮油集团公司等跨县域的大型企业集团，也有万年贡米集团等整县制的区域性企业集团；既有江西奉新天工米业、江西金农米业、圣牛集团等专注粮食及其衍生产品生产的粮油类企业，也有江西维尔宝食品生物有限公司、江西恒顶食品有限公司等食品类生产加工企业。此外，还有益海嘉里（南昌）粮油食品有限公司等集农副产品收购、粮油加工销

售、码头运营等业务为一体的大型综合类企业。龙头企业在带动行业发展、促进农民增收等方面发挥了较好的引领示范效应。

完善产业发展业态。一是完善组织形式。鼓励引导粮油加工企业积极参与和主导组建专业合作社，大力推行“公司 + 基地 + 中介 + 农户”的产业化模式。江西省粮油集团积极探索参与土地流转、建设企业自有粮源基地的产业化模式，分别在泰和县、新干县建设种植基地，江西金农米业组建了 70 个水稻种植专业合作社。为企业发展提供了优质、安全、稳定的粮源保障。二是完善产业门类。宜春油茶产业已扬优成势，产值突破 8 亿元，成为全国油茶产业发展重点地区。宜春元博山茶油科技农业开发有限公司在伦敦证交所挂牌上市，成为国内首家在海外成功上市的油茶企业。全省稻米油、小磨香油以及糯米粉等富有地方特色的粮油产品持续受到消费者青睐。三是完善营销方式。推动主食产业化，江西省益家食品投资 5000 万元建设速冻主食品产品深加工企业，产品涵盖馒头、蒸包、干鲜面、烧卖等几十种产品。拓展电商营销途径，江西米粉、山茶油、碱水面、纯粗粮等特色产品纷纷入驻天猫和京东等电商平台，并充分运用抖音、淘宝等直播平台拓展网上营销新领地。

大力培育知名品牌。全省目前已有“金佳”“玉珠”牌大米、“春丝”牌面条以及“大观楼”牌腐竹等品牌获“中国名牌产品”或“中国驰名商标”称号；佳特籼大米、柘林湖香米、香贡世家大米等 7 个产品入选第一批“中国好粮油”企业产品；宜春大米、鄱阳湖大米、万年贡米、永修香米等 9 个地方区域性产品成功被评为江西稻米区域公共品牌和绿色特色品牌；圣农、昌碧、汇银等 30 多个大米品牌获“江西省名牌产品”称号，100 多个粮油产品获全国、省“放心粮油”产品称号，提高了赣产粮油品牌的市场美誉度和综合竞争力。

五、推广行业新技术，促进传统产业上等升级

积极推广绿色生态储粮技术。在抚州市试点智能充氮气调储粮技术，并采取低温与充氮气调相结合的方式，高温季节实行充氮气调杀虫防虫

保鲜，低温季节实行机械通风控温密闭储粮。鼓励各地根据自身条件选用低温储藏、地表浅能等新工艺，推广绿色储粮技术。将南良荆山粮库打造成为全省信息化示范粮库，完成了墙体保温隔热和气密性改造，氮气气调、浅层地能等功能的升级工作。同时大力推广农户科学储粮专项建设，近年来共发放农户科学储粮仓 35 万套，有效减少农民产后粮食损失。

普及推广“四合一”储粮技术。结合“危仓老库”维修改造工程和中央预算内投资建仓项目，指导基层粮食部门通过退城进郊、原址改扩建等形式，建设了一批高标准现代化符合现代粮食流通发展需要的粮食储备库，为普及推广储粮“四合一”技术、绿色储粮和节能环保技术、高效装卸输送技术等提供良好基础。

加快推广智能信息化储粮技术。大力实施“智慧赣粮”工程，在全省 5 个示范库、125 个储备库以及 622 个收纳库中分层级推广粮食基础数据采集、多参数粮情监测、储粮数量在线监测、能耗在线监测、智能通风、智能精准干燥、入仓水分控制等智能仓储技术装备，以及储粮云服务系统，推进智能仓储信息集成技术与应用示范，实现粮食流通总体情况更明晰、监管更到位、调控更有力。

六、打造服务新载体，促进粮食产业可持续发展

着力加强仓储物流基础设施建设。抢抓国家实施“粮安工程”建设机遇，争取国家和地方财政资金支持，积极推进基层国有粮食企业退城进郊粮仓新建改造工程。目前全省主产区每个县均已建有符合现代粮食储藏要求的高大平房仓，极大缓解了粮食收储仓容紧张的问题。同时，在重要物流节点加强现代粮食物流（产业园）项目建设支持力度，既改善了国有粮食企业的基础设施条件，又为粮食产业流通发展奠定了扎实基础。

着力提升粮食质量检验检测能力。按照“机构成网络、监测全覆盖、监管无盲区”的粮食质量安全监管总体要求，加强省、市、县三级粮食

质量检验监测机构建设，推进地方国有粮食收储企业质量安全保障能力升级改造，逐步配备必要的检验仪器等设备，提高常规质量、储存品质、卫生安全、添加剂和非法添加物、微生物等方面的综合检验监测能力，为全省粮食产业健康有序发展保驾护航。

着力推进粮食产后服务中心建设。抓住实施“优质粮食工程”契机，争取国家重点支持，以国有粮食企业为主，兼顾农业合作社、有实力的粮食经纪人、工商资本等不同主体，三年建设326个集“代收储、代烘干、代加工、代配送、代销售”“五代”业务于一体的粮食产后服务中心，为新型农业经营主体和农户提供专业化服务。目前江西省粮食烘干能力可达0.96亿斤/天。

着力实施“中国好粮油”行动计划。重点支持10个示范县和2个省级示范企业将“五优联动”贯穿粮食产业发展全过程，促进“产购储加销”顺畅有序衔接。加大“江西好粮油”“江西好茶油”品牌宣传推广，开设“江西好粮油”和“德喜茶油商城”微信公众号，制作相关品牌宣传片，在首都机场、中央电视台新闻频道投放视频广告，在微信朋友圈进行公众推广，并在数字电视开机页面进行广告宣传，扩大了“江西好粮油”的知名度和美誉度。通过推广种植优质稻，实施订单收购方式，促进优粮优产、优粮优购。截至2019年年底，10个示范县和2个省级示范企业的优质稻种植面积共372万亩，新增优质稻订单面积164万亩，新增优质稻数量84万吨。

创新完善营销体系
开创“优粮优销”新局面

湖北省粮食局

近年来，湖北省粮食部门认真贯彻落实习近平总书记关于“粮头食尾”和“农头工尾”的重要指示精神，按照国家粮食和物资储备局的工作部署和省委、省政府的工作要求，加大政策支持力度，增强利益联结，推进线上线下融合发展，强化品牌营销，不断完善提升湖北优质粮油营销体系，不断开创“优粮优销”新局面。

一、加大营销政策支持，完善“放心粮油”新网络

湖北“放心粮油”工程建设始于2012年，为加大对这项民生工程的建设力度，省财政每年投入3000余万元，累计安排扶持资金近2.6亿元，按照“政府引导、企业主体、市场运作”的原则，用新的理念、机制和模式推动全省“放心粮油”市场体系建设，初步建成了全省“放心粮油”一张网。近年来，针对“一张网”建设中龙头作用不强、利益联结不紧、连锁经营效益不佳的问题，湖北省将完善提升放心粮油市场体系纳入“优质粮食工程”支持范围和粮食安全责任制考核内容，下发了《关于进一步完善全省放心粮油市场体系建设的意见》，进一步完善了市场网络体系。目前，通过强化全省“放心粮油”市场体系顶层设计、优化湖北荆楚粮油股份有限公司（以下简称荆楚公司）股权结构，构建了以荆楚公

湖北省放心粮油市场体系工作现场会议

司为核心、以 90 余家放心粮油配送中心为骨干、以 1500 余家放心粮油连锁店为终端的全省“放心粮油”营销“一张网”。

二、增强网络利益联结，构建市场体系新机制

为加强配送中心与连锁店的利益联结，优化全省“放心粮油”布局，荆楚公司将全省区域配送营销公司调整优化为 6~7 家，并实施控股。省粮食局从政策层面大力支持荆楚公司以控股、参股等形式进入区域配送营销公司和配送中心，实现资源优势最大化，经营管理一体化。同时，鼓励荆楚公司对各配送中心、各配送中心对所辖连锁店进行各种让利和返利，有力增强了体系的黏性。为加强全省“放心粮油”市场体系管理，积极推动动态管理和退出机制的建立。通过优化补贴发放制度，根据年度考核结果，将补贴向经营良好的配送中心和连锁店倾斜，推动示范配送中心和连锁店的创建。对考核结果靠后的配送中心、连锁店，由所在地粮食行政主管部门根据运行整改情况给予警示、停业整顿、通报、摘牌处理。严格把好入口关，通过严格审查、加强考评，确保新引入放心

粮油连锁店的质量。截至目前，全省有50家连锁店年销售额超过500万元，其中有3家超过2000万元、1家突破3000万元；已有14家考核不合格的配送中心被限期整改或予以调整，150家连锁店被限期整改或被摘牌。

三、促进线上线下融合，拓展优质粮油销售新渠道

省粮食局与京东商城签署了战略合作协议，着力推动“荆楚好粮油”电商业态的发展。荆楚公司专门组建了湖北荆楚粮油电子商务有限公司，大力拓展线上渠道业务。“荆楚大地”电商产品于2017年6月正式入驻京东自营，在“6·18”大促期间，实现单日销售150余万元、全国5大仓产品抢购一空的佳绩，成为全国电商粮油行业的一匹黑马。2019年,“荆楚大地”京东平台销售额已突破4000万元。目前，“荆楚大地”产品已覆盖京东自营、天猫超市、淘宝旗舰店、盒马鲜生、拼多多、苏宁易购等众多电商平台，形成了立体的电商营销体系。同时，为顺应新零售发展的形势，积极助力线下实体店升级转型，通过数据分析用户的产品需求，定点开发相应产品线，依据消费者与门店联系的密切度，优化产品供给，满足消费者多样化需求，通过用户线上下单门店线下送货的方式，为消费者提供便捷的服务平台，实现线上线下渠道场景化、用户数字化、营销智能化的新零售模式，畅通优质粮油消费服务的“最后一公里”。在2020年的新冠肺炎疫情防控阻击战中，全省粮食部门发挥“放心粮油”市场体系作用，指导荆楚公司、各区域配送中心及遍布城乡的“放心粮油”终端网点积极参加供应配送，向社会公开承诺“不关门、不涨价、不断供”，积极履行社会责任，确保全省粮食市场保供稳价。新冠肺炎疫情发生以来，粮油产品价格在全省各类生活物资供应价格中是最稳定的，为打赢疫情防控阻击战做出了重要贡献。

四、擦亮粮油公共品牌，打造优质粮油营销新方式

制定湖北粮油品牌发展战略，明确将“荆楚大地”作为湖北粮油公共品牌着力打造，并将其产品作为湖北“放心粮油”主打产品。从2016

2019 第二十一届荆楚大地——湖北粮油精品展示交易会

年起，省财政每年投入 3000 万元左右，在央视、省内媒体、机场、地铁、高铁、社区、“放心粮油”营销网点等关注度高的媒体和渠道集中宣传“荆楚大地”品牌，制作了《荆楚味道》系列电视纪录片，采用纪实的拍摄手法，通过自然环境、历史文化、人物故事、匠心打造等方面，全面演绎与阐述湖北粮油的特点与优势。同时，为进一步挖掘“荆楚大地”的品牌内涵，放大“荆楚大地”的品牌价值，建立“荆楚大地”品牌、省内区域粮油公共品牌及优秀企业产品品牌的“1+N+N”共建共享机制，目前已推出“荆楚大地 · 潜江虾稻”等多个系列产品。“荆楚大地”公共品牌建设已初见成效。为加强产销合作，持续实施荆楚粮油“走出去”行动计划，每年开展 3 次以上跨省产销合作活动，先后与福建、广东、广西、四川、重庆、云南、贵州、上海等省（区、市）共同举办粮食产销协作洽谈会，推介展销优质粮油产品，建立了长期稳定的合作关系。连续 21 年举办湖北粮油精品展示交易会，主动邀请外省的粮油加工企业、经销商等来交流、对接。近两年还组织重点粮油企业对接国家“一带一路”建设，走进南非、莫桑比克、印度尼西亚、泰国等国家开展粮油产销合作，湖北优质粮油销量逐年增长，品牌影响力、市场占有率不断攀升。新冠肺炎疫情期间，积极探索直播带货等新兴模式。省粮食局联合

《湖北日报》开展“荆楚大地”好粮油《湖北日报》抖音直播，组织省内10家粮油加工龙头企业参加，指导省荆楚粮油公司开展了15场线上直播。荆门市市长在抖音平台“荆品名门”带货直播，枝江市市政府开展鄂粤同心·湖北农产品大湾区网络交易会——枝江玛瑙米活动专场，进一步促进了湖北优质粮油的网上销售，实现了品牌流量、线上销量的提升。

产业联盟聚力　打造广西香米品牌

广西壮族自治区粮食和物资储备局

近年来，广西壮族自治区立足广西的区情及粮食资源优势，以打造“广西香米”区域公用品牌建设为抓手，深入实施“优质粮食工程”，取得了明显成效。

一、强化政策扶持引领，加快粮食产业结构转型升级

自治区党委、政府高度重视粮食安全及粮食产业发展工作。为充分发挥广西粮食资源特色优势，大力推进优质粮食产业化发展，2018 年 4 月，自治区人民政府办公厅印发《关于加快推进农业供给侧结构性改革大力发展粮食产业经济切实保障粮食安全的实施意见》，明确了自治区各有关部门在推进农业供给侧结构性改革、发展粮食产业经济、保障自治区粮食安全的职责及任务。2019 年 1 月，经自治区人民政府同意，自治区粮食和物资储备局、农业农村厅印发了《关于加快推进“广西香米”产业发展的实施方案》，提出通过实施“广西香米”品牌建设，引导和带动农民调整优化粮食种植结构，增加农民收入，把“广西香米”打造成为享誉全国的知名品牌，带动一批粮食产业化龙头企业发展壮大，加快推进广西粮食产业发展。

从 2004 年开始，广西一直实施稻谷补贴和粮食收购挂钩政策，2020

年计划收购政策性储备稻谷 80 万吨，其中优质稻收购调整增加到 50 万吨，全区确定收购基础价格为优质早籼稻 2.66 元 / 公斤，优质晚籼稻为 3 .04 元 / 公斤。对列入收购计划的稻谷，品质优良的品种收购价格还将适当上浮。稻谷生产者售粮后，除收购企业直接兑付售粮款外，财政部门还另外给予售粮者兑付售粮补贴，总计安排补贴资金 2.72 亿元，补贴标准为：普通早籼稻 0.24 元 / 公斤，优质稻 0.4 元 / 公斤，分别比 2019 年增加 0.04 元和 0.02 元。通过实行“优粮优补”的差别化补贴和优粮优价政策，确保农民种粮收益稳定，鼓励生产者多种粮、种好粮。在稻谷市场价格整体低迷的情况下，自治区通过实施粮食收购政策有力地支撑了全区的市场粮价，区内市场粮价一直维持在比较合理的水平，为全国稻谷产区极少数没有启动最低收购价执行预案的省份，这不仅使订单粮农受益，还带动非订单粮售粮农户也相应获得了较高收入，每年超过 60 万户农户享受政策补贴的实惠，同时共带动全区种粮农民每年增收 10 亿元以上。

广西香米种植基地

二、发挥产业联盟优势，促进“广西香米”品牌提质增效

自治区围绕打造“广西香米”区域公用品牌、建立好粮油质量标准、推广优质稻种植、建立优质稻收购贷款信用保证基金、制定优质优价长效机制、升级改造低温粮库和加工生产线、开展优质粮油品牌培育和宣传推介等方面积极开展工作。

（一）建立产业联盟长效机制，强化质量标准执行。组织区内28家重点粮食和种业企业成立广西香米产业联盟，制定实施了《广西好粮油 广西香米团体标准》《广西好粮油 广西香米质量控制规范》《广西好粮油 大米生产加工规范》，建立广西香米追溯系统，统一设计包装，通过质量标准的管控，促进“广西香米”产业快速发展，努力实现“从田间到餐桌”的全程质量监管。

（二）利用产业联盟企业影响力，不断扩大“广西香米”品种种植规模。**一是**推动联盟企业参与种子研发选育。从生产各环节入手，集中技术和资金研发、选育优质品种；建立“种业拉动米业，米业推动种业”的链条；对种子研发、繁种育种工作突出的企业给予奖励。2019年全区新通过审定的210个水稻品种中，有111个达到国家优质米标准，审定的水稻品种数及优质稻品种数均创广西历史新高，全区水稻优质率达到87%以上，为优质稻品种的种植提供坚实基础。**二是**加快推进优质稻种植基地建设。在适合“广西香米”等优质稻种植的南宁、贵港、玉林、来宾等区域和土壤富含硒地区，建立优质稻粮源生产基地，充分发挥“中国好粮油”示范县和示范企业的带动作用，结合粮食生产功能区建设，扩大地理标志产品的种植面积。2019年利用财政安排的1650万元优质稻品种推广专项资金，结合农业部门评比的“广西十大好稻米”品种情况，选取受种粮农户和市场欢迎的广粮香2号、粮发香丝、油占8号、野香优莉丝等品种，共采购58.9万公斤，免费发放给40个县的种粮大户和新型生产主体，通过以点带面，引导带动农民调整粮食种植结构，预计2020年全区符合广西香米产品标准或具有一定地域特色的水稻种植面积将达到1000

万亩以上，产量达到400万吨左右。**三是**扶持和推动粮食产业化龙头企业发展。支持龙头企业扩大产能规模、升级改造低温和准低温储粮仓及加工生产线，提高产品档次、创立知名品牌，培育扶持以粮食种植、收购、加工和创建品牌为一体的粮油产业企业集团。加快推进南宁中国东盟粮食物流（产业）园区、柳州螺蛳粉产业园区、全州县粮食物流（产业）园建设项目建设；发挥政府资金引导作用，重组粮食企业，带动更多社会资金投入粮食产业，提升“广西香米”加工和转化水平。

三、多渠道宣传推广，推动“广西香米”品牌影响力再上新台阶

为进一步扩大“广西香米”的品牌影响力，提升品牌价值，自治区积极构建各种宣传展示平台，加大宣传力度。**一是**加强与自治区有关部门的沟通协调，加快推进“广西香米”图形商标注册申请的复审工作。**二是**积极组织广西香米产业联盟企业参加“广西香米”广州推介会、中国粮食交易大会、广西名特优农产品（广州、桂林）交易会、中国—东

广西香米在广州推介会上受到专家、客商的欢迎和肯定

盟博览会等大型农业展会，联合交通运输企业，利用京广、南广高铁列车以及公交公司运营线路车体进行广告宣传。特别是从 2019 年年底开始在中央广播电视总台投放“广西香米”专题宣传广告后，极大地提升了“广西香米”品牌在国内的知名度和美誉度。**三是**组织开展了“广西好粮油”产品遴选工作，全区 20 家企业的 36 个产品被评为 2019 年度“广西好粮油”产品。**四是**广西香米产业联盟建立广西香米官网，积极发展“互联网 +”和电子商务，在南宁市上津粮油批发市场建设“广西香米”旗舰店，主要销售广西香米产业联盟企业的系列优质产品。组织开展“广西香米”进机关、进企业、进社区活动，同时对接区内各大超市，在超市内设立“广西香米”专柜，满足消费者采购需求。通过线上线下销售结合，不断拓展市场服务功能，树立“壮美广西、生态好米、广西香米”的整体形象，促进“广西香米”产业高质量发展。

实施“天府菜油”行动 培育四川粮食产业经济发展新动能

四川省粮食和物资储备局

四川省是全国油菜籽生产和消费大省，常年种植面积1800万亩，油菜籽产量290万吨左右、菜油消费100万吨以上，产销量均居全国第一。四川省深入贯彻习近平总书记关于“粮头食尾”“农头工尾”“擦亮四川农业大省金字招牌”重要指示精神，全面落实省委、省政府“加快发展川粮（油）优势特色产业”的决策部署，结合“中国好粮油”行动，以打造“天府菜油”公共品牌为抓手，大力实施“天府菜油”行动，加快建设“川粮油”现代产业体系，积极培育四川粮食产业经济发展新动能。

一、坚持“五优联动”，精心谋划“天府菜油”行动

充分发挥流通对生产和消费的引导作用，推动品牌建设，增加绿色优质菜油产品供给，构建具有四川特色的优势产业。**一是突出全链条导向**。从油菜产业“产购储加销”五个环节入手，通过创设“天府菜油”公共品牌，发展优质绿色生产基地，实施“订单收购”低温储存，培育菜油龙头企业，拓展优质菜油销售渠道，进而推进油菜产业全链式发展，促进“天府菜油”向千亿产业迈进。**二是突出目标导向**。明确设定了力求实现的“5个10目标”，即打造10个“天府菜油”核心产品、培育10个销售收入10亿元的骨干油脂企业、建设10个10万亩优质基地、新增

四川省优质油菜种植基地

订单收购 10 万吨、菜油优质品率提高 10 个百分点。

二、强化部门联动，精诚凝聚“天府菜油”合力

四川省委、省政府高度重视，省长尹力、时任常务副省长王宁多次就“天府菜油”行动作出重要指示批示，要求统筹规划、协力推动。**一是健全领导机制**。建立了以省粮食和物资储备局、财政厅为召集人，农业农村厅等 12 个部门为成员单位的联席会议制度，初步构建了工作协调、财税扶持和统计指标体系。**二是强化协同联动**。先后在首届中国粮食交易大会、第十七届西部国际博览会上设立“天府菜油”展馆，受到了国家局张务锋局长和省委、省政府领导的充分肯定，以及社会各界的广泛好评。两次展览共接待游客 50 万人次，成交菜籽油 42 万吨，协议成交额达 39 亿元。省财政厅联动跟进，已落实“天府菜油”行动专项资金 2 亿元左右。省农业农村厅协作补链，2019 年全省种植油菜籽 1841 万亩，发展了 10 个 10 万亩“天府菜油”原料基地。

三、严控团体标准，精准凸显“天府菜油”品质

坚持质量标准就是产品核心竞争力的理念，以团体标准制定和质量

动态监管为重点，引导“天府菜油”生产者规范种植、加工者标准生产、消费者提档升级。**一是科学制定标准体系**。邀请国家局标准质量中心、中国粮油学会全国油脂标准专家，借智借力，逐步构建原料、油品、副产物等5个产品标准和种植、储存、加工、质控4个技术规范的“5+4”“天府菜油”标准体系，形成从“田间到餐桌”的“全产业链”质量标准。**二是加强质量动态监管**。充分发挥省粮油中心监测站作用，推广应用先进质量安全管理技术和方法，逐步建立可溯源定位监测和标准大数据库，保障产品优质性、稳定性和独特性。同时，督导省粮食行业协会加强行业自律，规范品牌授权、诚信经营，引导品牌企业实施全过程、全流程、全方位质量管控。

四、突出科技兴粮，精心组建“天府菜油”联盟

坚持把创新作为“第一动力”，健全完善优质菜油“绿色生产”体系，高标准打造产业创新联盟。**一是聚焦提升创新能力**。15家骨干油脂收储加工企业、3家终端销售企业和2家科研院所组建联盟，搭建形成了5个产学研合作平台，构建起市场需求与产品研发、生产加工与消费流通等环节的“纽带桥梁”，塑造“科技兴粮”产学研合作新机制，提升了产

“天府菜油”行动启动暨产业创新联盟成立大会

业创新力和市场竞争力。**二是聚焦发挥引领作用**。联盟作为“天府菜油”行动的“先行者”和“主力军”，推动产业链、创新链、人才链、价值链和生态链“全链发展”融合，示范引领四川省油菜产业区域化布局、规模化种植、标准化生产、现代化销售和数字化管理，逐步成为带动种植农户增收、油菜产业发展的重要载体。

五、注重点面带动，精细夯实“天府菜油”基础

积极融入省委“一干多支、五区协同”战略部署，坚持典型示范、以点带面，夯实基础、全域发展。**一是打造融合发展示范基地**。由省级部门指导、县区政府规划、龙头企业主建，拟在成都平原、川东北以及川西北地区遴选政府支持力度大、工作基础好、条件适宜性强的县区，围绕建设优质原料基地、完善收储加工体系、建立质量溯源体系、推进产业融合发展等重点任务，建设油菜产业“全链”发展融合示范基地。**二是推动产油大县夯基垒台**。确定了崇州、邛崃、安州等一批产油大县（市），实施“中国好粮油”和“天府菜油”行动，整合优势资源，重点做好“菜、花、蜜、油、粕”五篇文章，不断提升四川油菜产业核心竞争力，培育粮食产业经济发展新动能、助推乡村产业振兴。**三是全面畅通受众接纳渠道**。积极通过全国性权威媒体以及新媒体进行宣传，充分发挥电视、机场广告的覆盖面广、传播力强的宣传优势，拓展营销覆盖面和受众面，提升影响力和竞争力。通过公开招投标，优选了央视晚间新闻联播、东方时空、新闻30分播前黄金时间点，北京首都国际机场、成都双流国际机场的电子屏幕、登机走廊、值机平台等进行大力宣传，让“天府菜油”实实在在地走进百姓生活，提升消费者的生活品质。

充分发挥全产业链优势
引领带动粮食产业转型升级

中粮集团有限公司

作为资产排名第一的国际粮商和维护国家粮食安全的骨干力量，中粮集团有限公司（以下简称中粮集团）创造性提出并持续推进全产业链战略，在上游快速完善全球战略布局，创新发展农业综合服务模式，带动农业转型、农村发展、农民致富；在中游着力发挥加工制造的聚合作用，通过先进科技和管理，带动行业升级和质量安全体系提升；在下游以品牌建设为引领不断丰富食品品类，通过强大终端销售网络保障供应，满足人民对美好生活的需求升级，充分体现中粮集团作为为国谋粮的大国重器的地位、作用和价值。

一、拓展产业链上游供给端，完善全球战略布局保障国内需求，通过创新综合服务模式助推现代农业发展

中粮集团着眼国内需求刚性增长和资源环境承载能力的长期矛盾，一方面积极实施"走出去"战略，调动全球资源满足国内需求；另一方面积极创新农业综合服务模式，引导国内农业发展方式转型升级。

在全球，中粮集团以有效满足国内需求为出发点，2014 年并购尼德拉和来宝农业两家跨国粮商，在南美、北美、黑海、"一带一路"沿线等主要产粮区拥有了一批码头、仓库、加工厂等战略设施，2019 年海外综

合经营规模约 1 亿吨，业务遍布 140 多个国家和地区，初步形成了覆盖全球主要粮食产区的多元化网络渠道，成为国家统筹两个市场两种资源，保障粮食安全的重要力量。

在国内，依托自身产业优势积极建设“公司 + 基地 + 农户（合作社）”利益共同体，整合多方资源打造综合性农业服务平台，推动订单农业、粮食银行、农事服务、农业金融、智慧农业等创新发展，引导种植结构优化，促进农民增产增收，提升农业质量效益。

一是拓展订单农业。中粮集团提出品种、品质要求，与农业生产带头人、种子公司等建立农业产业化联合体，带动当地连片种植、标准化生产，帮助种植户降低成本、提升效率、确保质量。2019 年实现订单农业管理面积合计 400 多万亩；2020 年新冠肺炎疫情发生以来，积极服务春耕备耕，截至目前已完成新季谷物订单面积超过 200 万亩、糖料订单面积超过 130 万亩。

二是发展“粮食银行 +”。中粮集团以区域粮库为主要抓手，采取市场化方式，吸收农户手中余粮为“储蓄”，“储户”可凭“存折”随时提取、折现，在保障农民粮食所有权的前提下，为农民提供烘干、仓储等收储服务以及分批次的结算服务，解决农户普遍关心的储粮和销售难题。2019 年，农户累计存入中粮集团“粮食银行”255 万吨粮食，涉及土地约 450 万亩，实现每亩增收 40 元左右。

三是创新农事服务模式。在东北，中粮集团与中化农业等相关企业加强合作，共同打造“农业服务中心”，2019 年累计配套化肥服务 20 万吨，同时在内蒙古通辽试点土地托管 6.3 万亩，探索从种到收全程管理的模式。在湖南，与 6 家稻谷种子公司签订协议，确保良种供应和全程技术服务，贯通从良种繁育、原粮生产到精制加工、品牌营销的全环节运作。在新疆，大力推广甜菜机械种植和科学种植，引进改造苗床整体机、播种机、全自动采收机、清洁装载机等各类农机具，并交由农机合作社管理经营，为种植户提供专业化服务。

四是推进农业金融服务。在种植环节，联合银行、农业信贷担保等机构为新型主体提供“种植贷”“粮抵贷”“代储分离”等多种方式的金融服务。在养殖环节，联合金融机构为奶牛养殖合作社提供预支奶款、贷款、资金扶持等金融服务。2019年中粮集团旗下蒙牛乳业联合金融机构累计投入发放扶持资金超过27亿元，覆盖合作社500多个；2020年新冠肺炎疫情期间累计发放约30亿元免息贷款，帮助合作社渡过难关。

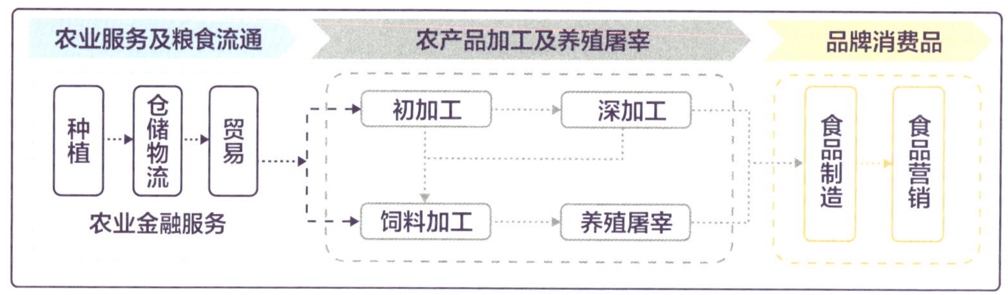

全产业链模式示意图

五是积极探索智慧农业。中粮集团携手中国农业科学院共同打造“中粮智慧农场”，积聚7项世界领先技术、11项国内领先技术和中国农业科学院专利技术，覆盖新能源、节水农业、循环农业、智能化、物联网等关键领域，打造“从田间到餐桌”的一站式生态链条，为推动“产城一体”城镇化发展提供经验借鉴。着力加强种植、养殖环节的信息化平台建设，包括农事服务“易良农业产业化平台”、甜菜“大数据运营管理系统”、生猪“养殖场生产作业系统”等信息化工具，提升种养环节的智能化、自动化水平。

二、做强产业链中游生产端，发挥加工制造的牵引枢纽作用，通过先进科技和管理引领行业升级、优化行业质量安全体系

中粮集团以市场需求为导向，不断强化加工制造环节的产品研发、工艺改造、质量安全等能力体系建设，引导上游生产，提供更加优质的食品和食品原料。

通过产品和工艺提升有效衔接农业生产与消费。在稻谷加工上，围绕优质稻谷收购加工，优化加工工艺，实施溢价收购措施，确保田间到工厂无缝对接，建立全程检验检测体系和防伪查询平台，确保好粮能够“种得下去、收得上来、端得出来”。在玉米加工上，针对蜡质玉米淀粉的特殊功能，2017 年在吉林公主岭投资兴建蜡质玉米加工生产线，并带动周边农民开展蜡质玉米订单种植，2019 年共涉及农户 2000 余户，为农民带来直接经济收益 1380 万元。

通过综合产业园建设不断提升农产品加工转化效率。立足粮油加工内在协同逻辑，系统推进不同产品加工制造和仓储物流的一体化布局，实现园区综合设施共建共享和产业之间有机协同，打造区域性加工中心、物流中心和分销中心。目前，中粮集团在江苏张家港、四川成都、山东日照、辽宁大连、广东东莞、安徽巢湖和蚌埠、湖北黄冈和荆州拥有 9 个综合性产业园，2019 年总销售收入超过 500 亿元。其中，张家港产业园为国内首家粮油综合加工产业园，经过多年发展已成为亚洲最大的综合粮油食品加工基地，涵盖大豆压榨、小麦加工、稻谷加工、饲料加工、油脂深加工等多种业态，2019 年实现销售收入 150 亿元，成为当地吸纳就业、贡献利税的骨干龙头企业。

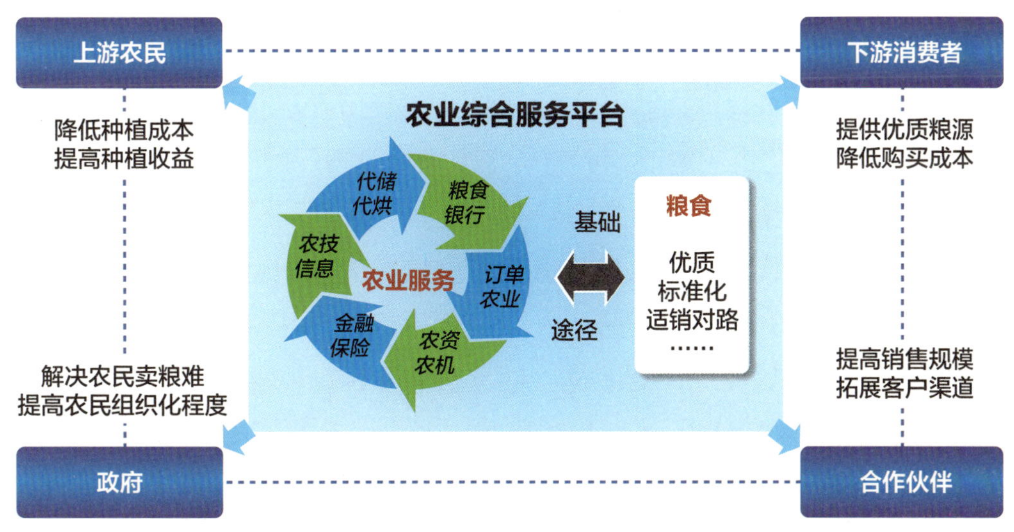

农业综合服务平台

通过全程可追溯体系建设不断提升食品质量安全保障水平。建立由7个模块、11个子系统构成的食品安全管理体系，开发具有自主知识产权的绩效评估系统，不断提升全产业链可追溯机制的能力和效率，用行动守护“舌尖上的安全”。其中，福临门油已实现2小时正向和逆向追溯；福临门米实现全产业链闭环管理，建立了统一的溯源查询平台；蒙牛乳业建立了数字化“食品安全治理实施监控平台”，从牧场到经销商的信息化追溯正向1小时、逆向2小时，生产过程追溯只需30秒。

三、对接产业链下游消费端，着力打造大品牌大市场，通过强大终端销售网络保障供应人民群众高品质食品需求

以中粮集团母品牌建设为统领，大力发展“福临门”米面油、“蒙牛”乳品、“长城”红酒、“家佳康”肉食、“我买网”食品电商等重点子品牌，依托遍布全国952个大中城市、十几万个县乡村的230万家终端售点，提供安全、营养、健康的食品和服务，不断提升品牌销售能力和价值增值。

不断丰富产品品类，更加注重营养健康。在米面油产品方面，开发营养型玉米油、高端葵花仁油，提升非转基因菜籽油和花生油的风味，开发营养均衡的“金盈”十二谷米伴侣产品，发展丰富多样的面条、面包等系列主食产业化产品。在其他产品方面，完成国内首家液体糖产品创制并正式投产，加强猪肉制品和熟食的营销推广，拓展奶粉、奶酪等高附加值奶品业务，同时依托国际化体系拓展所在国优质农产品、高端进口食品等多元化供应渠道，不断满足人民日益增长的高品质食品需求。

不断拓展营销渠道，发挥中粮整体优势。在加强传统渠道建设的同时，不断拓展现代渠道，包括打造我买网食品电商平台，拓展餐饮行业的渠道通路，提升政府、军队、大型企业等粮油食品综合供应能力，探索抖音等直播带货模式，借助进口博览会、全国糖酒会等大型会展平台提升中粮品牌整体形象。特别是在庆祝中华人民共和国成立70周年系列活动中，中粮集团圆满完成阅兵村基地主副食供应、合训演练及阅兵组合餐包供应、天安门观礼台食品供应三大任务，旗下米、面、油、面包、

乳品、肉食、饮品以及休闲食品等产品实现100%检验合格率，受到阅兵活动指挥部和受阅官兵的高度肯定，中粮品牌的知名度和美誉度得到极大提升。

下一步，中粮集团将以习近平新时代中国特色社会主义思想为指引，坚决贯彻落实党中央国务院决策部署，继续强化“从田间到餐桌”的全产业链经营优势，不断提升运作效率和组织能力，以实际行动助力粮食产业经济高质量发展和农业供给侧结构性改革。

高水平建设稻米全产业链
推进粮食产业经济发展

江苏省农垦米业集团有限公司

江苏省农垦米业集团有限公司（以下简称苏垦米业）是一家集科研、种植、仓储、加工、销售于一体的稻米全产业链发展公司，是农业产业化国家重点龙头企业。2017—2019 年，苏垦米业连续三年被评为“中国好粮油示范企业”，并成为“中国好粮油”产品标准制定单位之一；2018—2019 年，连续两年获评“中国百佳粮油企业”，苏垦大米连获第十六、第十七届中国国际粮油展“金奖”；2019 年，获评“中国十佳粮油高质量发展标杆企业”和“全国放心粮油示范加工企业”，成功入围全国军粮加工企业名录数据库，获得全国军粮供应资质。

一、以资源整合为平台，全力打造大米全产业链

2011 年，江苏省农垦集团有限公司（以下简称江苏农垦）对垦区内农业资源进行战略重组，把与稻米相关的科研、育种、种植基地、投入品控制、加工等生产要素融于一体，从体制上保障了全产业链所必需的各项要素的整合与最优配置，实现了诸多关键环节的有效协同。苏垦米业作为核心的产业化龙头企业整体纳入其中，发挥着中枢作用，一方面秉承“好大米是种出来的”理念，利用规模化的集体经营模式，推行“统一品种布局、统一农资供应、统一农艺措施、统一机械作业、统一病虫

苏垦米业全产业链经营模式

害防治、统一产品购销”的六统一管理模式，系统进行土地质量跟踪，大力推广土地有机质的培育，注重土地修复与环境保护，建设高质量的绿色、有机食品生产基地，已建成绿色食品种植基地面积近 100 万亩，有机米认证面积 1500 亩；另一方面充分利用自身一流的储存与加工能力、现代物流体系和健全的销售网络，将安全、优质、健康的产品送入终端客户手中。

二、以质控体系为抓手，建设安全优质标杆企业

多年来，苏垦米业持续把“生产有记录、信息可查询、流向可追踪、责任可追究、产品可召回、风险可控制、质量有保障”的质控体系作为战略举措来抓，使其成为苏垦大米永恒的质量标贴、客户认可的企业标准，形成竞争对手无法复制的核心竞争力。**一是实现质量控制体系全覆盖**。目前所有苏垦系列大米实现了从空气、土壤、水源以及种植、收割、仓储、加工、销售的全过程可追溯，追溯面积达 86 万亩，位居全国前列。消费者可随时通过网络、二维码等方式查询产品信息。**二是提高质控体系集成度、开放度和兼容度**。在现有质控系统的基础上，把质量控制体系与供应链管理高度集成，与客户建立数据共享机制；适度扩大信息开

放度，使消费者能够充分感受到粮食生产过程的公开、透明、可信；充分运用物联网、信息化、数字化、可视化等手段，与现有质量控制系统相互兼容，充分满足消费者体验性的需求；强化操作规程和产品标准的程序化、规范化，确保苏垦大米质量安全管理落实到位。

三、坚持创新驱动，着力高质量发展

创新是引领发展的第一动力。苏垦米业坚持深入实施创新驱动发展战略，有力推动公司高质量发展。**一是创新商业业态**。成立江苏农垦电子商务有限公司，创建“苏垦尚膳”自营电商平台，深度拓展 B2C（商对客）、B2B（商对商）业务。用新零售综合体思维，靶向营销，开发中高端群体和 80 后、90 后消费群体，推进商业模式创新。策应江苏农垦农业品牌电视、公交、地铁等媒体广告投放效应，多方式并举，有步骤推动实体店布局，实现线上线下高度融合的销售模式。深挖自有优势，发展体验营销、会员营销、定制营销，开发“家有一亩富硒良田”定制产品，强化产品与市场的有效对接，充分满足客户多元化、个性化需求。下移营销渠道，细分市场，实现销售网格化，完善分销体系，使小众产品分销能力显著提升。**二是创新科技研发**。与南京财经大学合作设立研究生工作站，培育技术型高端人才。与江南大学国家工程实验室合作成立农产品精深加工联合研究中心，签订战略合作协议，推进白糠高值化研究及产品开发、儿童系列营养米制品的研发、稻米品质评价技术研究及基础数据库构建。与江苏省农垦农业科学研究院合作开展新品培育工作，在海南建立南繁基地，对筛选出的符合“中国好粮油”稻谷标准要求的品种进行加代繁育。成立稻米精深加工研究所，研究、试验、开发新品种。与苏州硒谷科技有限公司合作，大力发展功能农业。**三是创新品牌经营**。形成了国家标准、企业标准、客户标准“三位一体”的品牌标准体系，不断提升产品市场竞争力。以入选“中国好粮油”的南粳 46 与南粳 9108 为突破口，加强品牌战略统一规划，实现优质品牌与优良品种合一，提升江苏农垦稻米板块整体品牌价值。积极参加国家粮食和物

江苏省品牌稻米产业技术创新战略联盟成立暨第一届成员大会

资储备局、农业农村部、江苏省组织的各类展示、展销活动。注重与《人民日报》《南京日报》《新华日报》等主流媒体合作，尝试网络直播等新销售模式，坚持利用各种资源进行线上线下传播，将企业、产品、品牌、文化融为一体进行宣传。

四、彰显农垦国家队形象，突出示范带动作用

大规模参与农村集体土地经营权流转。目前，江苏农垦已协议流转土地面积累计达150多万亩，实际交付土地面积约20万亩，有效调动和利用了土地资源，解决了农民就业与农业规模化经营的问题。在此基础上，苏垦米业积极推广无公害优质水稻标准化生产体系，大力拓展种植基地。在收购季节，按照超出国家最低保护价的价格收购种植基地周边乡镇农户的优质稻谷，使农民在家门口就能以高价出售新稻谷。积极做好产业精准帮扶工作。围绕建立“江苏农垦优质稻米生产基地”，制定优质稻米种植基地发展规划，扩大优质稻米种植基地推广辐射面积。同时，选择产业基础较好的泗洪县龙集镇勒东村重点建设虾稻共生基地，在淮安区钦工镇宋集村重点探索建设“企业＋合作社＋农户”模式的优质稻

米产业帮扶基地，并在该村建设中小型烘干线，完善配套设施，形成长效帮扶机制，实现产业可持续发展。坚持市场化手段落实帮扶措施。实行优质优价，并以产品回收合同形式约定，明确溢价部分补助村集体收入。2019 年，共使用帮扶资金 34.15 万元，其中收购小麦 1730.96 吨，完成率 169%，帮扶资金 8.22 万元；收购水稻 2736.93 吨，完成率 101%，帮扶资金 25.93 万元，高效完成产业帮扶任务。

未来，苏垦米业将充分依托江苏农垦全产业链一体化经营平台，拉长加粗大米产业链，拓展农产品精深加工，推动稻米产业转型升级，大力促进产业融合，加快推进粮食产业经济发展。

坚持“五优联动” 促进产业链融合发展

安徽省粮食集团有限责任公司

安徽省粮食集团有限责任公司（以下简称集团）是安徽省政府批准设立的国有独资企业，是农业产业化省级龙头企业。近年来，集团秉持新发展理念，不断向产前、产后延伸产业链，通过“五优联动”，推动全产业链融合，发展粮食产业经济，取得了较好的经济效益和社会效益，促进了企业较快发展。2019 年，集团实现营业收入 20.09 亿元，实现利润总额 1.09 亿元，荣登“中国十佳粮油集团”榜。

一、加大基地建设，优粮优产种植好粮源

集团与全椒县政府签订稻虾共作战略合作协议，投资 1.2 亿元，通过流转土地 2 万亩，建设标准化“稻虾共作”基地，采用“稻虾共生”的立体生态技术，种出来的生态稻米完全达到天然无公害标准。稻虾共作已成为当地农民种田的“好选择”，农民增收致富的“新引擎”。

以所属全椒华丰粮食产业园为依托，采取“公司 + 基地 + 农户”模式，发展优质水稻订单生产，并牵头组织种子公司、农机合作社、家庭农场、种植大户和粮食加工企业等 19 家企业成立了全椒华丰稻米产业联合体。所属宣城景丰粮油食品公司，作为浙江会稽山绍兴酒股份有限公司、古越龙山酒股份有限公司和五粮液集团等的优质粮食原料供应商，

充分利用身处优质糯稻和小麦生产基地的优势，与青草湖、白湖等农场，水稻种植专业合作社，当地种粮大户合作，签订优质糯稻、小麦生产订单。截至 2020 年上半年，集团已建立优质粮食生产基地 4.37 万亩，实现优质粮食订单种植 6.8 万亩。

安徽省粮食集团稻虾共作基地

二、引导优粮种植，优粮优购带动农户增收

集团采用三种模式引导种植优质粮食，有效促进农民调整粮食种植结构，实现增收增效。一是大面积发展稻虾共生种养结合的模式，促进当地农民种植优质稻谷，以高于普通稻谷市场价 0.2~0.3 元 / 斤的价格收购优质稻谷，每亩地为种植户增效 200~300 元，大大提高了农户优质粮种植积极性。二是通过发展产业化联合体，一方面，统一供种及生产资料，降低种植户种子及生产资料成本；另一方面，由粮食加工企业与种植户签订优质粮收购订单，收购价格高于市场价格约 0.1 元 / 斤，从而使农户每亩增收 100 元左右。三是开展优质稻谷、小麦订单种植，以高于市场价格约 0.75 元 / 斤收购，有效增加了种粮农民收益。几年来，集团通过优粮优购，年均直接为种植户带来增收千万元以上，带动实现种植优质高效示范田 60 多万亩，推动了粮食种植结构的调整，助力产业扶贫，丰富了市场对优质粮食产品的需求。

三、完善产后服务，优粮优储实现科学保粮

集团发挥自身分布在全省的仓库优势，对优质粮食实行分品种、分等级、分仓廒储存，通过对仓储管理、熏蒸、通风等方面进行技术革新，采取低氧低温低药储存保管，借助安徽省粮食与物资储备局投入建设的仓库“智慧皖粮”系统，实现对优质粮食科学保管、绿色储粮和智能化管理，保证优质粮食存储期间质量良好、储存安全。为此，集团所在全椒华丰粮食产业园粮库被评为“全国放心粮油示范工程示范仓储企业”。作为集团“五优联动”重点实施基地的全椒华丰粮食产业园，占地 120 亩，已完成投资 1.2 亿元，现拥有标准化高大平房仓 27 栋，总仓容 16 万吨。为确保种植的优质粮食收购入库优质、储存安全，该园建立了农户产后服务中心，投资安装 6 套循环式烘干机 2 座，日烘干潮粮能力 1000 吨，自 2015 年投入运营，累计烘干稻谷 20 多万吨，小麦 10 多万吨，有力保障了收购入库粮食的质量安全，解决了种植户清杂、晾晒等难题。目前全椒华丰粮食产业园又扩征土地 200 亩，正在着手开展优质大米、食品、龙虾等农产品冷链物流项目建设，项目总投资约 5 亿元，建成后将立足安徽、对接长三角地区、辐射江浙沪地区。

四、加快加工项目建设，优粮优加促进产业升级

粮食精深加工是发展粮食产业经济的突破口和切入点，是坚持“五优联动”的关键环节。截至 2020 年 6 月，集团已拥有建成和在建的粮食产业园 4 个：合肥新桥粮食仓储物流产业园已建成投入使用；全椒华丰粮食产业园正在续建和扩建中，2017 年建成年产 20 万吨的饲料厂 1 座，已带动周边粮食生产基地的 40 户农户开展标准化种植和养殖，年产 20 万吨的优质大米生产线预计 2020 年 9 月投入生产；宣城景丰粮食产业园已建成投入使用，占地 100 亩，年加工精米 10 万吨，产后服务中心日烘干潮粮达 500 吨；芜湖南陵粮食产业园占地 160 亩，已建成一期年产 8 万吨优质大米生产线和日烘干潮粮 200 吨的产后服务中心工程，预计 2020 年年底建成投产。集

团创建的“景丰”牌糯米、粳米和大米，被国家绿色食品认证为 A 级产品；“荒草圩”牌稻虾米使用绿色食品标志，入选全国名特优新农产品目录。“景丰”牌系列米和“荒草圩”牌稻虾米在第十七届国际粮油产品及设备技术展示交流会上荣获金奖。

安徽省粮食集团新桥粮食产业园

五、创新产品销售，优粮优销助推提质增效

在优质粮食市场推广供应上，集团积极参加全国各地农展和“好粮油进社区”等活动，加强优质粮品牌推广，积极对接华润、苏果等知名商超企业，落实优质产品入市销售。通过中国粮食交易市场、集团网站及名特优农产品商店进行优质粮竞买、竞卖及市场供应，开拓线上销售渠道。同时利用国家大米进口配额计划，进口“一带一路”沿线的泰国、越南、柬埔寨、巴基斯坦等国家的优质粮食投放国内市场。所属省粮油储运公司积极与福建、海南、重庆、广东等销区开展优质粮食产销对接，所属省机械化粮库以质取胜，成为五粮液集团优质粮食原料长期战略供应商。

梦想照亮未来，征程未有穷期。站在“两个一百年”奋斗目标的历史交汇点上，集团将深入贯彻落实习近平总书记关于国家粮食安全、发展粮食产业经济的重要论述，以永远在路上的韧劲和执着，干在实处、拼在一线，不断书写集团“坚持‘五优联动’，促进产业链融合发展”新篇章！

一二三产融合发展　争做粮食产业化先锋

湖南克明面业股份有限公司

湖南克明面业股份有限公司（以下简称克明面业）专注于挂面研发与生产，“陈克明”品牌被誉为中国挂面行业第一品牌。目前，克明面业正在试行从粮食生产、收购、仓储、加工、销售、供应链金融一体化的“一二三产融合”的盈利模式，从市场需求出发，借助品牌营销、现代管理、订单农业等工具，引导农户科学种植，提高粮食加工产业化水平，打造克明面业产品的核心竞争优势。

一、发展稻虾订单农业，做大做强湖南稻米品牌

南县素有“鱼米之乡”的美誉，这片土地产出的“南洲稻虾米”荣获国家地理标志商标。近年来，南县大力推广生态“稻虾米”种植，克明面业响应号召，建设了标准化优质“稻虾米良种繁育基地”。克明面业采用“公司＋基地＋农户＋电商”的模式带动农户增收，稻虾米产品远销广东、福建、北京、香港等经济发达的地区。已在南县投资建设两条大米生产线，年加工能力达10万吨。

二、构建全国营销网络，拓展“好粮油”产品渠道

克明面业拥有一支优秀的营销团队，销售网络遍布全国31个省、

直辖市、自治区，在重点中心城市设立办事处13个，地市和县级开发经销商930多家。

（一）优化经销商体系，实现从“经销商”到“营销商”的转变。推行“制造业服务化”的理念，对目前流通渠道的1800余家经销商进行优化升级，通过派遣驻地业务、配置专人一对一拓展帮扶等形式，将上市公司在财务管理、金融服务、人力资源、营销推广等方面的经验导入经销商系统，提升经销商经营能力，实现从“经销商”到“营销商”的转变。

（二）构建KA（重要客户）直营系统。克明面业目前已初步完成KA直营系统平台的搭建，几乎覆盖全国所有KA卖场、50多个直营系统，5000家左右的大型卖场门店。未来，克明面业将借助KA品质标杆的形象，快速导入优质米面，通过平台的宣传推介，引领粮食消费升级。

（三）打造品牌示范店，自建营销网络。公司计划自建品牌形象示范店，将百姓日常消费的面条、面粉、大米、米粉等产品，全系列集中陈列，以全新的姿态塑造公司大品牌形象，为行业树立品质标杆。同时向消费者普及健康知识，促进粮食消费升级。公司计划以长沙为中心建设品牌旗舰店，后期逐步推广至湖南其他区域，通过直营或加盟等形式，逐步建设覆盖全国的品牌示范店，为社区居民提供优质放心米面。

三、加强质量管理，加大研发创新投入

（一）持续完善符合国际标准的安全质量控制体系。克明面业长期注重生产环节的质量控制，通过明确食品安全管理机构及责任人、每月食品安全工作考核、完善企业原辅料内控标准、积极推进ISO9001、HACCP（危害分析与关键点控制）管理体系等多种手段保障食品质量安全。自2014年以来，全国各地食品药品监督管理局共抽检“陈克明”牌挂面及相关产品347批次，合格率达到100%。

克明面业面制食品自动化车间一角

（二）积极参与食品研发项目，不断推陈出新。克明面业在长沙环保科技产业园区陆续投资 2 亿多元，成立了湖南省克明食品研究院，拥有各类检测研究设备 3000 余台（套），价值 3000 多万元，设备实力目前居国内食品生产企业检验机构前列。

近几年来，克明面业在挂面生产中的拌料、熟化、烘烤、切面等工艺上，已获得国家授权专利 93 件（其中发明专利 32 项），获得省部级科技成果 3 项，获得国家科技进步二等奖 1 项。克明面业于 2017 年参与制定了“中国好粮油”挂面标准，2018 年作为牵头单位，联合河南工业大学、江南大学等机构，进行“大宗面制品适度加工关键技术装备研发与示范”项目的研发，该项目被列入国家“十三五”重点研发计划。

四、借助新兴品牌传播平台，提升市场占有率

（一）携手“非诚勿扰”。2018 年克明面业持续增强对“好粮油”的品牌宣传力度，10 月启动大型综艺栏目植入合作项目，以指定产品名义赞助江苏卫视《非诚勿扰》节目，通过主持人口播、压屏条等形式为“陈克明”品牌进行背书；同步启动线上宣发，综合运用朋友圈小视频等传播手段进行二次宣发，获得消费者青睐。

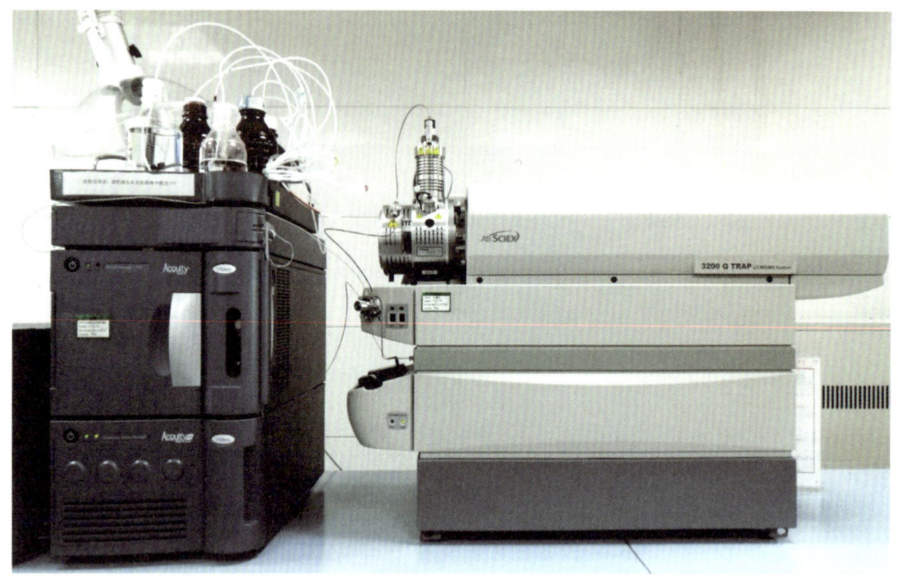

克明面业研发检测中心的液质联用仪

（二）以“中国速度”驶入发展快车道。克明面业斥巨资将宣传阵地延伸至“中国名片”——高铁。中国高铁“安全”“便捷”“高效”的特性与“陈克明”品牌内涵高度契合，实现了品牌与高铁名片的有效结合。

此次与高铁的合作意味着“陈克明”品牌又迈上了更高的发展平台，更展示了“陈克明”打造国家品牌、民族品牌、百年品牌的雄心和决心！

五、全面复工复产，战“疫”进行时

（一）抗击疫情，共同担当。2020年新春伊始，新冠肺炎疫情牵动着全国人民的心。在全国上下防控疫情的关键时刻，克明面业作为中国主营挂面第一家上市企业，积极履行社会责任，开展应急保障措施，保障产品供应，稳定市场价格。在全力满足民众需求的同时，心系抗战在疫情第一线的医务人员，克明面业旗下品牌“陈克明”“五谷道场”紧急筹备救援物资陈克明乌冬面及五谷道场非油炸方便面数千箱，驰援武汉。2020年2月，克明面业联合凤凰都市传媒，将7座城市的核心商圈地标、12处户外LED旗舰大屏同步点亮，向国人传递“中国加油　大爱无疆”

的抗击疫情必胜信心。2020 年 4 月，克明面业董事长再次向湖南省南县慈善基金会捐赠 50 万元，将企业的责任担当化作实际行动及时送到疫情一线。

（二）稳价格，保供应。为支持和保障各区域居民对主食类消费品需求，助力疫情防控，克明面业向长沙雨花经济开发区新冠肺炎防控指挥部申请提前复工，在获得审批后积极号召员工返工，开启生产模式，及时供应市场；承诺保质、保量、保供应、稳价格，向销售陈克明面条的 50 多万家门店发出“稳价格　保供应”的倡议，杜绝出现哄抬物价、囤积居奇等现象。

在举国疫情防控的关键时期，克明面业及全体员工积极作为、主动担当，为保障挂面的市场供应、稳定居民的正常生活贡献了一分力量。

勇担使命保粮安　深化改革求发展

深圳市深粮控股股份有限公司

深圳市深粮控股股份有限公司（以下简称深粮控股）由深圳市粮食集团有限公司和深圳市深宝实业股份有限公司重组更名而来，目前公司市值规模近百亿元、营业收入超百亿元、利润总额近 5 亿元。多年来，深粮控股坚持深化企业改革，推动商业模式转型升级，连续多年实现高质量发展，成功跻身全国骨干粮企之列，并在 2018 年入选国务院国企改革“双百行动”。

深粮控股在深圳证券交易所举办重组更名开市仪式

一、坚持以保障区域粮安为基本方向

深粮控股前身最早可追溯到1949年的宝安县财粮科，70多年来一直承担着保障区域粮食安全的神圣使命。1996年深圳市建立地方粮食储备制度以来，深粮控股就一直是市级粮食储备任务的主要承储单位，同时肩负着驻港、驻深和武警部队的军粮供应任务。深圳是粮食纯销区，粮食对外依存度为100%，口粮缺口接近500万吨，保障区域粮食安全责任重大、压力巨大。2015年，深粮控股克服时间紧、任务重、粮源紧、仓库缺等重重困难，兜底完成了市级粮食增储任务，粮油储备规模增至近百万吨，年粮油购销量超过1000万吨，充分发挥了区域粮油供应主渠道作用，成为服务区域经济、稳定大局的重要载体。

二、坚持战略引领，聚焦主业提质增效

近年来，为解决竞争力弱、业务发展不稳定等问题，深粮控股以战略转型引领企业重新出发，全面退出非核心高风险业务板块，聚焦粮油主业，以打造"粮食供应链优质服务商"和"安全优质食品提供商"为战略指引，坚持模式创新与科技创新驱动，持续推动企业转型升级，构建供应链，延伸粮食产业链中枢服务平台，实现了可持续的高质量发展。2008—2017年，营业收入由24亿元增加到105亿元，累计增长3.38倍，年均递增17.82%；利润总额由1300万元增加到4.39亿元，累计增长32.77倍，年均递增47.85%，财务状况大幅改善，资债结构明显优化，连续多年在国务院国有资产管理委员会省级监管企业财务绩效评价中获评"优秀"，并先后5次入围"中国服务业企业500强"，荣获"中国十佳粮油集团""全国百强军供站""广东省重点农业龙头企业"等，获评"深圳市诚信企业""深圳老字号"。

三、坚持创新驱动，致力打造行业标杆

（一）深化企业改革，创造产业发展先行经验

深粮控股紧抓新一轮国企改革契机，全力推进各项综合改革举措，

取得阶段性重大成果。一是完成与深圳市深宝实业股份有限公司（以下简称深深宝）的重大资产重组，将深粮控股的优质资产整体注入上市公司深深宝，成为“地方粮食企业整体上市第一股”。二是成功入选国家国企改革“双百行动”，作为深圳五家优秀企业代表之一，以“做强做优做大国有资本，推进粮食产业经济发展”为目标推进综合改革落实。三是引入社会资本，加速推进企业混合所有制改革。2013 年，引入社会资本，合作成立控股子公司，投资建设东莞粮食物流节点，灵活有效的融资和管理模式加速了项目建设与运营进展。此外，2014—2018 年，深粮控股相继与社会资本合作成立合资公司，推进粮油营销和冷链物流渠道拓展。四是成立粮食产业基金，引进战略投资者共同参与粮食基础设施建设，构建具有深粮控股特色的投资链。

（二）服务粮食流通，布局供应链关键节点

一是构建和完善产销区粮食“沿海大通道”，与环渤海湾、长三角、珠三角、北部湾等物流枢纽建立战略合作关系，下一步拟借助资本市场以投资并购等方式进行深度合作，助力主产区优质粮源流向南方销区。二是立足深圳，服务粤港澳大湾区建设，快速有效推进粮食物流节点项目建设与运营，发挥产业集聚、辐射和带动效应。该项目引入民营资本成立控股子公司，选址在东莞市麻涌镇，将打造集粮油码头、中转储备、检测配送、加工产业和交易市场为一体的现代化粮食智慧物流园区，整体规划占地 729 亩，预计总投资 30 亿元，规划总仓容 87 万吨，建设万吨级码头泊位 4 个，千吨级码头泊位 6 个。目前，项目已建成投产仓容 32 万吨、万吨级码头泊位 1 个，2018 年粮食中转量超 100 万吨，并实现盈利，净资产收益率超 10%，2019 年年底将再投产 1 个日加工能力 600 吨的面粉厂和 2 个万吨级码头泊位，预计到 2020 年将有超过 80 万吨仓容投产使用。

（三）创新供应渠道，精准服务客户需求

以“互联网 +”为手段，深耕细分粮油市场，构建起“三位一体”的供应服务网络体系。一是旗下深粮贝格厨房食品供应链有限公司专注

提供粮油供应一站式服务，打造连锁餐饮、万人食堂等大型终端客户的“厨房管家”，为180多家大型企事业单位、学校、医疗机构等提供厨房食品供应链服务。二是旗下多喜米网创新粮油电子商务，打造高端粮油产品B2C直销平台，现已拥有超过35万个家庭用户，并积极探索“线上+线下”融合的新路径，陆续开发了微信商城、手机App商城、WAP（无线应用协议）商城等线上平台，在深圳50多个社区全线推广以粮油自动售卖机为核心的社区粮站，实现了24小时多品类粮油食品供应，2018年营业收入已突破1亿元。三是旗下中国粮食交易网专注发展大宗贸易购销对接服务业务，推动大宗贸易服务创新，2018年平台成交量突破500万吨，成交金额突破110亿元。

（四）聚焦品质深粮，打造品牌竞争优势

质量安全是粮食企业发展的基石，近年来，深粮控股专注打造品牌核心价值，不断革新技术、加强质量管控，提升优质粮油供给能力，提高业务服务水平，以质量推动品牌建设，强化质量、品牌与市场经营的黏性，创建了“深粮”“深圳面粉”“深粮多喜”“贝格厨房”“谷之香”“深粮福喜”等多个知名自有品牌，“深粮”“深圳面粉”等品牌连续多年获得“深圳老字号”称号。行业影响力持续跃升，产品的综合竞争力显著提高。通过“粮库开放日”“粮食宣传日”等公益活动，让市民零距离体验了深粮控股在“质量保证”“服务优良”“保障民生”方面的用心实践，获得了良好的社会认同。

（五）发力深粮信息化，引领传统行业变革

深粮控股的信息化建设工作紧密结合行业特点，切实解决了行业发展中的“清仓查库”“质量安全”“北粮南运”“信息追溯”等重大问题。用信息技术实时监控库存信息、进出库信息，并将不同技术手段抓取的数据相互印证，形成了数字信息、图片信息、视频信息的相互统一，实现了随时随地清仓查库，所有管理者可以看到集团仓库中5分钟内的粮油数量变化。信息化系统还将粮食管理从仓储向上下游延伸，实现粮食物流的动态监管，在粮食的采购途径上，能够有效解决“北粮南运”的

深粮控股东莞智慧物流综合园区筒仓群

监管问题。系统能够实时掌控物流路径和物流进度，实时了解粮食在订、在途、在库以及订单库存量等全供应链信息。借助这一系统，消费者还能通过扫描二维码进行粮食物流信息和质量信息全程追溯等，从技术手段上真正实现了信息互联互通，更为粮食主管部门实现粮食的实时化、网络化监管提供了可能。在行业信息化建设核心领域，深粮控股已累计取得发明专利 14 项、计算机软件著作权 18 项，深粮粮食物流信息系统（深粮 GLS）获财政部和国家发展改革委“物联网重大应用示范工程”授牌。目前，深粮控股旗下深远数据公司已发展成为粮食行业的专业信息化整体解决方案提供商，大力推动深粮信息化建设成果的推广应用，全面提升行业信息化水平。

（六）强化内部管控，降低经营风险

一是建立健全经营与资金管理、库存管理、质量管理相对分离、相互制衡的全新业务管控体系，公司储备粮油库存由旗下储备分公司统一管理，资金由资金结算中心按内部银行提供服务和监督，经营计划和核算、考核依据由计划财务部统一负责，质量管控由旗下挂牌“国家粮食质量监测站”的质检公司统一负责，同时加强总部风控部门对流程、法务、安全和内审的规范化要求，系统性降低储备及经营风险，确保储备

粮油数量充足、质量良好。二是构建并完善纪检监察、监事会、财务总监、审计、内控、风控“六位一体”的大监督体系，充分发挥综合监督联动作用。三是安全生产常抓不懈，完善安全生产体系建设，确保全年安全生产“零事故”。

（七）加强 EVA 考核，全面推进绩效管理

一是在充分体现股东利益优先的原则下，实行以 EVA（经济增加值模型）为主的考核激励机制，将员工薪酬总额与企业经营成果直接挂钩，形成清晰确定的量化关联，充分调动各下属公司参与市场竞争的积极性，摆脱“等、靠、要”的被动经营思维模式，增强企业的经营活力和抗风险能力。二是实行以 KPI（关键绩效指标）为辅的考核责任分解机制，根据国资国企效益考核和行业主管部门粮油储备考核的严格要求，将具体指标细分至高管团队和二级公司，实现责任层层落实，确保公司战略的有效实施。

未来，借助资本市场的力量，深粮控股将牢牢把握国企改革“双百行动”历史机遇，加强资源整合，深化企业改革，延伸产业链条，将探索项目建设、管理运营经验等标准化的复制和输出，持续引领粮食流通产业转型升级，全力打造全国一流的“粮食供应链优质服务商”和“安全优质食品提供商”。

推进转型促发展　做强产业助脱贫

贵州省湄潭县竹香米业有限责任公司

贵州省湄潭县竹香米业有限责任公司（以下简称公司）是一家集优质稻谷订单种植、收购、加工、销售及储备为一体的民营企业，公司先后获得“贵州省农业产业化经营省级重点龙头企业”“脱贫攻坚优秀基层党组织”等殊荣。入选国家粮食局、中国农业发展银行重点支持粮油企业名单，被贵州省人民政府列入《贵州省十大千亿级工业产业振兴行动方案》中生态特色食品产业发展的重点企业。公司开发的“名镇竹香”系列产品，获得“中国农产品加工业投资贸易洽谈会优质产品奖”等荣誉。

一、统筹推动，脱贫攻坚与产业发展齐头并进

村企联合，变救助式扶贫为产业化扶贫，变输血式扶贫为造血式扶贫。**一是成立专业合作社，确保农户增收**。公司成立了湄潭县千禾稻谷种植专业合作社，实行“公司＋合作社＋基地＋农户”的运行管理模式，走“市场带企业，企业带基地，基地连农户”的粮食产业化经营之路。**二是提高收购价，带动农户增收**。公司通过与贫困村紧密合作，带动贫困农户种植优质稻基地面积达8000余亩，涉及贫困农户230余户，收购价每斤比签订协议前高1.25元，种粮农户平均每亩增加收入1000元。**三是采取“三利三保”，稳定农户增收**。“三利”即合作社以每亩720元向

农户流转土地，农户获得土地流转金；合作社聘请农户在基地种植稻谷，合作社付给农户打工费，使基地农户每年可获得400万元务工费；年终和农户一起分红，将基地优质稻利润的30%作为农户的分红，2018年为农户分红120万元，让农户享受“三重红利”。“三保”即合作社免费给农户提供种子、化肥、生物农药，让农户“零投入”参与种植；合作社与农户以“保底价+市场浮动价”签订回收协议，让老百姓“零风险”参与种植；农户种植过程中，合作社为农户全程提供技术支撑，让农户享受到“保姆式”无缝对接的一站式服务，实现企业盈利和农户增收的合作共赢。

二、生态发展，推动企业转型升级

一是实施订单农业，打造绿色粮源基地。通过引导农户发展优质稻订单种植，打造绿色粮源基地，扩大优质粮食生产，增加优质粮食供给，

竹香米业订单种植基地

带动农户增产增收。公司采取“企业＋基地＋合作社＋高校＋农户”的模式，种植“大粒香”等中高端品种，以“保底价＋市场浮动价”与农户签订回收协议，免除种植户后顾之忧，最大程度保障种植户的利益。同时，在农业部门指导下，对育苗、种植、病虫害防治、田间管理等系列流程实行统一管理，保障原料品质。

二是狠抓质量体系，加强“三品一标”建设。公司基地和产品已通过 GB/T19630 有机产品认证、ISO9001 国家质量管理体系认证、ISO22000 食品安全管理体系认证、HACCP 危害分析与关键点控制认证、无公害产地认证。制定严格的质量内控管理制度，修订形成“名镇竹香”产品质量标准以及相应的基地种植、加工技术规程，保证产品从田间到舌尖的食品安全与品质。新建大米智能检验检测系统、大米生产清洁化除尘系统、智能安全变压保护系统、现代化辅助加工系统，实现智能化管理。引进 ERP（企业资源计划）手机 App 交互系统，做到产品质量全程可追溯。

三是强化科技支撑，着力提升产品品质。成立企业技术中心，与贵州大学农学院、贵州省农业科学研究院水稻研究所合作，开展土壤改良，新品种、新产品的研发工作。配置施用土壤改良剂，使改良剂和土壤充分融合，杀灭有害菌，培育有益菌群，恢复生物种群和生态环境，疏松土壤，构建地下肥料加工厂，为有机稻谷生长提供有利的环境。同时，对现有优质水稻品种进行提纯复壮，着力提升水稻的品质，满足市场需求。

四是推进“五化工程”，提高仓储管理水平。为以更高标准符合省级储备粮规范化、精细化、科学化的管理，公司大力推进储粮工作“五化”创建活动，即粮仓标准化、储粮科学化、操作规范化、管理智能化、队伍专业化。同时积极探索绿色储粮新技术，运用储粮专用空调对粮食进行准低温储藏，控制储粮温度，将粮温控制在 15~20℃的低温状态，提高粮食储藏稳定性，实现绿色储粮。

五是加强营销，积极推进黔货出山。公司在上海等地均成立实体线下大米体验店，同时积极推进传统实体销售模式和“互联网＋”新型市场的融合，成立竹香米业电商部，在淘宝、天猫、微信商城、美乘网等平台进行推广、销售。公司拥有专业的美工、设计、售前、售后、运输服务运营团队，自上线以来，创造了贵州大米搜索版、销售版双第一的成绩，线上销售品种达 10 余款，主要由爆款市场米、白领家庭星期米、伴手礼米、红花粥米以及基地高端米等系列产品组成，平均月订单达 8000 余件。2017 年年底通过参加香港国际中小企业博览会，成功将特色优质粮食产品推向中国香港、马来西亚等市场，其中公司打造的“贵州水煮贵州米”概念产品在香港市场很受欢迎，售价为 980 元 / 盒（2 斤装），极大提高了产品附加值。

竹香米业产品系列

下一步，公司将重点开展好“中国好粮油示范企业”建设，建立专业化、社会化粮食产后服务体系，完善粮食质量安全检验检测体系，为促进转型发展，助力脱贫攻坚作出新的努力。

金融创新加持赋能
助力粮食产业高质量发展

上海新湖期货股份有限公司

上海新湖期货股份有限公司（以下简称新湖期货）是一家期货全牌照、综合类、行业分类评级为A类的期货公司，近年来积极响应国家政策号召，通过专业金融为农户增收以及粮食企业防范价格波动风险提供服务，走出了服务粮食产业高质量发展的特色之路。

一、理念创新

强化金融服务方式创新，提升金融服务乡村振兴的能力和水平，是金融服务“三农”和中国粮食产业的发展方向。新湖期货抓住市场机遇，服务“三农”，推动粮食企业强化风险管理意识，提升经营能力，同时助力粮食企业实现高质量发展。

新湖期货通过期货场内和场外业务，服务超过500家粮食企业。在服务过程中，新湖期货建立了专业的农产品事业部和研究部，培育了“玉米产业链50人论坛”“油脂产业链50人论坛”等品牌。在借鉴国际大型粮食机构管理风险及贸易模式的基础上，利用公司全资风险管理子公司全面开展农产品基差交易，利用场内及场外期权推广“含权现货”“含权贸易”，开创“保险+期货”的农产品风险管理新模式等创新粮食经营模式，帮助粮食企业扩大粮食经营规模及管理粮食库存风险。

二、模式创新

新湖期货在服务“三农”，帮助农户、粮食生产企业和贸易企业应对价格波动风险，为实体企业前端的粮食供给稳定提供了安全保障。

2013 年，新湖期货在辽宁省锦州市义县与当地收储企业合作，针对玉米种植合作社及种粮大户进行了玉米价格风险管理模式创新。该模式通过二次点价、两次结算，不仅为农民的粮食销售托底，农民还能分享到未来一段时期可能出现的价格上涨红利，同时还增加了农民的卖粮渠道。在当时粮食收储政策积累诸多问题的市场背景下，“二次点价 + 复制期权”模式是探索粮食收储政策改革的一次有益尝试。同时，通过保障农民利益，为收储企业高效、高质完成收储提供了稳定的粮源。

在积极积累“二次点价 + 复制期权”项目经验的基础上，2015 年，新湖期货全资子公司上海新湖瑞丰金融服务有限公司（以下简称新湖瑞丰）将此模式升级，与保险公司合作，打造“农民买价格保险保收益，保险公司购买场外期权对冲风险，期货公司风险管理子公司复制期权覆盖风险”的闭环。新湖瑞丰和中国人民财产保险股份有限公司联合在辽宁省义县探索开展全国首单玉米“保险 + 期货”试点，对“保险 + 期货”

辽宁省玉米价格“保险 + 期货”创新试点部署会暨签约仪式

模式的可行性进行了首次探索，初步实证了农产品价格风险管理模式在保障农民收入上的作用，促使“保险＋期货”写入中央一号文件，为服务农业经济开辟了新路径。五年来，新湖期货共承做了52个“保险＋期货”项目，涉及玉米、大豆、粳米、豆粕、鸡蛋、白糖、天然橡胶、苹果、棉纱、棉花10个品种，涵盖辽宁、黑龙江、吉林、海南、山西、新疆、广西、安徽、河南、湖南、湖北、甘肃、上海、重庆14个省（自治区、直辖市），其中包括部分国家级和省级贫困县。试点项目累计为参保农户提供了价值约26.5亿元的名义本金风险保障；累计实现对农民的赔付额约1.47亿元；惠及约13万户农户，得到了当地政府和参保农户的认可，体现了良好的可复制性和延续性。“保险＋期货”模式不受国际贸易反补贴规则约束，将传统直接补贴的“黄箱”政策转化成农业保险的“绿箱”政策，证实了该模式对于农业补贴的市场化运作成效，同时发挥了保险和期货作为风险管理工具的不同优势。

新湖期货“保险＋期货”试点项目理赔仪式

“二次点价＋复制期权”和“保险＋期货”创新模式分别获得2014年和2015年上海市金融创新二等奖，并受到了各级部门相关领导的高度评价。中国证券监督管理委员会原副主席姜洋曾说：“新湖期货公司利用其子公司探索在粮食收储政策改变的条件下如何促进国家农产品目标价格制度改革实现的途径和方式。他们采取了'二次点价+复制期权'的方式，在东北农村进行试验，并取得初步成果。”

过去五年，整个期货行业加大了对扶农惠农业务的探索，不断优化“保险+期货”服务模式，险种更加丰富，保险费率明显降低，赔付率明显提升，可以说“保险+期货”模式已成为跨市场金融产品服务“三农”的良好模式。此外，新湖期货以及新湖瑞丰还在积极探索，通过与风险子公司、保险公司以及实体企业合作，在利用价格保险保障农民利益的基础上，将粮源定向输送至贸易企业和实体生产企业，以保证企业生产经营的稳定性，形成“农业生产—贸易—工业生产—销售”一条龙的稳定流程。

2019年粳米期货在大连商品交易所上市，为做好水稻种植户收入保障工作，在大连商品交易所和安徽省无为县政府的支持下，新湖期货联合国寿财险安徽分公司在无为县开展“粳米‘保险+期货’+稻谷订单”模式，为无为县大米加工企业安徽省无为县鑫洁棉业有限公司（以下简称鑫洁棉业）提供粳米价格保险保障，同时鑫洁棉业与水稻种植户签订稻谷采购订单，保障农户稻谷的正常销售。该试点项目于2019年11月27日签单，数量3000吨，总体保费20.56万元，政府补贴70%保费，企业自缴30%保费。该项目历时一个月，赔付金额25.64万元，企业投保实现赔付率415.69%。该试点模式解决了农户售粮问题，同时规避了企业价格变动风险，有效保证了农业种植和粮食加工的正常运行，促进了两个产业的融合，实现了“保粮食安全”“保产业链供应链”的目的，助力国家“六保”“六稳”工作任务的完成，得到无为县政府和芜湖市政府的认可。2020年芜湖市政府计划继续扩大“保险+期货”试点规模，继续探索完善无为县“粳米‘保险+期货’+稻谷订单”模式。

三、服务体系创新

新湖期货适应市场的变化，业务不断转型升级，服务体系也不断创新。新湖期货在向期货经营机构和研究咨询机构转型，从以往的市场辅助功能经纪业务代理商转变为专业衍生品服务提供商，公司业务范畴包含经纪业务、咨询业务、资管业务、场外业务、期现业务、融资型业务和国际业务。多元化衍生品风险管理服务体系已经形成，使得新湖期货能够为粮食企业提供“一对一”的服务。

（一）积极开展场内、场外、期货、期权等工具型服务。通过为粮食企业提供财务咨询、风险管理战略咨询、衍生品人才培养、方案设计等服务，粮食企业逐步有能力自主利用衍生品市场提升风险管理能力，创新商业模式，提升粮食经营水平。

（二）不断扩大参与型服务。通过直接介入粮食企业现货经营，直接帮助企业规避市场价格风险，与银行共同创新融资产品，创新产业链金融服务。新湖期货与中国银行创新的油脂企业“套保贷”业务，在福建得以推广。

（三）深入拓展交易型服务。新湖期货全资风险管理子公司成为粮食流通中的现货贸易型企业，但区别于目前传统粮食贸易商，公司利用基差、场外、互换业务，努力成为粮食流通中的大宗商品交易商，实现粮食的价格、时间、风险、流动性、数量五层面转换，有效地承接粮食生产企业、贸易企业所面临的风险，并在公司体系内得以消化，从而简化实体企业风险对冲流程，彰显实体产业生产经营优势。

2020年开年以来，新冠肺炎疫情快速蔓延，包括中国在内的各经济体均面临较大挑战，如何利用金融服务实体经济显得尤为关键，同时也需要守住金融风险的底线。“保险＋期货”作为一种市场化价格风险管理模式，在市场化价格形成机制的条件下起到了有效保障粮食产业链各环节收益的作用，同时也避免了非市场化扶持导致的低效和不良资产的增加。新湖期货也将继续在为粮食企业提供金融服务上探索创新，承担起金融机构的社会责任，服务实体经济，助力脱贫攻坚。

媒体宣传

建设粮食产业强国

人民日报：

国办印发《意见》大力实施“中国好粮油”行动 增加绿色优质粮食供给（政策解读）

（2017 年 9 月 10 日）

国务院办公厅日前印发《关于加快推进农业供给侧结构性改革大力发展粮食产业经济的意见》（以下简称《意见》），对大力发展粮食产业经济作出战略部署。这是当前和今后一段时期粮食产业经济发展的重要指导性文件。国家粮食局局长张务锋就相关问题进行了解读。

提升粮食加工流通能力和产业链掌控能力

当前，我国粮食连年丰收，供求相对宽松，粮食库存持续高企，粮食价格形成机制和收储体制改革正在深入推进。在这种大背景下，统筹好粮食生产、储备、流通三个能力建设，大力发展粮食产业经济、健全粮食产业体系的重要性日益凸显。

《意见》是国办印发的粮食产业经济方面的第一个专门文件。“确保国家粮食安全，既需要足够的粮食产量和合理库存作前提，又离不开相应的加工流通能力和产业链掌控能力。”张务锋说，《意见》的亮点很多，比如对产业发展亟须突破的重点问题提出了针对性新举措，包括：实施“优质粮食工程”、建设国家现代粮食产业发展示范园区（基地）、建立粮食产业企业标准领跑者激励机制、推动“科技兴粮”工程等重点措施等。

国家粮食局、财政部从 2017 年起启动实施“优质粮食工程”，今年重点支持黑龙江等16个省份的相关工作已启动实施，其他重点工作也在有序推进。《意见》对各地在实践中的产业经济新模式作了总结和肯定，提出了全产业链经营、产后服务带动、精深加工主导、商贸物流引领、主食产业化、循环经济等多种模式。这为粮食产业经济发展方向、方式和路径提供了指导和参考。

到2020年，粮食优质品率提高10个百分点左右

近年来，我国稳步推进粮食收储制度改革和粮价市场形成机制改革，加大粮食库存消化力度，进一步激发粮食产业经济发展活力，粮食产业经济发展面临难得机遇。

加快发展粮食产业经济，是深化农业供给侧结构性改革、促进一二三产业融合、推动粮食经济新旧动能转换的有力举措。2016年，全国纳入粮食产业经济统计的企业达到1.8万家，加工转化粮食4.8亿吨，实现工业总产值2.8万亿元、利润1321亿元。同时也要看到，粮食形势的深刻变化，对粮食流通改革发展提出了更高要求，亟待通过发展粮食产业经济，提高粮食资源配置效率，进一步增强粮食安全保障能力。

《意见》提出，到2020年，要初步建成适应我国国情和粮情的现代粮食产业体系，全国粮食优质品率提高10个百分点左右，粮食产业增加值年均增长7%左右，粮食加工转化率达到88%，主食品工业化率提高到25%以上，主营业务收入过百亿的粮食企业数量达到50个以上。

为实现以上目标，《意见》明确了今后一段时期的五项重点任务：一是培育壮大粮食产业主体，着力增强粮食企业发展活力。二是创新粮食产业发展方式，着力促进全产业链发展，推动产业集聚发展，发展粮食循环经济，积极发展新业态，发挥品牌引领作用。三是加快粮食产业转型升级，着力增加绿色优质粮油产品供给，大力促进主食产业化，加快发展粮食精深加工与转化。四是强化粮食科技创新和人才支撑。五是着力建设粮食产后服务体系，完善现代粮食物流体系，健全粮食质量安全保障体系。

大力发展全谷物等新型营养健康食品

现阶段，我国粮食综合生产能力稳定在较高水平，粮食库存充裕，农业的主要矛盾由总量不足转变为结构性矛盾。随着居民消费结构升级，必须准确把握消费需求动向，着力增加绿色优质、营养健康粮食及粮食产品供应。

《意见》针对性提出以下措施：大力实施“中国好粮油”行动，增品种、提品质、创品牌，推进绿色优质粮食产业体系建设。调优产品结构，开发绿色优质、营养健康的粮油新产品，增加多元化、定制化、个性化产品供给，促进优质粮食产品的营养升级扩版。推广大米、小麦粉和食用植物油适度加工，大力发展全谷物等新型营养健康食品。推动地方特色粮油食品产业化，加快发展杂粮、杂豆、木本油料等特色产品。

张务锋说，当前，我国玉米等部分粮食品种高仓满储，需要通过发展粮食产业经济带动粮食库存消化。要着力增加功能性淀粉糖以及用于保健、化工、医药等方面的玉米精深加工产品有效供给，减少相关产品进口依赖。发展纤维素等非粮燃料乙醇，在保障粮食供应和质量安全的前提下，着力处置霉变、重金属超标、超期储存粮食等，适度发展粮食燃料乙醇。探索开展淀粉类生物基塑料和生物降解材料试点示范，适应绿色发展新要求，培育战略性新兴产业，释放新兴消费潜力，加快消化政策性粮食库存。同时，要积极支持地方出台有利于精深加工转化的政策，促进玉米深加工业持续健康发展。

新华社：

抓农头工尾粮头食尾　推进农业供给侧改革

——国家粮食局局长张务锋解读粮食产业经济发展问题

（2017 年 9 月 8 日）

国务院办公厅印发的《关于加快推进农业供给侧结构性改革大力发展粮食产业经济的意见》8 日公布。国家粮食局局长张务锋接受新华社记者采访时表示，发展粮食产业经济，目标是以“粮头食尾”“农头工尾”为抓手，推动粮食产业创新发展、转型升级、提质增效，推动农业供给侧结构性改革。

建好粮食供求“蓄水池”

记者：粮食产业经济在农业供给侧结构性改革中有何重要作用？

张务锋：确保国家粮食安全，把饭碗牢牢端在自己手上，既需要足够的粮食产量和库存，又离不开相应的加工流通能力和产业链掌控能力。只有经过加工转化和物流配送，把成品粮油及时供应给消费者，才最终真正实现了粮食安全。

粮食产业经济涵盖由原粮到产品、产区到销区、田间到餐桌的全过程，对粮食生产具有反哺激励和反馈引导作用，对粮食消费具有支撑培育和带动引领作用，是粮食供求的“蓄水池”“调节器”。

粮食产业经济越发达，产业链条越完善，粮食安全基础就越牢固，抵御风险能力就越强。加快发展粮食产业经济，是落实总体国家安全观和粮食安全战略，进一步筑牢国家粮食安全基础的必然选择。

从国内看，我国初步建立了门类齐全的粮食产业体系，对保障国家粮食安全发挥了积极作用。从国际看，世界粮食强国往往也是加工流通强国。我们只有培育具有全球竞争力的粮食企业，打造国际先进水平的粮食产业链条，才能统筹利用好“两个市场、两种资源”，在国际粮食产业分工中争得主动。

粮食经济迫切需要新旧动能转换

记者：如何以问题导向看待我国粮食产业经济?

张务锋：加快推进农业供给侧结构性改革，大力发展粮食产业经济，是兴粮之策、富农之道、惠民之举，也是行业发展所需、部门责任所系。

就粮食产业而言，当前最突出的矛盾是结构性矛盾：产业结构不合理、产能利用率低。粮食精深加工能力不足，中高端产品缺口较大，低端产能过剩，平均产能利用率仅为 46%。

产业链条短、关联度低。存在两个 70%，即 70% 的粮食加工企业从事米面油等初级产品加工，70% 的成品粮油加工企业尚未实现副产物综合利用。加工业向前后两端延伸不够，产业链各环节结合不紧密。

产业布局分散、集中度低。有些地方缺少龙头企业带动，没有形成产业集群，加工流通企业“小散弱”问题突出。

创新投入少能力弱、产品附加值低。粮食行业研发经费占销售收入的比重不足 0.5%，远低于发达国家 2%~3% 的平均水平；中小粮油企业普遍缺少研发平台和技术人才，工艺装备落后，新产品开发滞后，发展后劲不足。

只有坚持问题导向，强化改革创新，加快粮食产业经济转型升级，才能实现结构优化、动能转化、持续发展。同时也要看到，加快发展粮食产业经济，实现加工流通增值，可以把资源优势转变为产业优势、经济优势。目前山东、湖北、安徽、江苏、广东五省粮食产业年工业总产值均超过 2000 亿元；其中，山东省突破 3600 亿元，年销售收入过亿元的粮油加工企业达到523家，过100亿元的企业4家，有力支撑了当地经济发展。

粮食产业转型升级也是民生大计，有利于促进规模化、标准化生产，拓宽种粮农民增收渠道。目前全国粮食产业化龙头企业已发展到2558家，建立原粮基地6546万亩，涉及农户数量1385万户，成为工业反哺农业的有效载体之一。

完善市场机制　激发企业活力

记者：这需要怎样的产业形态和组织形式支持？

张务锋：按意见要求，粮食产业加快创新发展、转型升级、提质增效，需要更加高级的产业形态和组织形式支持。适应粮食收储制度改革要求，深化国有粮食企业改革，发展混合所有制经济，加快转换经营机制，做强做大做优一批骨干国有粮食企业，同时培育发展和壮大多元粮食市场主体，增强产业经济发展活力。

要牢固树立市场意识，尊重市场经济规律和企业主体地位，深化粮食收储制度改革，理顺价格形成机制，推进政企分开，充分发挥市场配置粮食资源的决定性作用。要完善粮食宏观调控方式，综合运用经济、行政、法律等多种手段，打好“组合拳”，提高调控的针对性、精准性和实效性。

国务院办公厅印发的意见，对当前和今后一个时期粮食产业经济发展作出顶层设计。粮食部门要积极适应粮食收储制度改革和库存消化的现实要求，加快发展粮食产业经济。到2020年，初步建成适应我国国情粮情的现代粮食产业体系；主营业务收入、工业增加值年均分别增长9%和7%左右，粮食加工转化率、主食品工业化率分别达到88%和25%以上，粮食优质品率提高10个百分点左右，主营业务收入过百亿元的粮食企业达到50个以上。

新华网：

加快建设粮食产业强国　扛稳粮食安全重任（一）

（2019 年 6 月 28 日）

一个目标

坚持“粮头食尾”和“农头工尾”，以实现高质量发展、建设粮食产业强国为目标，优化粮食资源配置，调优调绿产能结构，提高粮食产品创新力、品牌影响力和市场竞争力，加快构建现代化粮食产业体系。

从规模实力看

2018 年年末，全国纳入粮食产业经济统计的企业达到 2.3 万户，年工业总产值突破 3 万亿元；产值超千亿元省份 11 个。

山东省突破 4000 亿元，江苏、安徽、广东、湖北、河南 5 省均超过 2000 亿元。

从质量效益看

产能结构调整优化，传统成品粮加工行业产值占比下降 2.5 个百分点。

粮食深加工和食品加工行业产值增幅分别高于全行业平均水平 3.8 个和 10.7 个百分点。

利润总额比 2016 年增长 64.9%，销售利润率达到 6.9%，提高 2.1 个百分点。

从品牌影响看

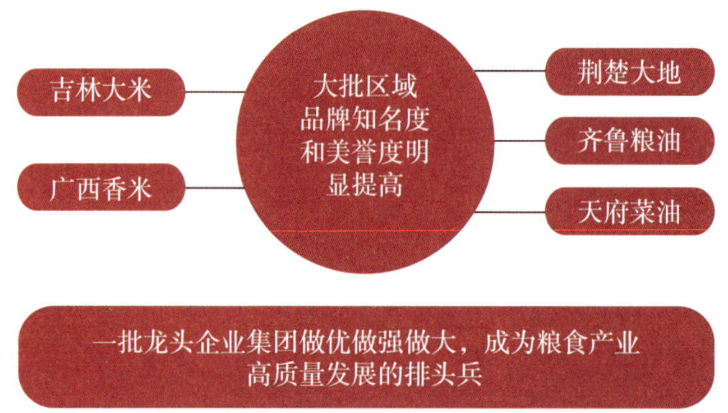

两大战略

围绕实施国家粮食安全战略，推动粮食供求平衡向高水平跃升，积极防范化解粮食领域重大风险，为构建更高层次、更高质量、更有效率、更可持续的粮食安全保障体系提供强力支撑；围绕实施乡村振兴战略，推动粮食精深加工转化，加速产业链条向两端延伸，形成新的经济增长点，在实现农业强、农村美、农民富中发挥积极作用。

提高粮食加工能力和产业集中度，增强抵御各类风险能力

2018 年，全国各类涉粮企业实际加工转化粮食 5.5 亿吨，粮食加工转化率达到 83%；入统产业化龙头企业产值占全国总量的 61%，提高近 20 个百分点。

完善市场体系，建立多层次供给渠道，提高流通效率

全国粮食大型市场 500 多家；主食厨房销售网点 2.2 万个，覆盖超过 3000 万城乡人口，同比增加一倍多。

中国粮食交易大会和黑龙江金秋粮食交易会、福建粮食交易洽谈会等活动，为优质粮油产品搭建了展示对接的舞台。

带动一二三产业融合发展，促进农民增收

全国产业化龙头企业建立优质粮源基地 6700 多万亩，关联农户达到

1200 多万户。入统企业中民营企业达 2 万户，占比接近 90%，有力带动了创业就业。

黑龙江 质量兴农调优“头”；接二连三壮大“尾”；勇闯市场做强“销”；千方百计促农“富”；粮食产业年销售收入突破 1000 亿元，形成了良好的综合效益。

新华网：

加快建设粮食产业强国　扛稳粮食安全重任（二）

（2019 年 6 月 28 日）

三链协同

推进产业链、价值链、供应链协同发展，增创粮食产业发展新优势。

延伸粮食产业链

大力实施“建链、补链、强链”，全产业链经营等“六种模式”发展壮大，产业链完整性大幅提高。

提升粮食价值链

引导企业坚持市场需求导向，增品种、提品质、创品牌，打好绿色优质牌，提高产品附加值。

打造粮食供应链

“点线面”统筹布局，抓住关键节点，补齐薄弱环节，构建高效便捷的优质粮油供应网络。

山东省滨州市　突出高点定位、龙头带动，产业链延伸拉长实现“全”；价值链融合提升实现“增”；供应链优化升级实现“新”；产业集群集约集聚实现“强”；种植结构调整实现“优”。

2018 年全市粮食产业工业总产值 1010 亿元，粮食加工转化增值率达 3.4∶1，高于全国平均水平 1.2 个百分点。

湖北 建立“放心粮油”一张网，打好“荆楚大地”一张牌，探索线上线下一体化，建立起优质粮油营销体系。

北京 天津 上海 与主产区共建直销通道。

深粮集团 探索“厨房管家”和“社区粮站”等模式，使优质粮油产品直通市民“米袋子”。

四大载体

抓好“优质粮食工程”和示范市县、特色园区、骨干企业建设，形成多点支撑整体发力格局。

深入实施“优质粮食工程”，中央财政三年累计安排专项资金近200亿元，带动地方财政和社会投资500多亿元，全面推动粮食产后服务体系建设、粮食质检体系建设和“中国好粮油”行动。

遴选认定示范市县，给予优先支持，发挥“领头雁”作用。

黑龙江省五常市 “中国好粮油行动示范市”，抓源头保品质、抓营销强品牌、抓产业增效益，实现农民增收、企业增效、税源增加、消费增信、品牌增值，五常大米品牌价值达600多亿元。

依托粮食主产区、特色粮油产区、粮食重点销区、关键物流节点，支持建设一批粮食产业示范园区。

河南 布局六大粮食产业示范园区，新乡延津成为全国首个“优质小麦现代产业园”，永城市实现由“中国面粉城”向“中国食品城”的转型，临颍县建成知名休闲食品基地，形成集群规模优势。

扶持发展一批具有核心竞争力、行业带动力的大型骨干企业和成长性好、特色鲜明的中小企业。

河南省漯河市 大力实施重点企业五年倍增工程，注重招大育强、产业谋划、创新引领、融合发展，2018年新增规模以上工业企业76家，新增超5亿元企业10家、超10亿元5家，食品工业对工业增长的贡献率达到69%。

五优联动

坚持质量兴粮，大力推动优粮优产、优粮优购、优粮优储、优粮优加、优粮优销，将优质高效要求贯穿到粮食产业发展全过程。

实现“五优联动”重在区域整体提升

吉林 从良种培育、集约种植的源头把控质量，依托“企业+合作社+基地+农户”搞活订单收购，通过实施重点项目改善仓储条件，依靠工艺升级保证产品品质，拓展立体式销售渠道，闯出了做优做强稻米产业之路。

实现“五优联动”重在坚持标准引领

江苏 严把标准打造“品质苏米”。

湖南 以好粮油团体标准促进产品升级。

四川 通过高位定标实现菜油产业高点起步。

实现“五优联动”重在利益紧密联结

内蒙古 大力支持农企合作，土地流转和订单农业发展到110万亩，帮助农民增收近亿元。

安徽 80%以上粮油加工骨干企业与农户、家庭农场、专业合作社开展股份合作，实现了风险共担、利益共享。

《瞭望》新闻周刊：

抓好“粮头食尾”和“农头工尾”加快建设粮食产业强国

——专访国家粮食和物资储备局局长张务锋

（2018年8月28日）

保障国家粮食安全是实现经济发展、社会稳定、国家安全的重要基础。世界上真正强大的国家、没有软肋的国家，都是粮食产业发达的国家，都有能力解决自己的吃饭问题。

初秋的中国大地，稻谷飘香，粮贸繁盛。近日，就如何深入贯彻习近平总书记关于“粮头食尾”和“农头工尾”的重要指示精神，围绕粮食产业高质量发展，着力构建现代化粮食产业体系，加快建设粮食产业强国等重大议题，国家发展和改革委员会党组成员，国家粮食和物资储备局党组书记、局长张务锋接受了《瞭望》新闻周刊记者的专访。

张务锋表示，围绕落实国家粮食安全战略、着眼乡村振兴战略大局、结合推动高质量发展、立足新时代社会主要矛盾变化，深刻认识抓好“粮头食尾”和“农头工尾”、建设粮食产业强国的战略地位、综合效应、现实作用和深远影响。尤其就我国粮食产业强国之路在何方，他向《瞭望》新闻周刊记者作了详尽的解读。

抓好“两头两尾”、建设粮食强国的战略意义

《瞭望》：按照党的十九大战略部署，落实国家粮食安全战略，如何深刻认识抓好“粮头食尾”和“农头工尾”、建设粮食产业强国的战略地

位和战略意义？

张务锋：党的十九大报告强调："确保国家粮食安全，把中国人的饭碗牢牢端在自己手中。"习近平总书记深刻指出："悠悠万事，吃饭为大。只要粮食不出大问题，中国的事就稳得住。""保障粮食安全是一个永恒的课题，任何时候都不能放松。""在吃饭问题上不能得健忘症，不能好了伤疤忘了疼。"

保障国家粮食安全是实现经济发展、社会稳定、国家安全的重要基础。世界上真正强大的国家、没有软肋的国家，都是粮食产业发达国家，都有能力解决自己的吃饭问题。

立足国情粮情，抓好"两头两尾"，加快粮食产业链条的延伸和优化，增加产业的关联度和竞争力，提高发展的整体性和系统性，有利于应对各类风险挑战、增强保障国家粮食安全的能力。当前粮食安全各方高度关注，构建现代化粮食产业体系，建设粮食产业强国，对于维护国家安全显得尤为重要。

《瞭望》：抓好"粮头食尾"和"农头工尾"、建设粮食产业强国，与当前乡村振兴战略大局有什么样的关系？

张务锋：今年中央一号文件明确指出："乡村振兴，产业兴旺是重点。"粮食产业连接乡村和城市，覆盖一二三产业，在乡村振兴战略中发挥着重要作用。

我举个例子，黑龙江省五常市素以优质大米而闻名，近年来，依托龙头企业和专业合作社发展规模经营，依托溯源体系维护品牌信誉，依托稻作文化发展生态旅游，有力促进了农业强、农村美、农民富。2017年全市水稻价格平均每斤提高 0.5 元，带动稻农增收 10 亿元以上；农村居民人均可支配收入达到 1.6 万元，高出全国平均水平 20%。

再比如山东省，将加快粮食产业发展作为打造乡村振兴"齐鲁样板"的重要举措，纳入乡村振兴战略规划，列入省委工作要点，出台指导意见，集中扶持一批粮食产业新旧动能转换示范园区和项目，为建设美丽乡村增添了新的发展动力。

要充分认识到，大力发展粮食产业经济，有利于提高农民组织化程度，促进小农户和现代农业发展有机衔接；有利于更好地服务新型经营主体，带动规模化、专业化生产；有利于产业融合发展，培育农业发展新动能，形成农村经济新的增长点，加快脱贫致富奔小康。

《瞭望》：建设粮食产业强国进程中，如何体现高质量发展?

张务锋：当前，我国经济已由高速增长阶段转向高质量发展阶段，正处在转变发展方式、优化经济结构、转换增长动力的攻关期。从粮食产业来看，实现高质量发展，意味着产业体系完备，产品创新力、品牌影响力和市场竞争力强，绿色优质产品明显增加；意味着资源配置更趋优化，劳动、资本、土地等使用效率提高，全要素生产率和产值利税率明显提升；意味着“产购储加销”顺畅有序衔接，各类主体充满活力，产能结构合理，运行保持平稳，在维护宏观经济稳定中发挥积极作用。

截至 2017 年年底，全国纳入粮食产业经济统计的企业 2.2 万户，全年实现工业总产值 2.9 万亿元；有 8 个省份粮食产业产值过千亿元，其中山东近 4000 亿元，安徽、江苏、湖北、广东 4 省超过 2000 亿元。粮食产业基础性强，覆盖面广，既在稳增长、保就业中发挥重要作用，也是转方式、调结构的重点领域。

必须看到，实现高质量发展是根本目的，构建现代化粮食产业体系是现实路径；发展质量高不高，是检验粮食产业现代化水平的“试金石”。

《瞭望》：新时代我国社会主要矛盾的变化，尤其是老百姓需求从吃饱向吃好、吃得安全、吃得健康的转变，对当前建设粮食产业强国产生了什么样的重大影响?

张务锋：进入新时代，我国社会主要矛盾已经转化为人民日益增长的美好生活需要和不平衡、不充分的发展之间的矛盾。过去粮食长期短缺，抓安全主要是盯着产量，着重解决人民群众“吃得饱”的问题；如今人们更加关注粮食质量安全，消费需求转向“吃得好”和“吃得安全”“吃得健康”“吃得便利”。对于品质要求，更加注重绿色有机、安全营养；对于产品种类，更加注重多样化、个性化；对于供给服务，更加注重便捷化、精细化。

当前粮食产业发展水平与消费升级需要还不相适应，新产品开发和结构调整相对滞后，优质特色产品和精深加工产品偏少，有效供给不足，难以满足高品质消费需求。抓好“粮头食尾”和“农头工尾”，指明了推动农业供给侧结构性改革和粮食收储制度改革、实现粮食产业高质量发展的有效途径。要坚持从市场需求出发，优化粮油产品供给，做到首尾一体、互促共进，全程优质、全链提升，实现更高层次上的粮食产品供需动态平衡。

抓好“两头两尾”、建设粮食产业强国的路径选择

《瞭望》：落实党的十九大精神，建设粮食产业强国，应当坚持什么样的总体思路?

张务锋：总的指导思路是，要坚持质量第一、效益优先，以供给侧结构性改革为主线，加快实施优粮优产、优粮优购、优粮优储、优粮优加、优粮优销“五优联动”，推动粮食产业经济发展质量变革、效率变革、动力变革，全力以赴“为耕者谋利、为食者造福、为业者护航”，将高质量发展要求贯穿到产业发展全过程、各环节，蹄疾步稳地推进粮食产业强国建设。

《瞭望》：具体在粮食产业强国建设方面的工作部署重点是什么?

张务锋：首先要大力推动由增产向提质导向转变，加快实施“优粮优产”。好粮食首先是种出来的，优质粮源是粮食产业高质量发展的基础。要充分发挥流通反馈激励作用，引导支持粮食产区调整优化种植结构，深入推进农业绿色化、优质化、特色化、品牌化。

“优粮优产”，立足优势突出特色是前提。山西省认真落实“山西是著名的‘小杂粮王国’，要立足优势，扬长避短，突出‘特’字，发展现代特色农业”的重要指示，以“山西小米”区域公共品牌为引领，突出打好“优质”“特色”两张牌，引领全省特色粮食产业发展；广西壮族自治区发挥“一带一路”重要门户的区位优势，大力发展香米生产，市场

反响良好，收购价比普通晚籼稻平均高 45%；五常乔府大院、湖北福娃集团、辽宁鼎翔米业等企业发展“虾稻”“蟹稻”“鸭稻”，效益远高于普通产品。各地要根据市场供求变化和区域比较优势，向市场紧缺产品调，向优质特色产品调，不搞“大而全”，力求“专而精”。

“优粮优产”，推行适度规模经营是基础。黑龙江垦区大规模、标准化、分区域种植优质大豆，平均亩产达到 160 多公斤，缩小了与国外大豆产量差距，保证了出油率和蛋白质含量；河南省推行优质小麦规模连片种植，专用小麦面积达到 840 万亩，解决了品种杂乱、品质不纯的问题，受到下游企业的高度认可。要准确把握规模化、集约化种植趋势，在流通设施和服务体系建设、项目资金扶持等方面，更多向优质品种集中布局的区域倾斜。

“优粮优产”，建立利益联结机制是关键。四川省引导粮油企业参与组建专业合作社，订单、流转及托管粮食种植面积达 1000 余万亩；广汉市黍鑫粮食合作社联合社对加工销售环节利润实行“二次返利”，带动了社员增收。安徽省 80% 以上粮油加工企业与农户、家庭农场、专业合作社开展股份合作，实现了风险共担、利益共享。要引导支持龙头企业、合作组织与种粮农户形成紧密联结的利益共同体，让农民合理分享全产业链增值收益。要鼓励龙头企业到贫困地区发展订单粮食，开展产业扶贫，助推精准扶贫、精准脱贫。

《瞭望》：好粮食卖得顺畅，卖上好价钱，才能让种粮农民有更多获得感和积极性。这方面，下一步具体是怎样考虑的？

张务锋：这就是我们工作的第二个重点，坚持政府与市场两手协同发力，加快实施“优粮优购”。

“优粮优购”，首先要“优粮优价”，市场化收购要更多“唱主角”。东北地区实行玉米“市场化收购加补贴”机制后，市场配置粮食资源的决定性作用得到有效发挥，改革效果好于预期。今年全国夏粮收购中，市场化购销更为活跃，九成以上小麦直接进入市场流通，优质小麦价格走高，释放了优质优价的市场信号。今后，要稳步推进粮食收储制度改革，巩固玉米“价补分离”市场化改革成果，进一步完善小麦、稻谷最低收购价政策，优化执行预案和具体操作办法，健全粮食价格市场形成机制。

“优粮优购”，要将质量导向体现到政策性收购和市场化收购中。我们要适应新的形势，积极转变部门职能，搞好信息发布、产销对接、信贷协调等服务。认真落实小麦和稻谷最低收购价执行预案，严格把好新粮入库质量关。鼓励多元主体入市收购，支持粮食储备、加工、贸易企业发展订单收购，大力培育一批实力强、信誉好的粮食购销企业和经纪人。加大监督检查力度，维护好粮食收购秩序，切实保护售粮农民利益。

“优粮优购”，要发展我国的国际大粮商，开展粮食贸易合作，统筹用好“两个市场”“两种资源”。中粮集团加大在美洲、黑海、中亚、远东等关键地区的布局，建成一批粮油加工、仓储、物流设施，年全球粮食贸易经营量超过 1 亿吨。

《瞭望》：科学储粮是“广积粮、积好粮、好积粮”的重要方面，是守住管好“天下粮仓”的关键环节。下一步粮食仓储工作的重点是什么？

张务锋：主要是抓住粮食收储制度改革和不合理库存消化的有利时机，整合资源、分类施策、合理配置，着力强化技术创新与管理创新，加快实施“优粮优储”。

“优粮优储”，要大力推广绿色储粮技术。四川省将低温绿色储粮工程列为“省长工程”，落实省级财政资金 11 亿元，规划建设低温库建设项目 173 个，保证了高质量、高营养、高效益和低损耗、低污染、低成本。浙江省开展仓房光电一体化改造，江苏省推广气调储粮，广东、山西、甘肃、云南、天津等地也进行了积极探索。要加大支持力度，提高绿色储粮技术应用比例，实现粮食保质保鲜、“常储常新”。

“优粮优储”，要建好用好智能粮库。安徽省投入 3 亿多元实施“智慧皖粮”，逐步实现全省国有粮食企业信息化应用全覆盖。各地要持续推进粮库智能化升级改造，引入物联网技术，加强库存粮情、粮食质量、安全防护等动态监测，进一步提高预警和处置效率。

“优粮优储”，要更加注重精细管理。积极创造条件，在收储、加工企业中推行分品种、分类、分仓储存。认真执行“一规定两守则”，完善操作规程，整治粗放作业行为。借鉴辽宁、广东等地仓储企业开展ISO管理体系认证的做法，推动质量管理制度化、规范化、精细化。

《瞭望》：目前，粮食产业结构优化的工作进展和部署情况如何？

张务锋：粮食加工是实现转化增值的关键所在，在整个产业链条中具有枢纽和引擎作用。要立足结构优化动能转换，加快实施“优粮优加”。

“优粮优加”，要着力推动“三品提升”。多措并举“增品种”，大力发展绿色、营养、健康的粮油产品，增加多层次、多样化、个性化产品供给；高点定位“提品质”，建立标准领跑者激励机制，鼓励企业推行更高质量标准，走“标准引领”“以质取胜”之路；聚焦发力“创品牌”，因地制宜塑造区域公用品牌，支持企业创建特色鲜明的知名品牌，提升品牌美誉度和市场竞争力。

需要特别强调的是，“优粮优加”不是过度加工，不能片面追求精细。粮食过度加工不仅使营养成分大量流失，而且造成了粮食资源的巨大浪费。因此，要坚持适度加工，合理控制精度，提高出品率，最大程度保存营养成分，引领科学消费、合理消费、健康消费。

“优粮优加”，要不断优化产能结构。要坚持“加减乘除”并用，调整存量、做优增量，强化质量、环保、能耗、安全等约束，尽快淘汰落后产能，分类化解过剩产能。大力发展粮食循环经济，加快建立“企业小循环、园区大循环”，实现粮油副产物的循环、全值和梯次利用。

“优粮优加”，要加速粮机装备升级。先进装备是支撑粮食加工技术进步和产品更新的“利器”。要着力推进粮油机械制造自主创新，开发一批具有自主知识产权和核心技术的粮食加工成套设备，着力向自动化、精准化、智能化方向发展。支持企业实施技术改造，加快设备升级换代，实施设备升级换代，提高全行业整体装备水平。

《瞭望》：好粮油通过物流配送和销售服务，才能端上百姓餐桌。在这方面，有什么新的部署？

张务锋：要建立顺畅高效的粮食流通机制，优化环境，创新营销，加快实施“优粮优销”。

“优粮优销”，要强化产销合作。支持各地加强政府层面战略协作，提高省际粮食流通的组织化程度。探索建立全国性粮食产销合作平台，总结完善提升并继续办好中国粮食交易大会，支持福建、黑龙江、长三角等地举办区域性交易会和洽谈会，加大优质粮食产品推介，为“中国好粮油”提供更多出彩机会。

“优粮优销”，要完善物流网络。认真落实粮食行业“十三五”发展规划，畅通铁路散粮出关通道，以及东北地区到华东、华南地区的铁水联运通道。优化粮食物流节点布局，支持建设集仓储、加工、贸易、质检等功能于一体的粮食物流园区，大力发展“四散”运输和多式联运。

“优粮优销”，要创新经营业态。完善城乡“放心粮油”供应网络，推进“互联网＋粮食”行动，积极发展粮食电子商务和新型零售业态。支持各地大力改善营商环境，落实简政放权、减税降费等措施，搭建创业空间、技术研发等公共服务平台，为新产品、新技术、新业态发展提供有利条件。

经济日报：

把资源优势化为产业优势，形成粮食兴、产业旺、经济强的良性循环

——粮食产业向绿色优质转型

（2017 年 9 月 13 日）

加快发展粮食产业经济，是实现粮食生产发展和经济实力增强有机统一，保护和调动地方重农抓粮积极性的有效途径，能为国家粮食安全保障体系提供强力支撑。

金色九月，秋高气爽。全国粮食行业数百人共聚山东滨州市，共同商讨粮食产业经济发展大计。党的十八大以来，粮食行业以“创新、协调、绿色、开放、共享”发展理念为引领，大力发展粮食产业经济，构建适应我国国情粮情、高端高质高效的现代粮食产业体系，这无疑是兴粮之策、富农之道、惠民之举。

与经济发展实现双赢

滨州北拱京津、南卫齐鲁，被誉为山东省“北大门”。滨州市是传统的农业大市，也是粮食加工转化大市，域内聚集着西王集团、中裕食品有限公司、香驰集团、渤海实业等规模以上粮油加工企业 163 家，其中，国家级农业产业化重点龙头企业 5 家、全国农产品加工示范企业 3 家。2016 年全市粮食总产量 306 万吨，年粮食加工转化量 1379 万吨。

要粮食还是要经济，这个长久以来困扰着粮食主产区的世纪难题，现在被滨州市化解了。国家粮食局局长张务锋认为，加快发展粮食产业

经济，是实现粮食生产发展和经济实力增强有机统一，保护和调动地方重农抓粮积极性的有效途径，为构建更高层次、更高质量、更有效率、更可持续的国家粮食安全保障体系提供强力支撑。

党的十八大以来，各地加快推进粮食产业经济发展，把粮食资源优势转化为产业优势，形成粮食兴、产业旺、经济强的良性循环，实现了由以政策支持和要素支撑为主向创新驱动转变。山东、湖北、安徽、江苏和广东5省依托粮源、区位、技术、人才和市场等优势，粮食产业实现工业总产值均超过2000亿元，5省工业总产值合计占全国的50%左右。其中，山东粮食工业总产值超过3500亿元。

黑龙江是全国重要粮食主产大省，粮食商品率达到80%以上，但是粮食加工业发展一直比较滞后。黑龙江抓住粮食收储市场化改革的契机，积极推进玉米深加工产业发展。今年上半年，黑龙江加工原粮241亿斤，实现产值362亿元，增幅分别达到29%和19%，利润增长7倍，税收增长73%。

从分散经营向一体化转变

收储与加工脱节，产业发展不协调，初级加工产能过剩，优质精深加工能力不足，一直是我国粮食产业经济发展的“短板”。张务锋认为，粮食行业应该树立“大粮食”“大产业”“大市场”“大流通”理念，充分发挥粮食加工转化引擎作用，推动粮食仓储、物流、加工等粮食流通各环节有机衔接，以利益联结为纽带，培育全产业链经营模式，推动一二三产业深度融合发展。

粮食产业发展路径目前正在由分散经营向“产购储加销”一体化转变。中粮集团、上海良友集团、湖南粮食集团、西安爱菊粮油工业集团、内蒙古恒丰集团、湖北福娃等粮食企业通过全产业链经营，走出了“稻强米弱”“麦强面弱”行业发展困局，实现了持续较快发展。

在粮食收储市场化条件下，国有粮食收储企业“收原粮、管原粮、卖原粮”的传统经营模式已经难以为继，需要通过大力发展粮食产业经济谋求出路，从偏重收储环节向统筹“产收储加销”各环节发展。山西省风陵渡粮食直属储备库通过土地流转、订单生产，发展1.1万亩优质小麦种植，探索依托储备库和基层粮站建立“产购储加销”全产业链新模式。

江南大学食品学院原院长、国家粮食安全专家咨询委员会专家委员姚惠源认为，构建全产业链经营模式，有助于创建优质名牌，通过品牌建设，引起整合种植、收储、加工、销售等环节的资源，引导原粮标准化生产，建立一批规模化优质特色专用原粮生产基地。

从规模扩张到质量提高

随着消费需求的不断升级，消费观念由“吃得饱”向“吃得好、吃得健康”转变，粮食质量受到前所未有的重视。中裕食品有限公司总经理张志军在谈到粮食质量问题时说，质量就是企业的生命，要不惜一切代价、不惜一切血本、不惜一切力量，保证产品质量。

当前粮食产业经济发展正在由注重规模扩张向注重质量提高转变，绿色食品的有效供给能力不断提高，到2020年，绿色粮食产品有效供给稳定增加，全国粮食优质品率提高10%左右。“粮食品牌化建设是实现粮食由注重规模扩张向注重质量提高转变的重要抓手。”张务锋说。

近年来，吉林省瞄准市场需求，充分挖掘优质粮食资源，集中打造大米核心品牌。仅用3年时间，吉林大米已经建设成为全国知名品牌大米。

为了推动粮食产业由注重规模扩张向注重质量提高转变，国家粮食局今年在黑龙江等16个省份启动实施“优质粮食工程”，通过粮食产后服务体系建设、国家粮食质量安全检验监测体系建设、“中国好粮油”行动计划，建立“优质优价”的粮食生产和流通机制，提高绿色优质粮油产品供给。

近年来，各地以实施“优质粮食工程”建设为契机，打造优质粮油产品及品牌，增加绿色优质粮食供给，满足城乡居民消费升级的需求，实现粮食行业转型升级。山西盛产小杂粮，大力支持以杂粮为特色的“山西好粮油”行动，以“山西小米”品牌建设，促进“优质杂粮工程”，带动全省杂粮产业发展。山西抓住转型综改试验示范区建设契机，把粮食产业纳入全省开发区建设规划，打造全产业链功能示范区和产业集群。目前，“山西农谷”、忻州、朔州、太原、运城等地粮食产业园正在启动建设。

经济日报：

实施3年间，助粮食产业高质量发展

——“优质粮食工程”硕果累累

（2019年6月18日）

“优质粮食工程”实施3年来成绩斐然，不仅提高了粮食产后服务水平，强化质量安全检验监测保障，还支持发展了粮食精深加工，引导绿色优质粮油产品消费。在兴粮惠农政策的带动下，我国粮食产业逐渐走上高质量发展道路，绿色化、优质化、特色化、品牌化发展趋势显现——

今年夏粮收购形势喜人。走进大大小小的粮油市场，优质粮油产品品种丰富、琳琅满目。“黑龙江大米”“吉林大米”“山西小米”“广西香米”“齐鲁粮油”等一批区域化粮油品牌快速崛起，产品附加值不断提高，绿色优质粮油产品供给增加。

这些成绩的取得，离不开“优质粮食工程”的深入实施。国家粮食和物资储备局建设规划司司长钱毅介绍，国家粮食和物资储备局启动实施“优质粮食工程”3年来，充分发挥流通反馈激励作用，提高粮食产后服务水平，强化质量安全检验监测保障，支持发展粮食精深加工，引导绿色优质粮油产品消费，促进优粮优产、优购、优储、优加、优销“五优联动”，推动粮食产业实现绿色化、优质化、特色化、品牌化发展。

助推产业高质量发展

山东是我国重要的粮食主产区，粮食产业经济保持全国行业领先。

该省以“优质粮食工程”为抓手，推动粮食产业高质量发展。2018年，粮食产业产值突破4000亿元，达到4016亿元，居全国首位；粮食加工转化率153%，居主产省第一位；粮食经营量14274万吨，调入调出2000万吨以上，居全国前列。重磅打造的“齐鲁粮油”公共品牌，助力山东好面好油走向全国。

“优质粮食工程”受到了地方和企业的高度重视和普遍欢迎，很多省份都把“优质粮食工程”作为加快推进农业供给侧结构性改革的重要平台和大力发展粮食产业经济的有力载体。短短3年时间，实施范围由首批16个省份扩大到31个省份。中央财政连续3年投入奖励资金197亿元，撬动社会资本450多亿元参与实施，相继落地了一批兴粮惠农项目。各地统筹谋划、因地制宜，培育壮大一批发展起点高、创新能力强、产业融合好、经济社会效益优、辐射带动范围广的龙头示范企业，支持其增品种、提品质、创品牌，做优做强实体经济，切实提高粮食产业质量效益和竞争力。2018年全国粮食产业经济实现总产值3.1万亿元，增幅超过6%，粮食产业经济保持了稳中向好势头。

湖南省南县是“优质粮食工程”的直接受益方。作为一个久负盛名的“鱼米之乡”，南县依托湖乡优势，以“中国好粮油”行动计划示范项目的实施为重点，创新推广稻虾生态种养高产高效模式，加快拓展粮食经济产业链，有力推动了全县粮食产业发展，促进了农民增收和企业增效。2018年，全县共发展稻虾种养面积50万亩，年产稻虾米24万吨，稻虾综合产值达100亿元；粮食种植优质品率达到65.3%，农民粮食种植收益率提高20.5%，带动近2万人实现了脱贫致富，其稻虾产业的规模和影响力已跻身全国三强。

中国农业大学经管学院教授李军认为，大力推动“优质粮食工程”实施，可以充分释放粮食产业经济活力，拓展粮食行业发展空间，增进种粮农民和城乡居民福祉，有效保护国内粮食生产能力，从而更好地发挥流通对生产的引导作用，在更高层次上提高国家粮食安全保障水平。

各项“短板”渐渐补齐

我国虽然粮食连年丰收，但是粮食产后社会化服务不健全、绿色优质粮油供给不足、粮食产品低端“大路货”多、高端精品少等问题突出，从田间到餐桌的粮食质量安全保障体系尚未建立，成为制约粮食产业发展的“短板”。

“优质粮食工程”包括粮食产后服务体系建设、粮食质检体系建设、“中国好粮油”行动3个子项目。钱毅认为，三者可以相互依托、相互促进、紧密衔接，共同服务于粮食生产、流通和消费。

针对粮食产后管理不科学、损失较大的问题，已开展了“代清理、代干燥、代储存、代加工、代销售”等“五代”服务。初步统计，全国共计划建设粮食产后服务中心5000多个，已建设完成1600个左右，黑龙江、广西、山东、甘肃、贵州等几个省份还计划建设农户科学储粮仓约60万套，已建设完成7万多套。

“通过为农民提供粮食产后服务，可以提升粮食质量，减少粮食产后损失，增强农民议价能力，帮助农民好粮卖好价，带动持续增收致富。”河北柏乡粮库主任尚金锁表示，为了提高粮食产后服务水平，柏乡粮库新购置输送机25台、清理筛14台、移动伸缩装仓机6台、转向装仓机2台，日卸车清理入库能力较之前提高了3000吨，大大减少农民售粮等候时间，提升了卖粮体验。

针对粮食质量安全检验监测水平低的“短板”，实施粮食质量安全检验监测体系项目建设，截至2018年年底，粮食质检体系建设覆盖到全国31个省区市，全国粮食检验机构达到800多个，粮食质量检验监测能力显著提升。粮食质量监测覆盖面大幅增加，2018年检验样品51.8万个，增加幅度12%，及时处置不合格粮食，防止超标粮食流入口粮市场。

针对优质粮食供给不足的“短板”，实施“中国好粮油”行动计划，将优粮优产、优粮优购、优粮优储、优粮优加、优粮优销“五优联动”贯穿于粮食产业发展全过程，针对“从田间到餐桌”各环节主要问题，促进“产购储加销”顺畅有序衔接，各类主体产品创新力、品牌影响力和市场竞争力不断加强，优质产品明显增加。河南省推行优质小麦规模连片种植，2018 年，全省“优质小麦”种植面积达到 1200 万亩，位居全国第一。山西以“山西小米”区域公共品牌创建为引领，突出打好“优质”“特色”两张牌，引领全省特色粮食产业发展，提升品牌美誉度和社会影响力，提高优质粮油的市场覆盖率和占有率。

合力推动工程落地

展望 2020 年，要如期实现产粮大县全覆盖、粮食质量安全检验监测体系监测面扩大到 60% 左右、全国产粮大县的粮食优质品率提高 30% 左右的粮食产后服务体系建设目标，时间紧任务重。钱毅表示，要精心组织实施“优质粮食工程”，形成合力推动落地见效的良好局面。

粮食和储备、财政部门要在各级政府领导下，统筹做好项目规划、组织实施、运行管理和监督考核等工作。创新“优质粮食工程”实施方法，优化粮食产后服务体系布局与功能，提高粮食质量安全检验监测能力，发挥“中国好粮油”行动示范引领作用，加强粮油品牌建设，增加有效供给，引导科学合理消费。

要强化创新驱动，实施科教兴粮和人才兴粮，推进产学研深度融合，鼓励企业加强技术改造和产品研发，加大烘干环保、快速检测、精深加工等新技术研发与推广力度，创新经营业态和服务方式。贵州省在推动主食产业化的过程中，与面制食品国家地方联合工程研究中心签订战略合作协议，共同推进主食产业化及杂粮资源的研究利用。加快特色粮油产品研发，支持省食品工程职业学院与兴仁市人民政府联合建立“兴仁市薏米研发中心”，组建“贵州省特色粮油产品研发中心”，深度挖掘特色粮油资源。

构建长效机制，把“优质粮食工程”实施列入粮食安全生产责任制考核重要内容，各地要创新完善相关政策举措，着力增品种、提品质、创品牌，更好满足城乡居民对绿色优质粮油产品的消费需求。山东省把“优质粮食工程”列入省委常委会重点工作并纳入乡村振兴战略规划，把粮食安全纳入全省经济社会发展综合考核，省政府扶持粮食产业经济发展意见落地实施。

经济日报：

粮食滨州

——山东滨州粮食产业化道路探寻

（2018 年 9 月 21 日）

2017 年，山东滨州全市粮食加工转化量为 1437 万吨，全市粮食产业发展速度领先其他工业产业 5 个百分点以上，占全市工业总产值比重由 2016 年的 12.74% 提高到 2017 年的 14.16%，粮食加工转化增值率居全国前列，产品市场份额持续扩大，实现从一个传统农业大市向粮食加工转化大市的转型。这种转变是如何形成的，企业和政府在其中作出了哪些努力？日前，经济日报记者深入滨州进行了调查采访。

作为国家粮食局确定的"全国粮食产业经济发展示范市"，山东滨州是一个传统农业大市。但滨州人没有满足于传统农业的成果，而是积极创新发展，实现粮食产业转型升级。

企业：努力并创新

高度重视科技创新，打造循环产业链，形成了企业汇集、产能汇聚、市场汇通的磅礴之势，推动滨州粮食产业走上高质量发展之路。

记者来到邹平县西王集团有限公司，一个在农村土生土长的企业。这个企业的主业很有意思，粮食和钢铁。虽然目前钢铁过剩要去产能，粮食在库存和价格上也面临着问题，但西王集团仍然有底气。因为他们的钢铁是特钢，销路很好。而粮食产业主营玉米精深加工，也成为粮食企业转型发展的典型。

不论搞钢铁还是搞粮食，西王集团都紧盯市场，积极以供给侧结构性改革为主线，对接市场，走高质量发展之路。目前，西王集团年加工玉米300万吨，逐渐发展成为全球最大的注射葡萄糖生产基地、结晶葡萄糖生产基地、结晶果糖生产基地，同时也是亚洲最大的淀粉糖生产基地、麦芽糊精生产基地以及全国最大的玉米深加工基地和玉米油生产基地。

2017年，西王集团实现销售收入435亿元，利税26亿元，上缴税金12.8亿元，分别同比增长28%、78%、74%。今年1月至7月，西王集团实现销售收入263亿元，利税14.4亿元，上缴税金5.99亿元。企业淀粉糖产量占据全国1/3，其中无水葡萄糖国内市场占有率达87%，玉米油产量占全国总量的60%。凭借良好的市场表现，西王集团跻身中国企业500强。

在滨州，不仅西王集团发展得如火如荼，渤海实业、和美集团、金汇玉米、华义玉米、玉杰面粉、黄河粮油等粮食加工企业也亮点纷呈，循环利用、绿色发展的成效正在显现。

在中裕食品有限公司，万物可用、循环往复、互为依存的哲学在闪光。中裕食品形成了“生物育种—良种繁育—基地种植—收储—初加工—精深加工—废弃物转化—液态饲料—生猪养殖—肉制品加工、冷链物流—沼气发电供热—沼液有机肥—小麦种植”的循环闭合产业链条。

在香驰控股，战略发展部经理王永军对记者说，他们通过完善水电气基础设施、配套副产品综合利用产业、提高废物再生利用水平等措施，建成了原料、副产品、水、废弃物、能量“五大循环利用圈”。通过污水处理，可实现日生产发电用沼气2.8万立方米，回收再利用中水2000吨，提取蛋白渣50吨，回收污泥有机肥30吨，年增加效益2000余万元。

滨州全市小麦、玉米、大豆原料综合利用率均达98%以上，小麦精深加工已形成覆盖一二三产业的完整循环产业链，玉米、大豆也实现了深度梯次开发，初步实现了粮食产业大循环、全利用、可持续发展。

目前，滨州规模以上粮油加工企业170多家，4家进入全国食用油加工企业10强，形成了企业汇集、产能汇聚、市场汇通的“三汇”集聚之势。

在滨州采访粮食产业，记者感受到了强大的科技创新力量。山东三星集团从筹资600万元成立农机修理铺起家，董事长王明峰与工人们同吃同住，一起研发玉米油精炼，打造了国内第一条专业玉米油精炼生产线，建成国际一流的玉米油灌装包装车间。如今，山东三星集团已拥有100多亿元总资产，技术总监王月华介绍："我们是国内唯一的国家玉米油产业研发基地，技术创新是三星取得佳绩的有力保证！产业链每延长一级，产品附加值可提高一两倍甚至十几倍。"

滨州高度重视科技创新，近年来累计投入科研资金45亿元，全市粮油加工行业共获得国家专利319项，西王集团、山东三星集团、渤海油脂等6家企业承担"863"计划、星火计划、火炬计划等国家级科研项目17个，还有4个国家级实验室。正如滨州市粮食局局长高玉华所说，"最关键的是龙头带动和科技创新"。

政府：能谋且善干

坚持规划引领，加大基础设施投入，注重以项目促产业，积极发挥扶持资金的撬动作用，大力实施粮油品牌战略……粮食产业发展越来越快。

保障粮食安全是永恒课题。滨州地处渤海之滨，有丰腴的黄河冲积平原，有悠久的农耕文明。这个农业大市一直不懈地为国家粮食安全作贡献。2017年滨州全市粮食产业实现主营业务收入1186亿元、利税59亿元，同比分别增长11%、18%。2018年上半年，实现主营业务收入666亿元、利税28亿元，同比分别增长11.1%、9.4%。

滨州市委书记张光峰对记者说："民为邦本，食为政首。多年来，滨州一直大力实施工业强粮、科技兴粮战略，紧抓粮食不放松，努力探索新路子。"

滨州市委、市政府始终将粮食产业列为全市支柱产业加以重点扶持培育，加快推动其转型升级、提质增效，形成了"政府引导、市场导向、龙头带动、科技支撑、循环融合、惠民安全"的粮食产业发展的"滨州模式”。

凡事预则立，不预则废。滨州坚持规划引领。历任市委、市政府班子都高度重视粮食产业发展，一届接着一届干。“十一五”“十二五”期间，滨州市将粮食产业纳入国民经济发展规划予以详细统筹，在推进粮食产业发展中占得了先机。“十三五”规划中，又提出打造1500亿级粮食加工产业集群的目标任务，先后出台《粮食产业发展“十三五”规划（2016—2020年）》《关于打造千亿级粮食加工产业集群的二十条意见》，为粮食产业续航发展提供了有力保障。

滨州市粮食局监督检查科科长郭玮介绍，敢为人先的滨州出台了《关于加快新旧动能转换打造国家级粮食产业融合循环经济示范区的实施方案》，确立了“1338”粮食产业发展思路：打造1个国家级粮食产业融合循环经济示范区，重点培育3个国家级粮食产业融合循环经济示范基地，创建3个国家粮食产业技术创新中心，建设提升8个国家级实验室。

滨州不仅善谋，而且更善干！

滨州持续加大基础设施投入，滨州港、滨德高速、德大铁路先后建成投用，有效降低了粮食企业运输成本。秉承“强物流、兴产业”的发展要义，滨州投资建成了一条连接滨州国家粮食储备库的双股铁路专用线。滨港铁路二期建成后，粮食物流成本将进一步降低。

滨州注重以项目促产业，紧抓国家加快发展粮食产业的机遇期，积极进行项目策划和包装，仅2016年推进的仓储物流、批发市场、产品深加工等重点项目就达134亿元。今年中裕食品三产融合示范园项目、西王集团玉米果糖项目、香驰控股大豆精深加工项目和功能糖项目等分别列入山东省政府2018年重点建设项目和山东省新旧动能转换重大项目库，为推动粮食产业持续健康发展提供了有利契机和广阔平台。

同时，滨州还积极发挥扶持资金的撬动作用，设立20亿元黄河三角洲农粮产业基金，有效拓展了粮食企业的融资渠道。涉农金融机构加大对农业和粮食生产发展的支持力度，2013年以来滨州市农发行累计投放政策性粮油收储贷款36.6亿元，向粮食加工企业投放贷款38.8亿元，倾力助推地方粮食产业发展壮大。

谈到企业的今天，山东和美集团有限公司董事长刘以林念念不忘政府的雪中送炭："和美开业不久，豆粕每吨一下子由2300元涨到3300元，资金短缺让企业面临生死存亡的困境。正愁得要死，惠民县政府协调农信社，帮助贷款30余万元——这是救命钱啊！"争气的和美，用了短短5个月时间，完成销售7000吨，贷款还清，还有结余，公司起死回生。

滨州粮食产业在全国的知名度、美誉度高，还得益于他们重视品牌战略。滨州市市长宇向东说："通过大力实施粮油品牌战略，滨州逐步实现精深加工产业化、主导产品名牌化、名牌产品规模化。"

目前，滨州全市粮油行业拥有中国驰名商标6个、中国名牌3个、山东著名商标10个、山东名牌10个，获得省以上"放心粮油"品牌产品15个。西王、长寿花、天下五谷、美食客、中裕、玉杰、十里香等粮油品牌享誉全国。

粮食产业品牌荟萃，"粮食滨州"在全国成为闪闪发光的大品牌。这种品牌效应助力产品畅销全国，其中有10多家企业、30多个生产基地的产品进入了北京的超市和批发市场。

农民：收入节节高

在产业链延伸、价值链提升和供应链贯通的协同发展新格局中，企业跟着市场走，农民跟着企业走，政府跟着服务走，使得农民增收，乡村振兴，走出了独具特色的滨州粮食之路。

一粒小麦能变成多少种产品？面粉、酒精、液体蛋白饲料……从皮到里，居然能转化成十大类500多种产品，在中裕食品有限公司，记者大开眼界。

中裕食品有限公司总经理张志军告诉记者，保证高质量精深加工的重要基础是小麦的高品质。中裕建立了6.5万亩育种基地和150万亩优质小麦种植基地，在各基地实行"三免一加"，即免费供种、免费播种、免费收割、加价收购的优惠政策，以及"五统一"，即统一供种、统一施肥、统一指导、统一收割、统一收购的管理模式，以高于市场价 10%~30% 的价格收购优质小麦，平均每亩小麦可带动农民增收 336 元，真正形成了产业链延伸、价值链提升和供应链贯通的协同发展新格局。

记者跟随张志军来到中裕的三河湖基地，63 岁的管理人员陈英杰闻讯骑着电瓶车赶了过来。他摘下遮阳帽，擦了把汗说："我一人骑着电瓶车，巡视 3800 亩地。一个人管播种、浇地，还管收。""那要很忙吧？""不忙，都采用高科技了！打药有飞机；浇地，推上电闸，一小时就是 3000 立方米，一天就能浇 1000 多亩地。"

中裕流转土地 6.8 万亩，三河湖基地是其中一个片区。陈英杰是从村里招聘来的，经过培训，上岗管理。"做梦都没想到一个人管几千亩地。"他指着他所管理的那一大片土地，举起挂在胸前的望远镜，放在眼前远眺。"公司每年发我三四万元工资。"陈英杰越说越高兴。

基地紧邻伏加河，河对岸是当地村民种的庄稼，明显不如中裕基地的庄稼长势好。一位农民正背着喷雾器，手举喷杆，喷洒农药。记者走到跟前和他聊了起来。他是蔺家湾村村民，叫蔺金祥，自己有 10 多亩地，又以 1 亩地 300 元的价格包了 10 多亩地。

"1 小时能打多少？"

"1 小时打 3 桶药，喷洒 3 亩地。"

"浇地怎么办？"

"我花了 500 多元买了电机、水泵，1 小时浇 2 亩地。"

小麦每斤卖 1.38 元，加上卖的玉米，蔺金祥去年毛收入 4.5 万元。他看了看自己的地，指着河对岸的基地感慨道："那是条好路子！"

中国人的饭碗任何时候都要牢牢端在自己手上。滨州市委常委、常务副市长赵庆平说："坚持生态绿色、循环高效，推动从基地到餐桌、从低端到高端，实现三产融合、产业相连的可持续发展，滨州走出了一条独具特色的粮食之路。"

滨州粮油加工企业参与主导组建专业合作社，以"企业 + 合作社 + 基地 + 订单农户"模式开展土地流转、订单收购，掌握优质粮源，做大做强粮食加工龙头企业。目前，全市有专业化合作社 1000 余家，家庭农场 774 家，种粮大户 4600 户。滨州大力延伸农产品加工链条，提高粮食附加值，全市 63% 以上的农产品通过农业龙头企业加工后进一步增值。

中裕食品、玉杰面粉、龙凤面业等企业则通过当地收购、基地种植、订单农业、建立合作社等形式，拉动滨州及周边市县优质小麦、玉米种植 500 多万亩，带动农民增收近 6 亿元。2017 年，滨州全市粮食产业带动就业 5.7 万人，其中直接就业人员 2.4 万人、间接就业 3.3 万人。

依靠西王集团快速发展，西王村全村都搬进新楼房，人均居住面积达 60 多平方米。这里实现了农业产业化、乡村城镇化、土地集约化、生活福利化、村企一体化、管理社区化。不仅本村致富，而且带动周边村一同致富，一方面以土地流转的形式满足了工业用地，一方面安置农民到企业上班，吸引他们自愿来西王社区居住。西王村先后共吸纳 3 万多人就业，年人均工资 3 万元以上。

壮大起来的西王，带动了乡村振兴。西王集团年加工玉米 300 万吨，每年拉动本市及周边玉米种植 300 万亩，收购价每吨高出其他地区 40~60 元，每年为农民净增收近 1 亿元。

企业跟着市场走，农民跟着企业走，政府跟着服务走，道路越走越宽广。山东省粮食局局长王伟华说："实施乡村振兴战略，推动产业振兴是一个很好的切入点。滨州粮食产业的发展，对打造乡村振兴的齐鲁样板具有积极的意义。"

人民网：

发展粮食产业经济　各地有哪些好招？

（2019 年 6 月 21 日）

粮食稳，天下安。夏粮再获丰收之际，国家粮食和物资储备局在河南省郑州市召开全国加快推进粮食产业经济发展第三次现场经验交流会。

“从粮食生产大国向粮食产业强国迈进，是爬坡过坎、持续优化的过程。要乘势而为、正视差距，精准施策、加力提效。”国家发展和改革委员会党组成员，国家粮食和物资储备局党组书记、局长张务锋强调，要更加注重“三产融合”和“三链协同”；更加注重深入实施“优质粮食工程”；更加注重建设现代化粮食产业体系和粮食“产购储加销”体系建设；更加注重“深化改革、转型发展”。

各地在推进粮食产业经济发展实践中有哪些好经验好做法？会议期间，多个典型地区和企业与参会代表们做了深入的交流和探讨。

一、发挥优势做强特色全面实施“五优联动”

以“优粮优产、优粮优购、优粮优储、优粮优加、优粮优销”为内涵的“五优联动”，将高质量发展的要求贯穿到产业发展全过程、各环节。

河南省素有“中原粮仓”之称。国内市场上，每 10 碗中国粮，有 1 碗产自河南；每 4 个馒头，有 1 个用的是河南面粉；每 10 个速冻食品中，有 6.6 个出自河南。河南省粮食和物资储备局局长张宇松表示，河南省通过实施“五优联动”，正推动着粮食资源大省向产业经济强省迈进。张宇松介绍说，河南省通过狠抓粮食加工枢纽引擎作用，强力推动优粮优加。2018年以来，全省粮食行业发挥主食产业优势，补齐加工环节短板，深入推进“中国好粮油”行动计划，不断增加优质粮油的有效供给。2018年，全省粮油加工业总产值达到2032亿元，主食产业化率达到48%，粮油加工转化率达到86%。

陕西粮农集团有限责任公司董事长王东锋介绍说，通过大力推进优质粮食订单种植基地建设，在主产区县建成9个粮食产后服务中心，发展优质粮食订单种植220余万亩，合作主体包括各类农业公司、农村专业合作社、家庭农场等200余家，惠及农户48.7万户，帮助农民增收2000余万元。

山西省立足“杂粮纯优势，小米大产业”，大力打造“山西小米”区域公共品牌。成立省粮油标准化技术委员会和“山西小米”产业联盟专家技术委员会，负责“山西小米”品牌标准制定、科技创新及成果转化。山西省粮食和物资储备局局长王云龙介绍说，通过精心遴选，确定忻州“好粮油”示范市和15个“好粮油”示范县。坚持示范市（县）人民政府是实施主体，依托有经营规模、有品牌影响力、有带动能力的龙头企业，依托县域培育粮食产业集群，促进“五优联动”。

二、抓住粮食核心竞争力推动“三链”协同发展

所谓“三链”，即产业链，创新链，价值链。“三链协同”，要求统筹考虑资源禀赋、基础优势、短板弱项、潜力空间等因素，积极培育和引进龙头企业，有针对性补齐短板，加速延伸产业链。深入实施科技兴粮和人才兴粮工程，突出优化创新链。突出产品提档这个前提，抓住品牌带动这个重点，强化业态升级这个关键，不断提升价值链。

河南省漯河市临颍县享有“中国休闲食品之都”的美誉。这里，拥有美国嘉吉、河北养元、福建盼盼、福建雅客、福建亲亲等各类规模以上休闲食品企业100多家，税收超千万企业11家，国内休闲食品企业10

强中有8家在此投资建厂。在河南省漯河市市长刘尚进看来，产学研协作十分重要。他表示，漯河市财政原则上每年拿出不少于1亿元专项奖补资金，大力支持企业广泛应用新技术新工艺，加快产品研发，不断提高企业核心竞争力。相继培育出国家级高新技术企业4家、省级创新型试点企业4家、院士工作站2个、博士后科研工作站2个，等等。在市政府的支持下，漯河职业技术学院与河南工业大学、漯河食品学院与江南大学和中国农科院等高校院所开展合作，建立了漯河市休闲食品协同创新中心和漯河市食品产业公共研发平台。近三年，开展产学研合作活动25次，解决难题15项。双汇集团、南街村集团、平平食品等一批龙头企业开展智能化、绿色化、企业技术“三大改造”，示范带动了主食加工企业向智能化、高端化发展。

“五常大米”连续三年蝉联地标产品大米类全国第一，2018年五常大米品牌价值达677.93亿元，一年净增7.23亿元。黑龙江省五常市委书记张希清提出“打造高效优粮产业”。一是发展特色大米。根据不同群体需求，发展粥米、胚芽米、富硒米等功能大米，推动五常大米多样化、差异化发展。二是做强精深加工。按照“粮头食尾”“农头工尾”要求，鼓励企业引进国内外高端设备和先进工艺，全市293家大中型稻米加工企业全部实现自动化流水线作业、无尘化加工，智能化、自动化设备达到80%以上。加强稻米深加工及稻壳、稻草、米糠、碎米等副产品利用，促进五常大米产业生态循环发展，实现了产业链、价值链、供应链的高效协同。

中粮贸易作为中粮集团粮食流通业务的专业化公司，依托粮库，打造有效衔接粮食种植环节和下游加工客户的农业产业化服务平台。中粮集团总裁助理、专职监事朱福堂表示，经过三年探索实践，订单农业、粮食银行、综合农事服务三大“拳头产品”日渐成熟，到2018年，农业产业化合作面积达到1234万亩，掌控粮源240万吨，建立基地345万亩，签署订单340万亩，惠及农民14.86万户，农民增收541万元。

中国网：

粮食产业经济的“漯河特色”

——以主食产业化大发展促品牌提升

（2019年6月22日）

加快发展粮食产业经济，是兴粮之策、惠农之道，也是进一步筑牢国家粮食安全基础的必然选择。6月19日至20日，国家粮食和物资储备局在河南省召开全国加快推进粮食产业经济发展第三次现场经验交流会，河南省漯河市的“主食产业化”特色发展之路引发广泛关注。

漯河市依托自身农业资源丰富、粮食生产能力强的优势，围绕提升粮食附加值，以主食产业化带动全市农业现代化提速，着力培育千亿食品产业集群，打造主食知名品牌，推进产学研协作，加强标准化建设，推动主食产业高质量发展。

会上，国家粮食和物资储备局授予河南省漯河市“全国主食产业化工程示范市”称号。

国家发展和改革委员会党组成员，国家粮食和物资储备局党组书记、局长张务锋表示，要认真总结各地好经验好做法，聚焦实现高质量发展、建设粮食产业强国。下一步工作中，要更加注重“三产融合”和“三链协同”，推动粮食产业创新发展、转型升级、提质增效；更加注重深入实施优质粮食工程，更好满足人民美好生活需要；更加注重建设现代化粮食产业体系和粮食“产购储加销”体系，增强国家粮食安全保障能力；更加注重“深化改革、转型发展”，激发粮食产业高质量发展活力。

一、“漯河特色”：以主食产业化大发展推动品牌提升

漯河农业资源丰富，年均粮食总产量稳定在 180 万吨左右，仓容 470 万吨，粮食加工量 600 万吨，占河南省的 15%，年粮食交易流转量 1080 万吨，辐射周边 9 个省份及豫南 8 个地市。

近年来，漯河充分发挥自身优势，围绕提升粮食附加值、以主食产业发展带动全市农业现代化提速，推动主食产业高质量发展。

例如，鼓励企业通过强强联合、战略重组等形式做大做强，培育出销售收入超 500 亿元的企业 1 家、超 10 亿元的企业 5 家、超亿元的企业 42 家；积极引导主食加工企业向园区集中，加快中国食品百强工业园和临颍休闲食品产业园建设。全市农业产业化集群达 23 个，其中省级 13 个，双汇食品、联泰食品两个产业化集群被命名为省示范性产业化集群。

漯河主食加工业总产值从 2017 年的 450 亿元增加到 2018 年的 490 亿元，增长 8.9%；粮油加工转化率由 90% 提高到 96%，主食产业化率从 57% 提高到 60% 以上。一大批名企名品，如旺旺、康师傅、统一、盼盼、南街村、卫龙辣条等在漯河集聚发展。

值得注意的是，漯河市支持粮食龙头企业大力发展“产购储加销”一体化模式和“合作社 + 联合体 + 产业园”的发展模式，构建“从田间到餐桌”的优质粮食产品供应体系。全市已培育出 14 个省级农业产业化联合体，联合体内各经营主体相互协作，年实现营业收入突破 800 亿元，直接吸纳农民就业 8.5 万人，带动 40 万农户增收致富。

二、各地亮点纷呈粮食产业高质量发展取得新实效

在本次经验交流会中，山东省滨州市、黑龙江省五常市等多地代表介绍了当地粮食产业经济的发展心得，各省因地制宜、因势利导，涌现出一大批典型亮点和先进经验。

山东省滨州市突出循环融合、绿色发展。滨州围绕“两头两尾”要求，从“产购储加销”各环节入手，大力发展全产业链一体化经营；从改造传统工艺、升级技术装备入手，大力推进循环经济；从开展订单种植入手，推动要素集聚、产业叠加、领域联动，努力释放发展红利，实现产业链、生态链、价值链融会贯通。全市玉米、大豆、小麦原料综合利用率均达98%以上。

黑龙江省五常市建立了五常大米产业标准体系。在执行《地理标志产品五常大米》国家推荐性标准（GB/T19266—2008）基础上，参照国际好大米标准，对五常大米从良种繁育、浸种催芽、育苗插秧、收割仓储到加工销售的27个流程99道工序，逐一细化，制定了五常大米种子、环境、种植、投入品、仓储、加工、产品、管理八方面地方标准，在2018年中国·黑龙江首届国际大米节上对外发布，引领全国大米行业标准。同时，研究制定《五常大米原产地保护提升规划》，科学划定先导区、过渡区和潜力区，探索分区定价，打牢五常大米高端品质基础。

山西省探索建立科技创新中心，积极推动粮食科技纳入“山西农谷”省级战略。一是下发《关于“科技兴粮”的实施意见》。二是大力推动科技成果转化，“太行明珠”即冲即食小米粥、“沁州黄”早餐营养米粉、老字号“太谷饼”等杂粮产品走向市场，得到消费者的高度认可。三是加大科研项目投入力度，从省级“好粮油”项目中拨付235万元，支持千亩连片谷子全程机械化种植示范、病虫害防治、良种筛选、即食性方便性小米产品开发4个课题研究。

湖北省积极打造供应链，创新完善优质粮油营销体系。湖北以实施“优质粮食工程”为契机，在“放心粮油”工程基础上，进一步完善优质粮油营销体系，构建了以荆楚粮油公司为龙头、以92家放心粮油配送中心为龙身、以1560家放心粮油连锁店为龙尾的优质粮油“一张网”，开创了优粮优销新局面。

在国家粮食和物资储备局“连抓三年，紧抓三年”的统筹部署推动下，在各省因地制宜、因势利导，扎实推进粮食产业高质量发展的持续努力下，粮食产业经济取得新实效：2018 年年末，全国纳入粮食产业经济统计的企业 2.3 万户，实现工业总产值 3.1 万亿元，比 2016 年增长 10.6%；销售利润率提高 2.1 个百分点；龙头企业实现工业增加值占比达到 62%，提高近 20 个百分点。

中国新闻社：

中国粮企各展所长　合力发展粮食产业经济

（2017 年 9 月 14 日）

在保障国家粮食安全战略的大局下，中国粮食产业经济的发展受到各方高度关注。

中国国家粮食局日前在山东省滨州市召开全国加快推进粮食产业经济发展现场经验交流会。一些在发展粮食产业经济过程中表现抢眼的企业分享了自己的经验。

必然选择

国家发展改革委党组成员，国家粮食局党组书记、局长张务锋在会议上指出，加快发展粮食产业经济，是兴粮之策、惠农之道、利民之举，也是行业发展所需、部门责任所系，是落实总体国家安全观和粮食安全战略，进一步筑牢国家粮食安全基础的必然选择。

他要求，要紧紧围绕保障国家粮食安全战略大局，积极适应粮食收储制度改革和库存消化的现实需要，突出“创新发展、转型升级、提质增效”鲜明主题，加快发展粮食产业经济。

全产业链

中粮集团介绍了其率先提出并实践的全产业链模式。在产业链上游，中粮通过在全球和国内粮食主产区和重要物流节点的收储物流设施以及贸易网络，从事稻谷、小麦、大麦、玉米、大豆等粮食国际国内贸易以及进出口；在产业链中游，中粮发展稻谷、小麦、大麦、玉米、油脂油料的初加工与深加工，加工后的米糠、麸皮、酒糟、蛋白粕等副产品和玉米、大麦、高粱等粮食成为饲料加工的原料，饲料产品又满足生猪和奶牛养殖需要，生猪养殖继续发展屠宰和制品营销，奶牛养殖则继续发展各种乳制品生产和营销；在产业链下游，通过品牌营销，发展米面油肉奶等各种食品的销售，不断延长产业链和提升产业链价值。

生态护粮

盘锦鼎翔米业有限公司介绍说，为保证原粮储存过程中品质稳定、健康安全、无二次污染，绿色储粮。企业创造性开展“猫兵”护粮，采用生物防鼠技术，公司每年需投入10余万元驯养家猫灭鼠（使用普通鼠药防鼠只需几千元），这么大的投入换来的是整个粮库不用鼠药灭鼠，从而杜绝了使用鼠药对产品的潜在危害。

创新引领

2017年上半年，西王集团实现销售收入216.9亿元，利税11.68亿元。发展秘诀之一就是创新。据介绍，集团广泛吸纳100余名中外博士、硕士，分职于研发中心、实验室、智能控制、规划设计、企业管理、财会运营等关键岗位。目前，西王拥有100多项自主知识产权，30多项科研成果通过了省部级科技成果鉴定。

主食产业

西安爱菊粮油工业集团介绍说，粮食行业利润微薄，增加产品利润空间，由“粮”向“食”转变势在必行。

该集团介绍说，其自行改造、研发，造就了现如今的国内单机产量最大、智能化大型馒头生产线，可日加工馒头100万个；投资2000多万元，研发出中国真正无添加剂的豆芽加工工艺，生产出“可以生吃的”的放心豆芽。通过不断丰富主食品、豆制品品种，该集团目前有馒头、面条、烤饼、糕点、速冻食品等总计60多个品种规格。

循环利用

中兴洪湖浪米业公司介绍了其稻谷综合利用产业链：稻谷加工成优质大米，副产品米糠用于生产高谷维素米糠保健油，其中高酸价米糠油制取生物柴油。

此外，该公司还利用高酸价植物油、餐厨垃圾地沟油废弃原料，以固体酸作催化，甲酯化制取生物柴油。近几年成为公司产业链发展的最大亮点。生物柴油从生产产量到市场销售，实现惊人一跃。

全球布局

聚龙集团介绍说，目前中国已成为世界第二大棕榈油进口国和消费国，预计到2020年我国棕榈油消费量将达到1200万吨。由于我国不具备棕榈油上游资源的种植条件，中国企业不“走出去”就不可能有效保障国内市场需求并充分参与全球市场竞争。

该集团表示，在当前棕榈油产业国际定价机制下，是否拥有足够规模的棕榈种植园是决定企业市场话语权的关键因素。企业拥有20万公顷种植园，就可以参与国际市场定价；拥有100万公顷种植园，将能在国际市场定价中具有决定权。

截至目前，聚龙集团在印度尼西亚已经拥有总面积近20万公顷的棕榈种植园，配套建有3个压榨厂，2处河港物流仓储基地，1处海港深加工基地，海外资产规模超过了15亿美元。

人民政协报：

中国碗装中国粮

（2019 年 6 月 25 日）

民以食为天。

物资匮乏的年代，中国人有着对于饥饿的集体记忆。当我们跨越了温饱阶段，消费升级的当下，对粮食产业催生了新的需求。

怎样把中国人的饭碗牢牢地端在自己手中，让我们餐桌上的食物更丰盛多样？近日，记者跟随国家粮食和物资储备局赴河南漯河、郑州实地走访食品加工企业，听取粮食产业经济发展现场交流会的经验，并见证中国第二届粮食交易大会的盛况。

中国碗装中国粮，从产粮大国迈向粮食产业强国，如今，我国粮食产量稳增，粮食产业经济也长足发展。

从“吃了吗”到“吃好了吗”

下班回家做什么菜？朋友聚会吃什么？逛超市买点啥零食？对于今天的中国人来说，操心吃饭问题，早已不是担心吃不饱，而是怎样能吃得更好。

与饥饿相关的记忆，已经渐行渐远，年青一代只能从电影和文学作品中感受它的存在。

电影《一九四二》中有这样的镜头：衣着褴褛的灾民们步行在荒郊

野岭中，冰花结在他们的帽檐、胡须上，仍然要饿着肚子继续前进，吃带刺的树皮、有毒的野草……吃饱肚子，曾是中国一代又一代人的梦想。

20 世纪 70 年代，在平均主义“大锅饭”体制下，农民生产积极性遭到严重挫伤，生产效率极其低下，2 亿多农民没有解决温饱问题，城市居民的粮食也得凭票定额供应，日子过得紧紧巴巴。对饥饿的恐惧，是当时最难忘的集体记忆。

这一切，随着改革开放的深入而终结。粮食生产和市场放开，供应量逐步加大，人们再也不用担心吃不饱饭的问题了。

1985 年，我国取消粮食统购，改为合同定购，定购以外的粮食可以自由上市。

1990 年，为了解决主产区农民卖粮难问题，国家专项粮食储备制度建立。

1993 年，取消统销制度，放开粮食价格和经营。

1998 年，针对当时粮食丰收、保护价上涨的情况，实行“敞开收购、顺价销售、收购资金封闭运行”3 项政策，并加快国有粮食购销企业改革。

2004 年至 2013 年，全面放开粮食购销市场，实行“四补贴一支持”的粮食支持保护政策。

2014 年至今，相继取消大豆、玉米临储政策，逐步下调稻谷、小麦最低收购价。

党的十八大以来，习近平总书记高度重视粮食问题，他指出：“悠悠万事，吃饭为大。只要粮食不出大问题，中国的事就稳得住”；“保障粮食安全是一个永恒的课题，任何时候都不能放松”；“在吃饭问题上不能得健忘症，不能好了伤疤忘了疼”。

据国家发改委党组成员、国家粮食和物资储备局党组书记、局长张务锋介绍，新中国成立 70 年来，我国粮食生产不断取得突破，粮食产量从 1949 年的 11318 万吨，跃升到 2018 年的 65789 万吨，提高了近 6 倍。

近年来，我国持续推进农业供给侧结构性改革，深化粮食收储制度改革，实施“优质粮食工程”，加快粮食产品供给绿色化、优质化、特色化、品牌化。

记者从国家粮食和物资储备局获悉，2017年，我国启动“优质粮食工程”，2018年将其写入《乡村振兴战略规划》，今年又写入中央一号文件。“黑龙江大米”“吉林大米”“山西小米”“广西香米”“齐鲁粮油”“天府菜油”“荆楚粮油”等区域化粮油品牌纷纷涌现，产品附加值不断提高。

“粮食供求的主要矛盾已从总量不足转变为结构性矛盾，消费需求从‘吃得饱’转向‘吃得好’‘吃得放心’‘吃得方便’。”张务锋表示。

“你吃了吗？”这是中国人早年间见面习惯的问候语。一句问候，凝结着农耕时代人们对三餐的关切，对生存的隐忧。如今，我们有幸告别了食物短缺的时代，或许，以后见面时可以这么问候：“今天，你吃好了吗？”

河南样本：从“中原粮仓”到“国人厨房”

近日，全国加快推进粮食产业经济发展第三次现场经验交流会和第二届中国粮食交易大会在河南郑州召开。

河南省是粮食大省，有着“中原粮仓”的美誉。改革开放后，河南省粮食产量以惊人的数字迅速拉升。粮食产量由1978年的2097万吨增加到1983年的3303万吨，不仅历史性地完全解决了省内居民的温饱问题，并且开始成为粮食调出省。1997年，河南省粮食产量进一步迅猛增长，首次跃居全国第一。2000年及以后的10年，持续稳居全国第一，成为全国第一产粮大省，自此，河南“中国粮仓”的地位逐渐形成。

粮食从田间地头，到加工、深加工，最终端上餐桌，进入超市，变成人们青睐的各种食物。一粒麦子，可以千变万化，做成馒头、面条、方便面、蛋糕、辣条，满足大家的口腹之欲，也给生活增添了物质充盈的幸福感，这便是粮食产业的魅力。

“让世界人人爱上中国味”，这是卫龙食品的口号。说起卫龙，最有名的就是辣条。在河南漯河市平平食品有限责任公司，记者见到了各种口味的卫龙辣条产品，琳琅满目，令人馋涎欲滴。

辣条是很多人的童年记忆，但时至今日，许多人对它的印象仍停留在“三无食品”阶段。为了扭转人们的这种印象，卫龙从加工、包装、营销等方面对产品进行转型升级，所有辣条都从安全、卫生、自动化生产车间里“诞生”，并用年轻人喜闻乐见的形式包装，“吃包辣条压压惊”，各种段子、表情包，让它成为风靡一时的网红食品。

“河南的食品加工业，起步于20世纪50年代，主要是粮食部门兴办的面条、馒头和挂面加工，20世纪60年代扩展到生产低档面包和糕点等。十一届三中全会后，随着粮油资源的逐渐丰富，食品工业得到了迅速发展，品种更加多样化。”一位长期在河南省粮食部门任职的干部向记者介绍。

1990年，刚到河南任省长的李长春发现：商店的货架上摆满了来自南方的食品，作为一个农业大省，河南人“吃广东粮、喝珠江水”。李长春由此提出这样一个课题：河南“原字号”的农产品很多，能否把河南的原粮转化成食品，让全国人吃河南粮？不久，河南省委正式提出了“围绕农业上工业，上了工业促农业”的发展思路，把农副产品加工增值作为新的经济增长点来抓。

如今，在中原大地的田野上，长出了一批农副产品加工业的“大树”。“白象”“南街村”方便面，“三全”“思念”汤圆等，成了国内响当当的知名品牌。

目前，“三全”“思念”仍然稳居市场同类产品前列。“三全”品牌名称取自十一届三中全会，开创了中国速冻食品行业的先河。在郑州三全食品股份有限公司，一条条流水线上，从切面皮到包饺子，最后装袋，全部由机器完成。

习近平总书记强调，要坚持以“粮头食尾”“农头工尾”为抓手，延伸粮食产业链、提升价值链、打造供应链。从种植源头到餐桌尾端、从农业前端到工业尾端，为发展粮食产业经济、提高农业质量效益和竞争力指明了方向。

近年来，河南快速发展的粮食加工业以及一批靠“吃粮食”起家的农区工业强县的崛起已经给出了答案："粮袋子"可以变成"粮带子"，可以变成"钱袋子"。从纵向看，"粮带子"从田间可以延伸到餐桌，每一个环节都有利润空间。从横向看，粮食加工业是富有带动力的产业，后面紧跟着物流、储藏、包装、销售等，这些产业是连接城乡的一条"金带子"，是把农业、农民带向工业化、城镇化的"传送带"。

在这次粮食产业经济发展现场经验交流会中，河南省漯河市的"主食产业化"特色发展之路引发广泛关注，也被国家粮食和物资储备局授予河南省漯河市"全国主食产业化工程示范市"称号。

据介绍，近年来，漯河市依托自身农业资源丰富、粮食生产能力强的优势，围绕提升粮食附加值，以主食产业化带动全市农业现代化提速，着力培育千亿食品产业集群，打造主食知名品牌，推进产学研协作，加强标准化建设，推动主食产业高质量发展。一大批名企名品，如旺旺、康师傅、南街村等在漯河集聚发展。

据河南省粮食和物资储备局局长张宇松介绍，河南近年来实施"互联网＋粮食"行动，鼓励企业创新经营业态。2018年，全省粮油产品互联网销售收入达7.59亿元，同比增长87.4%。积极引导和支持有条件的粮食企业借助"一带一路"建设机遇，加强对外交流与合作，在国外建设加工基地和销售网络，让河南粮油产品走向"世界餐桌"。

迈向粮食产业强国

在国家粮食和物资储备局日前在河南郑州召开的全国加快推进粮食产业经济发展第三次现场经验交流会上，记者了解到一组数据：2018年全国粮食产业经济实现总产值3.1万亿元，增幅超过6%，粮食产业经济保持了稳中向好势头。其中，山东省突破4000亿元，江苏、安徽、广东、湖北、河南5省均超过2000亿元。粮食产业已经成为一些主产区重要支柱产业。我国正在从粮食大国向粮食产业强国迈进。

一谈起东北大米，南有盘锦，北有五常。曾几何时，好山好水的吉林，虽有好米，却寂寂无闻。资源优势没有转化为产业优势、市场优势，

“好米”没有卖出“好价”。吉林省粮食和物资储备局局长李国强告诉记者，吉林稻米曾经受困于产业大而不强、企业小而不精、品牌杂而不亮等难题。2013年，为了使“好米”变“名米”，“名米”卖“优价”，吉林省委、省政府按照“品牌做响，品质做优，企业做强，效益做大”的指导思想，启动了吉林大米品牌建设，并在实践中不断探索，走出了一条品牌引领产业发展的“新粮道”。经过数年的品牌打造，吉林大米实现了从“好米”到“名米”的华丽转身，在概念宽泛的东北大米中树立起吉林大米的品牌地位，成为吉林农业的新名片。

除了吉林大米的华丽转身，记者在本次经验交流会上还听到了多地粮食产业经济的发展“心得”。各省因地制宜、因势利导，成就了一大批典型亮点和先进经验。

山西省探索建立科技创新中心，积极推动粮食科技纳入“山西农谷”省级战略。“太行明珠”即冲即食小米粥、“沁州黄”早餐营养米粉、老字号“太谷饼”等杂粮产品走向市场，得到消费者的高度认可。

湖北省积极打造供应链，创新完善优质粮油营销体系。湖北以实施“优质粮食工程”为契机，在“放心粮油”工程基础上，进一步完善优质粮油营销体系，开创了优粮优销新局面。

“中国好粮油行动示范市”黑龙江省五常市，抓源头保品质、抓营销强品牌、抓产业增效益，实现农民增收、企业增效、税源增加、消费增信、品牌增值，五常大米品牌价值达600多亿元。

今年是我国粮食产业经济发展“连抓三年、紧抓三年”的第三年。国家粮食和物资储备局局长张务锋向记者表示，两年多来，我国粮食产业链上“产购储加销”等各环节有效衔接，一二三产业融合发展亮点频现，不断推动粮食产业高质量发展。未来，要围绕建设粮食产业强国，推进产业链、价值链、供应链“三链协同”，深入实施“优质粮食工程”，构建更高层次、更高质量、更有效率、更可持续的粮食安全保障体系。

在国家粮食和物资储备局的布局中，今后要全面推动粮食产后服务体系建设、粮食质检体系建设和“中国好粮油”行动；支持建设一批粮食产业示范园区；扶持发展一批具有核心竞争力、行业带动力的大型骨干企业和成长性好、特色鲜明的中小企业；大力推动优粮优产、优粮优购、优粮优储、优粮优加、优粮优销，将优质高效要求贯穿到粮食产业发展全过程。

“五谷者，万民之命，国之重宝”。盛夏时节，从江南鱼米乡到东北黑土地，田野上风景各异，却都展现着同一派收获的希望。今年夏粮丰收已成定局，粮食产业的高质量发展，让中国人不仅饭碗端得更牢，也吃得更香。